交通发展史

于海祥 李文勇 陈锦辉 主编

何朴 袁茜 梁洪波 副主编

清华大学出版社

北京

内 容 简 介

本书以中国交通发展历程为脉络,从中国古代交通、中国近代交通、中国现代交通、中国当代交通、迈向交通强国五大模块阐释"交通是兴国之要、强国之基"的丰富内涵,跨时空、全景性描绘中国交通发展的波澜壮阔,激励献身交通事业的精神。

本书可作为开设交通运输类相关专业的高职院校通识课教材,也可作为交通运输行业从业人员的培训参考资料。

图书在版编目(CIP)数据

交通发展史 / 于海祥,李文勇,陈锦辉主编.

北京:清华大学出版社,2024.8. -- ISBN 978-7-302
-67180-0

Ⅰ. F512.9

中国国家版本馆 CIP 数据核字第 2024WR0755 号

责任编辑:刘翰鹏
封面设计:常雪影
责任校对:刘 静
责任印制:沈 露

出版发行:清华大学出版社
　　　　网　　　址:https://www.tup.com.cn,https://www.wqxuetang.com
　　　　地　　　址:北京清华大学学研大厦 A 座　　　　邮　　编:100084
　　　　社 总 机:010-83470000　　　　　　　　　　　邮　　购:010-62786544
　　　　投稿与读者服务:010-62776969,c-service@tup.tsinghua.edu.cn
　　　　质量反馈:010-62772015,zhiliang@tup.tsinghua.edu.cn
　　　　课件下载:https://www.tup.com.cn,010-83470410
印 装 者:大厂回族自治县彩虹印刷有限公司
经　　销:全国新华书店
开　　本:185mm×260mm　　　**印　张:**15.75　　　**字　　数:**375 千字
版　　次:2024 年 8 月第 1 版　　　　　　　　　　**印　　次:**2024 年 8 月第 1 次印刷
定　　价:49.00 元

产品编号:104587-01

本书编委会

顾　　问：

　　李怡民

主　　编：

　　于海祥　李文勇　陈锦辉

副 主 编：

　　何　朴　袁　茜　梁洪波

参编人员（按拼音为序）：

　　郭文慧　何泽刚　李　君　鲁兆卿

　　田倩倩　闫福刚　杨　杰　张继艳

前言 PREFACE

党的二十大报告进一步强调"加快建设交通强国"。交通运输部、国家铁路局、中国民用航空局、国家邮政局、中国国家铁路集团有限公司联合印发《加快建设交通强国五年行动计划（2023—2027年）》，明确了未来五年加快建设交通强国的思路目标和行动任务。以习近平新时代中国特色社会主义思想为指导，开启建设交通强国新征程，赋予交通运输新的时代内涵、战略定位和历史使命，进而实现中华民族伟大复兴第二个百年奋斗目标，是当代交通建设者必须思考和面对的重大使命。如何以两千多年的中国交通发展，尤其是新时代以来中国交通事业取得的辉煌成就，引领广大交通从业者和交通教育领域师生坚定"四个自信"，更是当代交通教育必须要回答的重大课题。在此背景下，依据我国交通发展进程，以及交通教育人才培养需要，本书编委会决定编写《交通发展史》教材。

本书采取叙事形式，以专题呈现，充分尊重历史，坚持客观叙述，呈现我国交通历史发展的线索和脉络，对大量交通文化资源进行编辑整理，使职业教育与民族文化双向互动、协同发展，传播和传承中华民族优秀传统文化。本书在编写过程中主要遵循以下几条原则。

（1）坚持高等职业教育以培养高素质技术技能人才为目标，以我国交通发展的时间主线，重点叙述驱动交通发展的关键事件。

（2）坚持案例化的导学形式，既通过具体案例将对应时代的交通发展情况进行具化，又能以较为形象的形式让学习者有时代感和画面感，便于学习和理解。

（3）坚持图文并茂的展现形式，依据大量交通史料照片，将学习者代入学习情境，感悟交通发展与国家富强和民族振兴的同频共振。

（4）坚持分专题的小结形式，阐述交通文化对中华文化的影响与贡献，厘清我国交通发展对促进国家富强、民族振兴的重要关联。

本书由天津交通职业学院于海祥、广西交通职业技术学院李文勇、福建船政交通职业学院陈锦辉担任主编，负责全书统稿；由新疆交通职业技术学院何朴、南京交通职业技术学院袁茜、安徽交通职业技术学院梁洪波担任副主编，负责全书的内容框架搭建。全书共分为五大模块，模块一由于海祥、杨杰编写，模块二由李文勇、闫福刚、张继艳编写，模块三由陈锦辉、何泽刚、田倩倩编写，模块四由何朴、袁茜、鲁兆卿编写，模块五由梁洪波、李君、郭文慧编写。在此，对在编写过程中给予大力支持的各级领导及同事们表示衷心感谢。

本书涉及一些中国古代的计量单位，为了方便读者理解和参考，特别提供了中国古代计量单位换算表，详见附录。

限于编者水平，书中难免有不足之处，敬请广大读者批评指正。

编者

2024年5月

目 录 | CONTENTS

模块一 ▶ 中国古代交通   001
专题 1 古代交通萌芽期——先秦时期   003
专题 2 古代交通雏形期——秦汉及魏晋南北朝时期   008
专题 3 古代交通大发展期——隋唐至两宋时期   020
专题 4 古代交通成熟期——元明清时期   031

模块二 ▶ 中国近代交通   039
专题 5 近代水路交通的发展   041
专题 6 中国铁路的产生与发展   047
专题 7 近代中国公路的建设与发展   054
专题 8 近代中国邮电与民航概况   062
专题 9 抗日战争时期及战后交通概况   070
专题 10 红色交通的创建与发展   085

模块三 ▶ 中国现代交通   105
专题 11 新中国的公路建设与发展   107
专题 12 新中国的铁路建设与发展   117
专题 13 新中国的水路建设与发展   130
专题 14 新中国的航空运输建设与发展   142
专题 15 新中国的交通运输相关法律法规的建立   147

模块四 ▶ 中国当代交通   151
专题 16 不断发展的公路网建设   153
专题 17 现代化的铁路网建设   161
专题 18 走向远洋的中国海运事业发展   170
专题 19 联结世界各地的航空事业发展   179

模块五 ▶ 迈向交通强国 189

专题 20 建设交通强国的战略之基 191

专题 21 交通强国建设的总体框架 202

专题 22 交通强国基础体系建设 214

专题 23 交通强国运输服务体系建设 223

▶ 参考文献 238

▶ 附录 241

中国古代交通

习近平总书记曾指出："只有回看走过的路、比较别人的路、远眺前行的路，弄清楚我们从哪儿来、往哪儿去，很多问题才能看得深、把得准。"对于中国交通发展而言，也是同样，只有了解过去历史，才能更清晰地认识今天，准确地把握未来。

北京交通大学倡建者曾鲲化先生在《祝中国交通界之前途》一文中写道："有天地而后万物生，有万物而后人类殖，有人类而后交通以起。交通者，人类生活所不可一日或无者也。人类愈繁，则需要交通之事愈形复杂，而供给交通之方法亦因之愈出而愈多，方法愈多于是交通愈便，是以上下数千年间交通界之风云经无量数之变态，而有轰轰烈烈之邮政、电信、轮船、铁路等光辉历史出现也。"今日交通的发展，完全证明了这位老先生于一百多年前所说的话。所以，要了解今天并着眼于未来的交通发展，就不能不知道中国交通发展的历史。

交通是伴随城邦和都市的出现而出现的。都市作为国家的政治、经济、文化中心之所在，是国家对外交往、向外辐射的交通起始点。在中国历史上，夏朝之前出现三皇五帝，为氏族部落时期，这个时期称为史前时期。大约在公元前 21 世纪（公元前 2070 年左右），中国历史上出现了第一个国家形态的朝代——夏。自夏朝起至 1840 年的中国古代史中，中国的交通发展经历了萌芽期、雏形期、大发展期和成熟期。除了萌芽期外，其他三个时期的交通发展都与中国历史上三次大一统有着密切关系，这充分说明了国家的统一与主导对交通发展有着决定性作用。

模块一 中国古代交通

专题1 古代交通萌芽期——先秦时期
- 古代交通萌芽的因素
- 交通制度的萌芽
- 交通工具的萌芽

专题2 古代交通雏形期——秦汉及魏晋南北朝时期
- 车同轨——大一统国家的基石
- 秦汉时期的水路交通
- 汉代邮驿制度初步形成
- 张骞与丝绸之路的诞生
- 交通工具的发展

专题3 古代交通大发展期——隋唐至两宋时期
- 隋唐大运河的历史意义
- 从隋朝复兴丝绸之路到唐宋陆海丝路的兴盛
- 物流促进交通大发展
- 交通管理的制度化

专题4 古代交通成熟期——元明清时期
- 元代的丝绸之路
- 元代的河海两漕
- 明清两代的漕运与京杭大运河
- 元明清邮传制度与全国驿道网的形成

古代交通萌芽期——先秦时期

学习目标

(1) 通过对交通萌芽的探寻,理解古代人类社会交流互鉴、彼此相连的方式。

(2) 了解古代交通萌芽期的重要发展特征。

(3) 了解先秦时期的交通工具发展。

学习导入:
殷墟文化-
殷墟车马坑

史前时期的交通,是原始状态下先民充分利用自然条件进行相互交往的方式。由于没有文字记载,我们只知道古人受到水中漂流的树叶所启发而发明了独木舟,看到随风滚动的蓬草而发明了轮,但是这些事情已无从考证,因而将我国第一个朝代的出现视为古代交通的起源。古代交通萌芽时期是从夏朝开始到春秋战国末,这个历史时期也称为先秦时期,历时大约 1800 年。

交通因何
而起

一、古代交通萌芽的因素

这个时期的交通发展基本上是国家主导交通的初级阶段。交通在以下因素的作用下得以萌芽。

1. 各诸侯国之间交往的需要

无论是国君还是使节,或是国与国之间的正常交往,都需要以方便的交通设施为基础,包括道路、乘载工具、客舍,以及由此产生的相关礼仪制度等。

2. 对外战争的需要

在古代,特别是先秦时期,各诸侯国为争霸而经常发生战争。一旦有战事发生,必然涉及边关信息的传递——除烽火狼烟外,道路是必不可少的。同时,战车通行需要有平坦的道路,运粮运兵也是影响战争胜负的基本要素,因而对道路通畅的需求在客观上促进了交通运输的发展。

案例 1-1

汉文帝时期(公元前 179—前 157 年),为防御匈奴,在边境派驻了大量军队,为了解决边境军队粮食供应问题,汉文帝鼓励商贩向边境运输粮食,规定凡运粮 600 石到边疆,可封上造;运粮 4000 石到边疆可封五大夫;运粮 1.2 万石到边疆可封大庶长(上造属二等,相当士;五大夫属九等,相当大夫;大庶长属十八等,相当卿)。汉景帝时(公元前 156—前 141 年),上郡(今陕西)以西大旱,也曾用进爵的办法鼓励商人运粮救灾。

3. 物资交流、互通有无的需要

早在夏代时期,不同邦国之间就有商品交换的需要。在《山海经》《竹书纪年》等历史文献中都记载,有商国人王亥驯服牛拉车,并经常驾车拉着货物到邻邦去做生意,从而开创了商业贸易的先河,也促成了物资交流需要之下交通的萌芽。久而久之,人们就把从事贸易活动的商国人称为"商人",把用于贸易交换的物品叫作"商品",把商人从事的职业叫"商业",现代汉语中"商业"一词由此而来。

秦国时期,物资交流的行为被抑制,因商业而带来的交通发展随之转向低谷,至汉惠帝时才得以放开,进而大力发展。秦代采取了"重农抑商"的政策,规定商民与罪人等同,只要一入市籍,三代丧失自由。交通要道遍设关梁,无特许者不得过关,使商贩受到很大限制。汉代初年高祖刘邦继承秦的做法,规定商民"不得衣丝乘车",并加重商税。至汉惠帝、高后时(公元前 194—前 180 年),为发展经济,开始"开关梁、弛山泽之禁",听任商贩自由来往。一时间,驿道上运货车马络绎不绝,"富商大贾周流天下,交易之物莫不通"(《史记·货殖列传》)。

4. 人们方便生活及出行的需要

为了满足这些需求,古代人们开始尝试各种交通工具和道路建设。例如,他们利用河流、湖泊等天然水道发展水上交通,发明了独木舟等水上工具;在陆地上,则逐渐发展出了步行、骑马、驾车等交通方式,并修建了道路、桥梁等来连接各个地区。这不仅极大地便利了古代人们的出行和生活,也促进了各地区之间的经济、文化交流和融合,推动了人类文明的进步和发展。

二、交通制度的萌芽

这个历史时期虽然是交通出现的萌芽时期,但是随着周朝制定的《周礼》出现,中国最初的交通制度也产生了。《周礼》中对当时的交通已有了比较具体的规定,主要体现在三个方面:①道路一定要按时维护修理;②在路旁边种植树木,作为道路的标志;四郊设置屋庐,储藏食品,作为守卫道路设施;③设置司空,管理路政。此外,还规定了接待贵宾、使节的礼仪制度,这都与交通密切相关。

我国古代交通制度是如何产生的

春秋战国时期的道路交通管理

案例 1-2

《夏官·司马第四》说:"司险掌九州之图,以周知其山林、川泽之阻,而达其道路。设国之五沟、五涂，而树之林以为阻固，皆有守禁，而达其道路。国有故，则藩塞阻路而止行者，以其属守之，唯有节者达之。"这段文字讲的是司险(官职)的职责：掌管九州地图，以遍知各州的山林、川泽的险阻，并开通其间的道路。种植林木作为阻固，险要处设有守禁，以保证道路通达。国家有大变故，就设藩篱阻塞道路，派人守卫要害处，禁止行人通过，只有持旌节的人才可通行。

三、交通工具的萌芽

这一时期，人们根据出行的道路情况，发明创造了原始的交通工具。据《史记·夏本纪》中记载，夏朝交通工具有"陆行乘车，水行乘船，泥行乘橇，山行乘檋……"，表明夏朝交通工具的分类已比较精细了。

先秦时期
长距离交通
如何实现

1. 车

夏朝时期关于车的记载见于《墨子·非儒篇》《荀子·解蔽篇》《吕氏春秋·审分览》和《世本》《山海经·海内经》注引，都说车是夏代车正奚仲发明的。《左传》中定公元年记载："薛之皇祖奚仲，居薛，以为夏车正。"《山海经·海内经》说："奚仲生吉光，吉光是始以木为车。"

到殷商时期，车的使用就比较普遍了。商国先国君(第三代)相土，是河南商丘人，所以将都邑设在商丘。殷墟卜辞中常见有"王入于商"的话语，说明商丘那时是一个比较重要的地方。相土是驯马能手，他不但把夏人奚仲发明的一马或二马一车改为四马一车，而且还经常以马为交通工具出行。相土对车的改制是基于商国势力扩张的需要，主要用于军事上。后来，人们把这种四马一车称为一乘(shèng)，乘数的多少象征着一个国家大小强弱。从殷商甲骨文中也可以看出，当时的车和舟已有多种写法，而每一种写法则代表不同的车和舟，说明那个时期对车、舟的使用已比较广泛了。

周朝时期的《周礼》中关于车的记载也是比较多的，《冬官·考工记》中记载了各种车辆的车轮尺寸和各部位的作用："兵车之轮六尺有六寸，田车之轮六尺有三寸，乘车之轮六尺有六寸，六尺有六寸之轮，轵崇三尺有三寸也，加轸与焉，四尺也。……轮人为轮，斩三材必以其时。三材既具，巧者和之。毂也者，以为利转也。辐也者，以为直指也。牙也者，以为固抱也。"另外，对于车制也有规定。王、后、卿、大夫、士、庶人，各阶级有各阶级专用的车。而王因场合不同，如宾、会、丧、祭等，也会用各种不同的车。《春官·宗伯第三》说："巾车掌公车之政令，辨其用与其旗物而等叙之，以治其出入。"对各种车制的记述非常详细。

2. 舟

早在史前时代，先民就已会"刳木为舟"；真正建造木板船，则是在夏商时期；到殷商时期，已能造木板帆船了，说明那时的人们已掌握了充分利用风力在水中航行的技术。

1) 舟的发明

《墨子·非儒篇》中说舟是巧倕发明的；《吕氏春秋·勿躬览》中说是虞姁发明的；《山海经·海内经》中说是番禺发明的；《世本》《山海经·海内经》注引说是共鼓、货狄发明的。这些说法中虞姁或番禺，和共鼓或货狄，不知是否一人二名，或一人多名。据著名历史学家白寿彝先生考证，番禺与巧倕是堂兄弟，舟可能是他们兄弟二人共同发明创造的。

2）舟的运用

（1）荡舟。关于夏朝的舟，《论语·宪问》中有一个著名的故事，说："羿善射，奡（ào）荡舟。"奡，相传是夏朝寒浞之子，是一个矫健的大力士，"荡"，有精娴猛锐的意思。明末清初思想家顾炎武解释："古人以左右冲突为荡阵，其锐卒谓之跳荡，别帅谓之荡主。"从这个故事看，夏朝已有以操舟而出名的人了。现代汉语中的"荡舟"一词即由此而来。

（2）载客。《尚书·盘庚》载："盘庚作，惟涉河以民迁。"这里的"河"指黄河，"涉"的意思是"以舟为涉"，反映出商代曾经多次利用黄河进行了迁都活动。

（3）造桥。春秋时期对于舟的利用比西周时期有很大的进步，水上交通工具除舟之外，还有方、刀、泭、桴等类似木筏的工具，但是西周在利用舟方面有一个重大发明，即"造舟为梁"（见《诗经·大雅·大明》），也就是今天的舟桥、浮桥。由此可见，舟桥最早是中国人发明的。

（4）运货。据载，商代从事贸易的舟船已经发展到了一定的规模，天然河道在当时的交通运输方面占据十分重要的地位。春秋时期发生的泛舟之役是中国历史上第一次有明确记载的内河运输的重大事件，也是关于漕运的最早记载。

案例 1-3

《左传》载鲁僖公十三年（公元前 647 年），"秦于是乎输粟于晋，自雍及绛相继，命之曰泛舟之役。"惠公在位期间，晋国连年大旱，庄稼收成很低，百姓饿着肚子，于是惠公派遣大臣向地处关中的秦国借粮食。秦国当时虽然与晋国有些矛盾，但是最后还是决定把粮食借给晋国，从秦国的都城雍装载粮食上船，经过渭河东下进入黄河河道，再从黄河河道北上沿着汾河河道进入浍水，最后进入晋国的都城绛。有一句广为流传的歇后语"晋惠公借粮——有借无还"，就是指这个历史故事。这段水路运输自起点到终点有六七百里运程，可见那时秦、晋之间的水路运输发展已经比较成熟了。

基于邦国对粮食的需要，在舟的助力之下，漕运业不断发展，人工运河随之开始建造。春秋战国时期，吴国要将南方的粮食等物资运输到中原和关中地区，吴王夫差于公元前 486—前 484 年筑邗城（今扬州市），并开凿邗沟运河，将长江与淮河连通起来，这是中国出现人工运河之始。战国时，张仪对楚王说："秦西有巴蜀大船，积粟起于汶山，浮江以下，至楚三千余里。舫船载卒，一舫载五十人与三月之食。下水而浮，一日行三百余里。里数虽多，然而不费牛马之力，不至十日而距捍关。"由此可见战国时期内河漕运的速度和载重量了。战国时期，随着中原地区农业、手工业和经商贸易的发展，商旅贩运活动逐渐繁盛。据史书记载，战国时期，楚国鄂君启节以长江、汉水等水路往来于鄂城与南阳之间开展贸易，这说明楚国的水运路线已经沟通了长江、汉水、唐河、洞庭湖等流域。

（5）征战。春秋末叶，吴、越、楚等国充分利用本地区河流、湖泊交织密布的优势，以水道为交通干线开展运输以及调动兵力。吴与楚战，越与吴战，都用舟师。吴伐齐，命徐承率舟师自海入齐；越伐吴，命范蠡率师沿海入淮，绝吴归路。这都说明那时已有可以在海上航行的巨型大舟，并且具备了海上航行的娴熟技术。

3）六渠行舟

《史记·河渠书》和《汉书·沟洫志》所记载的鸿沟、楚西方渠、楚东方渠、蜀渠（即都江堰）、吴渠、齐渠等六渠，与交通有很大关系。这六个渠"皆可行舟，有余则用溉浸"。在这六条渠中,鸿沟和楚东方渠的交通意义最为重要。鸿沟水系形成后之所以水源丰盛,畅通无阻地沟通黄、淮水系之间水运交通,主要就是在当时各地开凿运河和兴修水利工程技术已取得的经验基础上,进一步大规模地运用和发展起来的。春秋战国时期开辟的沟渠很多,较著名的是郑国渠和西门豹引漳溉邺的十二渠,但这些渠多用于灌溉,与交通的关系不大。

3. 马

春秋战国时期交通工具的一个显著变化是出现了单人骑马。春秋中期之前,为了传递重要公文、军情等,有驿传单人乘马传递,后来在驿传之外也出现了单独用马的情形。《左传》昭公二十五年记载"左师展将以公乘马而归"。《韩非子》中也有关于春秋时骑兵的记载。战国中叶以后,各国单骑的风气很盛,从苏秦游说六国时说:赵、楚各有骑万匹;燕、魏各有骑六千匹,这说明当时的骑兵已很强大了。后来,赵武灵王提倡胡服骑射,给骑士们提供了极大的便利,作战中骑马比兵车更加灵活,对道路的要求不高,成本也比兵车低,所以兵车大量减少。

先秦时期,除了坐马车、骑马、乘舟外,人们还将牛和大象驯服,用于拉车、作战,此时的交通工具比夏朝时有了较大的进步。最初,牛主要用于农业劳动,如耕地、耘田等。在商代,牛车已经相当普遍,主要用于运输重物、柴草谷物等,虽然此时的牛车构造相对简单,但已能满足基本的运输需求。到了周代,牛车的应用更加广泛。虽然贵族阶层仍以马车为主要交通工具,但牛车作为普通百姓的出行工具,其地位和作用不可忽视。在《诗经》等古代文献中,也有关于牛车作为交通工具的记载。

专题小结

"天地交而万物通也","交通"一词自古有之。上至天,下至地,外至极边,内至江湖,在有人生存的地方衍生出了交通。中国交通发展长达数千年之久,是一个非常漫长的历史过程。本专题介绍了在交通发展历史的萌芽时期——夏商周时期的交通制度和交通工具,选取了具有代表性的重要历史事件做了简要概述,追溯几千年前的人类进入文明时代之后是如何出行、联系和交往的。

拓展阅读:
鼓棹起中流
"龙舟之乡"
贵州镇远感
受竞渡豪情

学习思考

1. 古代交通是如何产生的?
2. 先秦时期舟的运用有哪些方面?

古代交通雏形期——秦汉及魏晋南北朝时期

学习导入：
让古道文化
"活"起来

学习目标

(1) 通过对交通雏形期的了解,理解国家的统一与主导对交通发展有着决定性作用。

(2) 了解古代交通雏形期的重大历史事件。

(3) 理解驰道修建的历史意义。

(4) 了解秦汉时期的水路交通发展。

(5) 了解汉代邮驿的表现形式。

(6) 掌握丝绸之路的诞生历程。

秦汉陆路
交通的建设

公元前 221 年,秦统一六国,中国历史上第一次实现了国家的大一统。到了汉代,国家大一统格局进一步得到巩固,不仅为交通发展奠定了坚实的基础,也初步形成了中国古代交通的基本雏形。但在其后的魏晋南北朝时期出现了四分五裂的割据局面,大一统格局遭到破坏,交通发展也受到影响,基本上是延续了秦汉时期的格局。这个时期大约为 800 年。

秦汉时期的交通区域较战国末年更为广阔。这一时期,交通方面出现了一些重大历史事件。

(1) 秦始皇统一六国后,在全国范围内大规模修建了统一标准的"驰道",即"车同轨"。在修建驰道后,又修建了通越新道,实现了秦中央政府对今广东、广西及南海等地的实际管辖。习近平总书记在 2021 年第十三届全国人大第四次会议上指出:"先秦时期,我国就形成了'五方之民'共天下的格局。秦朝开创大一统局面,开启了中原地区以'书同文、车同轨'为象征的国家统一进程,展开了'五方之民'及其后裔连续不断交往交流交融的历史画卷。这就是中华文明源远流长、根深叶茂的原因所在。"

(2) 秦代出现了通往海外的海上航路。

(3) 汉代邮传制度的形成,将邮与路紧密结合在一起,两者发展相辅相成。

（4）汉代张骞出使西域，打通了东西方沟通交流的道路，为丝绸之路的形成奠定了基础。

（5）这一时期的交通工具大体为舟、车、马、牛，随着陆路和水路的开拓以及造就技术的进步，交通工具实现了快速发展。

这些重大事件标志着中国在第一次实现大一统国家后，在中央政府的主导下实现了全国范围内统一大交通的格局，在维护国家统一、促进社会经济发展中起到了重要作用，后来历朝历代的交通发展基本上是在这个大格局的基础逐步发展完善成熟的。下面从五个方面对这个历史阶段的交通发展进行学习。

一、车同轨——大一统国家的基石

（一）驰道的修建及历史意义

秦始皇统一六国后，中国结束了诸侯国各自为政的割据局面，成为将权力统一集中于中央政府掌管的国家，开创了前所未有的新局面。中国的交通也随着政治的进步，走进了一个新的时代。"车同轨"为保证大秦王朝的统一奠定了一块重要的基石，其标志性措施就是秦始皇下令修筑了以国都咸阳为中心、向全国辐射的国家干道——驰道。它不但体现了秦朝作为中国历史上第一个大一统国家的整体实力，同时也体现了秦始皇对大一统精神的追求，为以后统一王朝的建立开启了先河。

秦朝的交通建设——秦驰道

1. 驰道的修建

秦始皇于始皇二十七年（公元前 220 年，统一六国后第二年）开始下令修筑以咸阳为中心、通往全国各地的驰道，到秦始皇第五次出巡（前 210 年）时全国各地已全部竣工。秦代以咸阳为中心，共修筑了九条驰道，包括通上郡（陕北）的上郡道，过黄河通山西的临晋道，通河南、河北、山东的东方道，通东南的武关道，出秦岭通四川的秦栈道，通宁夏、甘肃的西方道，通九原郡的秦直道等。据《汉书·贾邹枚路传》记载："道广五十步，三丈而树。厚筑其外，隐以金椎，树以青松。"50 步约为今日 69 米，3 丈约为今日 7 米。这应该是平坦开阔的地面标准。可以说，驰道是中国历史上最早的"国道"，相当于今日的高速公路。

2. 驰道的使用

（1）皇帝出巡。"驰道，天子道也。"（裴骃《集解》引应劭注）。在秦代，驰道只供皇帝车辆专用，路中间是专供皇帝出巡车行的部分。驰道是不准普通人使用的，即使官员奉敕而行，也只能在旁道上行走，不得迈进中央三丈。秦驰道除秦始皇 5 次巡游六国故地和边境地区实际使用过外，只有胡亥二世东巡时用过。

案例 2-1

秦始皇的五次出巡，历经今陕西、甘肃、河南、山东、河北、北京、天津、内蒙古、山西、江苏、安徽、浙江、湖北、湖南、江西共 15 个省、自治区、直辖市。其中，除走部分水路、海路以及由九原至云阳的直道外，其他"所经皆治驰道"。

（2）战略部署。驰道从原六国的一些旧都经过，显示出秦始皇反复辟斗争的战略部署。

如果已被灭掉的六国想凭借这些旧都东山再起,秦朝的军队就会利用驰道迅速前往镇压。由于驰道在一些地区呈蛛网式分布,秦始皇也可以调用相邻地区的兵力控制局面。

(3)边境防御。秦统一六国前,自咸阳通往西北边地的道路有三条:一条通到陇西,一条通到北地(九原),一条通到上郡(陕北)。这三条道路的作用都是为了对付匈奴的。秦统一六国后,和匈奴的边界逐渐延长。为了加强边地防御,秦始皇在原有的驰道之外,又增加了两条通往东北边地的道路,一条路由咸阳到雁门和碣石,驰经广阳、上谷、代郡、雁门、云中而到九原;另一条路是由蓟经右北平到碣石。后来,又将这两条路与通往咸阳的驰道连接起来,进一步增强了边境防御能力。

这五条边境防御路线到了汉代,形成了五条重要的干道。

① 西北干道:贯穿河西四郡、连接西域诸国的大道,即汉代著名的丝绸之路。

② 北路干道与河东干道:从关中向北,直达塞外九原(今包头,原秦直道);从浦津(今山西蒲州)渡河,经平阳(今山西临汾西南)、晋阳(今山西太原市南晋源镇),到达云中(今山西大同)。这两条干线主要在军事方面发挥作用。

③ 永昌通道:从咸阳向西南经汉中、成都,到昆明、永昌(今保昌),通往天竺(今印度),又称永昌丝路,即一些学者所说的"西南丝绸之路"。

④ 南路干道:由咸阳经南阳到达江陵,再经水路到达番禺(今广州)。这条干道把黄河流域、长江流域、珠江流域连成一体,成为南方与中原物资交流的重要通道。

⑤ 东路干道:由京师而东,出函谷关,经洛阳,循济渎,抵定陶,到达临淄,是横贯关中和华北平原两个经济区的大动脉。

3.修筑驰道的意义

驰道的修筑,充分体现了秦始皇统一中国后以国家意志为主导,在全国范围内开展基础建设的决心和理念。修驰道与筑万里长城一样,都有抵御匈奴侵扰的军事目的,都是体现秦始皇国家精神的伟大工程;同时也是我国古代劳动人民创造的又一个伟大奇迹。秦朝修筑的驰道,为以后历朝历代修建"国道"奠定了基础,此后历代包括新中国成立后所修筑的国道干线,其走向分布大体上都是在秦朝所修驰道的基础上发展起来的。因国道都是以国都为起点修筑的,所以后来所修的国道干线不断增多,逐渐成为公路网。修筑驰道的意义主要有三点。

(1)保证中央政府的有效控制。秦始皇统一中国后,建立了一个疆域辽阔、中央集权的大帝国。要想管理好这片面积约360万平方公里的国土,并将所有的郡、县、道、国等的行政管理都牢牢控制在中央政权之下,形成中央与地方之间,特别是遥远的边区郡县之间所有政令畅通、下情上达的格局,就需要通过便利快捷的交通道路,将新开拓的疆土与内地融合为一个统一的整体,这是实施有效统治的首要条件。

(2)促进物资流通。秦始皇在统一六国之后,经过大规模的修整与沟通,将原先各国的道路纳入全国大规模的交通系统当中,将以前各诸侯国的道路加以改扩建为统一的国家交通干线和支线,这些举措大大便利了交通往来,为开展道路运输创造了有力条件,对物资流通有重要意义。

(3)快速调动兵力。驰道作为当时畅通无阻的"高速公路",为边防发生战争时的快速调动兵力起到了重要作用。《汉书·严安传》中记载,蒙恬征匈奴之战就是依靠驰道将军需和军队快速运到前线的。

（二）通越新道

自古以来，岭南、岭北有五岭阻隔，交通不便，给南北统一带来很大障碍。通越新道是秦始皇三十三年（公元前214年）出兵平南越过程中，沿着进军路线自岭北进入岭南所开辟的军用道路，共有四条。南平百越之后，新道便成为秦代控制和开发整个岭南地区的战略交通要道。秦代新道的开辟，不仅保障了当时秦军南平百越的胜利，而且对后世产生了深远的影响，极大地促进了岭南的开发和祖国统一，具有深远而重大的历史意义。

这四条道是从不同方向自岭北穿过"五岭"（始安的越城岭、临贺的萌渚岭、桂阳的都庞岭、骑田岭，以及梅关的大庾岭）进入岭南的道路，其位置在秦代比较模糊，直至汉代才被明确固定下来，成为穿越五岭进入岭南的定型道路，为历代所沿用。这四条路分别是：①越城岭道（湘桂道、灵渠）；②萌渚岭道（桂岭道、谢沐关道）；③都庞岭、骑田岭道（新道、湟溪关、阳山关道）；④大庾岭道（横浦关、梅岭关道）。通越新道开通后，在维护国家统一、开发岭南等方面起到了重要作用。东汉以后对通越新道又做过局部改造，使湖南与广东之间的交通往来更加便捷。

秦代通越
新道的修筑

秦汉时期还开辟了其他的道路。比如从今宜宾经毕节至云南曲靖的"五尺道"，这条路沿线地形复杂，山路崎岖，多为山间阁道，道宽仅有五尺，故名为"五尺道"。它是从四川盆地通往云贵高原的一条重要战略交通线，秦代在"五尺道"上还设置了邮亭。汉代在以前基础上修筑了从咸阳至汉中、四川的数条栈道，著名者如褒斜道、回中道、子午道、飞狐道、马援所刊道和峤道等。

二、秦汉时期的水路交通

（一）内河交通

这一时期的内河航运主要以军队的辎重和地方的租赋运输为主，这与当时战争频繁的背景密不可分，也为后来隋唐大运河的贯通打下了雄厚的基础。

1. 秦汉时期

经济格局呈现出"北重南轻"的特征，当时的经济和政治中心均在北方，以东西向为主的内河水运，成为北方地区的重要交通干线。西汉初期，社会经济凋敝，漕运数量不大，"漕转山东粟，以给中都官，岁不过数十万石"。但是随着社会经济的发展，对漕粮的需求不断增加，到汉武帝后期漕粮需求量更是大幅增加。为了提高漕运运输量，中央政府加强了对水道网的开凿、整理和疏浚，开凿了漕渠和阳渠，整治和维护鸿沟、汴渠、邗沟等河渠，漕运经由横贯中原的黄河和渭水，自东向西给首都咸阳运输漕粮，内河航运从此得到发展。汉武帝时期开凿漕渠历时三年之久，出现"渠下之民颇得以溉田矣"，每年漕运量可达400万～600万石（相当于今天的4000吨～6000吨）。

2. 东汉末年到曹魏时期

由于战争的需要，特别是为了运输以军粮为主的军需物资，使得这一时期统治者们都很重视漕运事业。他们要么开凿新的漕渠，要么在旧有漕渠的基础上进行修缮，从而形成了一个地跨南北，沟通海河、黄河、淮河、长江等主要河流的漕运网。这个漕运网的形成从曹魏开始,曹魏的漕渠建设的频繁程度在整个中国古代时期实属罕见。清代学者康基田在其《河渠纪闻》中论及此时,将曹操霸业的成功归结为"始于屯田,而成于转运"。

三国时期的漕渠建设,按其功能可分为三类:①服务于战争需要,用于输送军队与辎重的;②服务于农业需要,用于租赋运输的,这类漕渠一般还兼有灌溉功能;③以商业运输为主的漕渠。

案例 2-2

曹操主持修建的睢阳渠、白沟、平虏渠、泉州渠、新河等漕渠,主要是为临时的紧急军事行动而修的,除白沟以外的漕渠在军事行动结束后大多也就随之逐渐湮灭了。然而汴渠却是个例外,对它的整修相当频繁。这是因为汴渠是当时沟通南北的重要渠道。曹操、曹丕企图伐吴时就利用了这条运渠。肥水之战时,苻坚率大军南征"运漕万艘,自河入石门,达于汝颍"。可见,这条运渠在军事战略上的重要作用是其长期存在并不断得以整修的主要因素。

邓艾所修的广漕渠、淮阳渠和百尺渠,主要是用于从产粮区运输租赋的漕渠,此外还兼有灌溉农田的作用。如广漕渠"可以引水浇溉,大积军粮,又通运漕之道……每东南有事,大军兴众,泛舟而下,达于江淮,资食有储,而无水害……"淮阳、百尺二渠修成后,"上引河流,下通淮颍,大治诸陂于颍南、颍北,穿渠三百余里,溉田两万顷,淮北淮南皆相连接"。

3. 港埠的兴起

随着水运的发展,水运线上兴起了一些港埠,成为漕粮的转运站、贸易物资的集散地,以及商品交换的市镇。每当设置新县时,此类市镇通常被选定为一县的首府,发展为重要的城镇。因此,就江苏地区来说,许多县城是由水运线上的港埠、码头或一个地区的水运中心,逐渐发展成为一个县乃至一郡的政治、经济中心。据《隋书·地理志》记载,这个时期江苏地区县治一级的城镇有 30 多座。

(二) 海上交通

据有关学者研究,中国的海上丝绸之路萌芽于商周时期,发展于春秋战国,形成于秦汉,兴于唐宋,转变于明清,是世界上已知最为古老的海上航线。据有关考古挖掘证明,早在先秦时期,岭南先民在南海乃至南太平洋沿岸及其岛屿,已开辟了以陶瓷为纽带的交易圈。近年来有些研究者认为,在南美一些石壁上发现了中国的甲骨文,并初步推断商代殷人是最早到达南美的先民。如果这个推论能得到证实,说明早在殷商时期中国远洋航海的能力水平已经相当高超了。中国海上丝绸之路分为东海航线和南海航线两条线路。

1. 东海航线

东海航线又称"东方海上丝绸之路"。早在春秋战国时期,齐国在胶东半岛开辟了"循海岸水行",直通辽东半岛、朝鲜半岛、日本列岛,直至东南亚的黄金通道。到了秦代,秦始皇为了入东海求长生不老之药,曾派遣徐福率领童男童女数千人乘船东渡。后来,药没有求来,人也没有了影,这个问题成了悬案。但秦始皇在今秦皇岛海边修长城企图通向大海深处,这是有遗迹可证的。据我国史学家白寿彝先生考证,"秦之通朝鲜半岛,则是可信的"。他引用了大量的古代历史文献来证明此事,并说那时因很多秦人、燕人、齐人为了躲避秦朝苛役,大批移民到朝鲜半岛。而中国与日本的往来,在汉代已很密切,也有不少日本人来中国定居,这在《后汉书·东夷传》中已有记载。

2. 南海航线

南海航线又称"南海丝绸之路",起点主要是广州和泉州。南海丝绸之路从广州(古称番禺)或泉州出发后,经中南半岛和南海诸国,穿过马六甲海峡进入印度洋,再驶入红海,抵达西亚、东非,途经100多个国家和地区,成为中国与外国贸易往来和文化交流的海上大通道。

1) 西汉时期

关于南海航线方面,据《汉书·地理志》记载,西汉时期汉武帝曾派人从徐闻(今广东湛江徐闻)、合浦(今广西北海合浦)出发,经南海进入马来半岛、暹罗湾、孟加拉湾,到达印度半岛南部的黄支国(今苏门答腊附近)和已不程国(今斯里兰卡)。当时,随船带去的主要有丝绸和黄金等,这些丝绸再通过印度转销到中亚、西亚和地中海各国。这是有关海上丝绸之路的最早文字记载。

案例 2-3

《新唐书·地理志》(卷三十三)中将南海航线(中国海上丝绸之路)称为"广州通海夷道",此航线从广州出发向东南行,经东南亚、印度洋北部诸国、红海沿岸、东北非和波斯湾诸国,可到达今日阿拉伯、伊拉克的海上航路,全长约1.4万千米,这是当时世界上最长的远洋航线。当时中国通过这条航线向外输出的商品主要有丝绸、瓷器、茶叶和铜铁器四大宗,运回来的主要是香料、花草等一些供宫廷赏玩的奇珍异宝。

2) 东汉时期

据有关记载,中国东汉时期的航船已使用了风帆,并与罗马帝国有了第一次往来。中国商人从广州出发,运送丝绸、瓷器经海路由马六甲经苏门答腊抵达印度,并且采购香料、染料运回中国。印度商人把中国的丝绸、瓷器经过红海运往埃及的开罗港,或经波斯湾进入两河流域到达安条克(今土耳其),再由希腊、罗马商人经地中海海运运往欧洲大小城邦。汉代时期,由于种桑养蚕和纺织业的发展,丝绸成为中国的主要输出品。汉代南海丝绸之路,是从中国番禺(广州)、徐闻、合浦等港口启航西行,在印度洋上与来自地中海、波斯湾、印度洋各沿海港口的海上航船进行对接交易,阿拉伯和印度商人获得丝绸、瓷器等商品,中国商人获得香料、宝石、染料等商品。这条接力式贸易路线的出现,标志着横贯亚、非、欧三大洲的海上丝绸之路在汉代已经形成。

3) 魏晋南北朝时期

海上丝绸之路发展到两晋、南北朝时期,贸易往来的国家逐渐多了起来,《南史·夷貊传》中写道:"海南诸国,大抵在交州南及西南大海洲上。相去,近者三五千里,远者二三万里。其西与西域诸国接。"

三国时代,吴国雄踞于东南沿海。为了与地处中原的曹魏抗衡争霸,吴国充分利用水运,加强与沿海地区、海外各国的联系,积极开展贸易活动。吴黄武四年(225年),大秦(罗马)商人秦伦曾来到交趾,并北上谒见了孙权,这是东吴海外交往的最早事例之一。

案例 2-4

黄武末年（227—228 年），孙权派朱应、康泰统领船队出使南海，他们航行的路线大抵是沿今天的越南、柬埔寨、泰国、缅甸，由东而西，直达印度的恒河口，共经历了 12 个国家，促进了东吴同海南诸国的经济贸易和文化交流。

晋代江苏的海外交通也较频繁。当时有许许多多海船往来于中国和南洋诸国、印度、日本、朝鲜之间。东晋义熙到齐建元年间，日本来华的使者，见于记载的就有 10 次之多，其中多数是在江苏境内的长江口上岸的。

南北朝时期，海外商业贸易往来也很频繁。据范文澜的《中国通史》记载："自宋朝（南朝宋，420—479 年）开始，有林邑（今越南）、扶南（今柬埔寨）以及天竺（今印度）、狮子国（今斯里兰卡）等 10 余国与南朝通商，梁时（502—557 年）商业尤盛。"梁时外国商船有时一年有十几批。《宋书·夷蛮传》中有"舟舶继路、商使交属（往来）"，记述了当时海外贸易的盛况。

海上丝绸之路一直延续到宋元时期，到明永乐年间郑和下西洋时，航海业发展达到巅峰。郑和之后的明清两代，随着海禁政策实施，我国航海业萎缩，这条曾为东西方交往做出巨大贡献的海上丝绸之路也逐渐衰落。

三、汉代邮驿制度初步形成

邮驿，也称邮传、驿邮、驿传等，自其出现至清朝末年的数千年间，始终是由国家控制的重要而独特的交通运输方式，在保障国家安全、交通畅通、信息畅通、贵宾、使节往来安全等方面有着重要作用。

春秋战国时期，由于各国之间往来较多，传递公文书信的邮传制度也开始兴盛起来，其主要形式是在一定的距离之间设置邮驿和传舍，并有专人管理。

案例 2-5

古代邮驿机构的出现与扩展

邮传的萌芽：从甲骨文看，早在殷商盘庚时期中国已有组织的通信活动，主要用于军事方面。当时边疆有事，守将便派遣专人到国都去报告情况，谓之"边报"。不过，当时"边报"主要是靠狼烟烽火，接近京城时才有"马报"将消息传递到王宫里，这种方式应该比差人从边境到京城传递消息更快。边报、狼烟烽火都是为了传递信息，可以说是邮传的萌芽。邮传最大的好处就是传达消息既快又准确。西周时所设立的馆舍，也有邮传的功能，也是为邮传服务的。当时的馆舍除用于为宾客提供住宿休息外，也为往来的使者提供方便。后来的驿站就是在这个基础上发展起来的。

春秋战国时期的邮驿和传舍备有遽（车）、驿（骑乘的马）、徒（徒步送信的人），这些都是为迅速传递消息而设的。《左传》记载，僖公三十三年，郑弦高"且使遽告于郑"。《国语·吴语》载，吴王夫差对晋国大夫董褐说："徒遽来告，孤日夜相继，匍匐就君。"

秦汉的馆舍和邮驿，可分为亭、邮、驿、传。

（一）亭

亭，是供旅客住宿的地方。《风俗通》说："汉家因秦，大率十里一亭。亭，留也，今语有亭留、亭待，盖行旅宿食之所馆也。"《释名》说："亭，停也，人所停集也。"由此可知，供客住宿是亭的主要任务。汉时的亭，是平民和贵族共用的，没有贵族和平民的限制，与先秦时代的官方馆舍不尽相同。亭的设立，原则上以十里为一亭，实际上相间距视人口稠稀而定，不是绝对的十里一亭。

案例 2-6

《汉书·百官公卿表》说："大率十里一亭。亭有长。……县大率方百里。其民稠则减，稀则旷。乡亭亦如之。皆秦制也。"所谓"稠则减，稀则旷"，是说居民过多时，县乡亭间的距离都减少里数；如居民过少，则里数加多。《汉官仪》说："长安城方六十里，经纬各十五里，十二城门，积九百七十三顷，百二十亭长。"《御览》引《汉官典职》说："洛阳二十四街，街一亭。十二城门，门一亭。"长安有百二十亭，洛阳有三十六亭，可见人口密度增加时，亭的数目也要随着增加。

（二）邮

邮，是传书的机构，类似今日的邮局，设专人负责，即传书人。《后汉书·郭泰传》注引《说文》："邮，境上传书舍也。"不过，它是为传递官方文书而设的。发书人（即写信人）不必自己亲自送到邮，只要通知邮人（即传书人），他们便上门来取，并负责投送。邮既可向各郡县官府投送，也可以向上级官府投送。

邮的设置，较亭为密。《汉官旧仪》说："五里一邮，邮人居间，相去二里半。"原则上按"五里一邮"设置，但实际设置时，要视客观需要而有所增减。所谓"邮人居间，相去二里半"，是说邮人在这个邮区的中间位置，与四邻的邮区相去各有二里半。

（三）驿

驿，与邮的作用相似，汉代邮与驿同属于一个部门，故邮与驿并称邮驿。驿和邮的不同之处在传书的方法上。邮有传书人（邮人），负完全传寄的责任；驿则只给发书人所派专使提供交通工具。因为驿有这个特点，所以有时也会被官方加派另外的任务，有点像今日的代驾。汉代除官家设置驿以外，也有私人的驿。私驿和私营的旅舍不同，后者是为取利，前者则是为自己使用，是临时性的。

驿所用的交通工具，以马为主。"汉律"中有"乘传骑驿而使"，但有时也有用车的。驿有驿卒，每三十里设一处。《续汉书·舆服志》说："驿马三十里一置。卒皆赤帻绛褠云。"说明驿卒的服装是赤色头巾，上有云纹图案。

魏晋以后，邮驿制度仍存在，但数量逐渐减少，这与当时南北分裂割据的格局有关。到唐代，驿作为官方交通方式渐渐恢复，特别是在通往西域的道路上设置了很多驿站，一方面是为往来于丝绸之路的使节、客商提供方便，另一方面也是从边防安全的角度考虑的。

（四）传

传，在汉是为政府官员或特需人员公务出行提供用车，类似今日的公务用车。其作用和驿不同，而制度和驿相似，都是在一定的距离改换交通工具，以加快行进的速度。

传有四种，《汉律》规定："四马高足为置传，四马中足为驰传，四马下足为乘传，一马二马为轺传。"在这四种传中，乘传的应用最普遍。《汉律》中对用传也有一定的规定，用传须持传信。传信因种类不同，上面所加盖的封印也不同。

秦汉时期，邮驿发展迅速。秦时，馆驿与传舍、传亭主要是为官员、使者服务，不对商民开放。汉高祖以后只有少数富商大贾可以乘传，商旅沿途食宿由亭帮助解决。但至西汉盛世，商旅络绎于途，亭已无法满足需要，于是私人邸旅开始发展。至南北朝时，传舍、传亭已完全不接待普通行旅，更促使私人邸旅业的进一步发展，并逐渐代替了亭的作用。

汉代通往西域道路打通后，邮驿又随之沿河西走廊向西发展。敦煌地区考古发现的占地面积达两万多平方米的汉代悬泉置遗址，有力地证明了汉代邮驿的规模。

四、张骞与丝绸之路的诞生

丝绸之路的名字是德国地质地理学家李希霍芬（Ferdinand Freiherr von Richthofen，1833—1905 年）于 1877 年在他所写的《中国》一书中第一次提出来的，并得到国际学术界的认可。

从狭义的角度讲，丝绸之路是指自中国西汉以来、自长安（今西安）出发，经甘肃河西走廊进入新疆，穿越天山南北的戈壁沙漠，翻越葱岭进入中亚、西亚、南亚的阿富汗、印度、伊朗、伊拉克、叙利亚、土耳其等国到达地中海，最终抵达罗马的贸易路线，全长约 6500 千米。

而从广义的角度讲，丝绸之路除了人们所特指经河西走廊、新疆天山路网进入中亚、西亚西行的路线外，还有很多条从中国通往西方商道，如草原丝绸之路、西南丝绸之路和海上丝绸之路等。换句话说，广义的丝绸之路可以理解为：凡是能从中国通往亚洲、非洲和欧洲各国，并能促进各国之间经济、政治、文化、社会文明友好交流交往的各条陆上、海上通道，都可以统称为丝绸之路。

沟通中外
文明的
丝绸之路

（一）张骞两次出使西域

张骞是陕西汉中城固人，生于公元前 164 年，公元前 114 年去世，享年 50 岁。据史书记载，他"为人强力，宽大信人"，即具有坚韧不拔、心胸开阔，并有信义待人的优良品质。自汉武帝派张骞出使西域后，西行之路大开。

1. 第一次出使西域

公元前 139 年，张骞奉命率领 100 余人从长安向西域进发，因途中在河西走廊被匈奴俘获，在匈奴的伊吾王庭被羁押了 10 年之久，之后他逃出匈奴，继续前往西域，直到公元前 126 年才回到长安，这是张骞第一次出使西域，前后历经 13 年。张骞这次出使虽然没有达到预期的目的，但张骞对西域的地理、物产、风俗习惯有了比较详细的了解，为汉朝开辟通往中亚的道路提供了宝贵的资料。

案例 2-7

《汉书·西域传》说:"西域,以孝武时始通。本三十六国,其后稍分至五十余,皆在匈奴之西,乌孙之南。南北有大山,中央有河,东西六千余里,南北千余里。东则接汉,厄以玉门、阳关,西则限以葱岭。其南山,东出金城,与汉南山属焉。"

张骞第一次出使西域,不仅使中国的影响直达葱岭以西地区,使西域各国同内地的联系日益加强,而且使中国同中亚、西亚乃至南欧的一些国家建立了直接交往关系。

2. 第二次出使西域

公元前 119 年春,汉武帝命卫青、霍去病各率骑兵 5 万征伐匈奴,取得全胜。汉军击败匈奴,控制了河西走廊地区,打通了大汉与西域之间的通道。公元前 119 年,张骞奉汉武帝之命第二次出使西域。四年后,张骞归来,被封为专管接待外国使节的大行令。

3. 丝绸之路的开拓者

张骞凿空西域,使大汉与西域诸国往来逐渐密切,商贸交流日益频繁,成为丝绸之路的开拓者。张骞于公元前 114 年去世,归葬汉中故里。近代中国思想家梁启超称张骞为"坚忍磊落奇男子,世界史开幕第一人",张骞在国际上被誉为"伟大的外交家、探险家",是"丝绸之路的开拓者""东方的哥伦布"。

汉代著名史学家司马迁用"凿空"二字来形容张骞出使西域的壮举,这不仅仅是褒扬张骞开通了西域之路,"凿空"还有开天辟地、史无前例、首创之意。张骞去世两年后,汉朝与西域各国开始互通使者,汉朝派出使节前往安息(波斯)、身毒(印度)、犁轩(今埃及亚历山大城)、奄蔡、条支等国,而这些国家也不断派使者前来长安访问和贸易。从此,中原地区与西域诸国的交往通道建立起来,联系也频繁起来,中原的丝绸、瓷器等物品以及先进的生产方式传到了西域;西域的名马、香料及水果、农产品等也传到了中原,从而形成了举世闻名的丝绸之路。这条对外商贸路线也称陆上丝绸之路、西域丝绸之路。

(二) 班超"经营西域"

1. 汉朝与西域的关系

公元前 60 年,匈奴内部分裂,一部分匈奴头领率部归汉,匈奴对西域的控制逐渐瓦解。汉宣帝任命卫司马郑吉为西域都护,并在驻地乌垒城(今新疆轮台)设立了军政管理机构——西域都护府,西域 36 国从此正式纳入汉朝中央政府的统一管理之下。公元 16 年,由于西汉政权被王莽所篡夺,匈奴重新控制了西域,西域诸国与中原的联系中断了,丝绸之路也暂时被阻断。直到公元 73 年,汉明帝刘庄为恢复与西域各国的联系,派兵打击北匈奴。班超随大将军窦固出击北匈奴,并以他的才能和胆识劝降了西域诸国,帮助西域各国摆脱了匈奴的控制,重新打通了已断绝 58 年的丝绸之路,与汉朝恢复了往来。

2. 西域都护班超

班超的努力得到了西域各国的信任,故被东汉朝廷任命为西域都护,长期留守西域。班超在西域经营了 30 年,加强了西域与内地的联系。至公元 94 年时,西域 50 余国全部归属汉朝中央政府管辖。班超的足迹踏遍了整个西域,促进了西域诸国与中原地区的文化交流与商贸往来,在西域产生了很大的影响,也留下很多美谈。朝廷为表彰他的功绩,追封他为定远侯。

班超被史学家称为汉代以来第一位"经营西域"的人。后来,汉朝委派大批官吏,长久驻扎军队,开荒屯田,设置驿站,建立起直接的统治,汉朝的声威在西域的广大地区内树立起来。西域都护府的设立确保了丝绸之路的交通安全,东汉政府在西域地区设置驿站,"驰命走驿,不绝于时月;商胡贩客,日款于塞下"。由此可以想象,当时丝绸古道上的繁忙的景象:汉文化源源不断地传到西域及以外地区,域外的物产、音乐、歌舞等也传入中原,极大地丰富了百姓的物质文化生活,同时也增进了中原与西域各国各族人民群众的交往和相互了解,增强了各民族之间的团结与融合。班超作为西域都护,功不可没。

(三) 东西方文明的交流

东汉时期,华夏文明已通过丝绸之路与欧洲文明进行了接触与交流,并由此开启了中西文化交流的第一次高潮。早在公元100年,已有一批罗马人沿着丝绸之路来到中国洛阳。166年,大秦国王又派使者到洛阳朝见汉桓帝,实现了古罗马和汉朝之间第一次正式官方交流。

通往西域的道路打通后,东西方文明的沟通与交流渐渐兴盛起来。丝绸之路的畅通,把我国与中亚、西亚诸多国家联系起来,促进了各国之间的政治、经济、军事、文化的交流,这是中原与中亚、西亚的第一次经济文化交融。在此期间,西域及中亚的核桃、葡萄、石榴、蚕豆、苜蓿等十几种植物逐渐传入中原,并广为种植栽培;龟兹的乐曲、舞蹈和胡琴等乐器也在中原地区广为传播。以前,安息等国都不产丝,更没有丝绸产品,也不会冶炼铸铁技术;但随着丝绸之路的兴起,中国的养蚕织丝和炼铁技术逐渐传入西方,进一步促进了东西方经济文化的交流发展。

为了丝绸之路的开辟和畅通,为了促进东西方文明的交流,张骞、霍去病、班超等人做出了巨大贡献,他们的事迹和家国情怀应该永远被人们颂扬。

汉朝灭亡后,中国进入了三国争雄、魏晋南北朝割据的战乱局面,陆路丝绸之路也因此中断。在长达350余年的空窗期内,中国的造船与航海技术却获得了较快的发展。三国时期,孙吴的造船和航海技术飞速发展,孙吴所造的战船、商船数量多、船体大、龙骨结构质量高,不但对作战有利,而且对贸易与交通的发展起到了推动作用。同时,孙吴的丝织业规模也已远超魏、蜀两国,极大地促进与推动了中国丝绸业的发展。

五、交通工具的发展

纵观秦汉及魏晋南北朝时的交通工具,大体上仍为舟、车、马、牛。

(一) 舟

造船技术的发展较快,大者有楼船,快者有舸。西汉中叶,已出现很大的楼船,并且南方楼船的数量也已很多。《御览》引《江表传》中记载:"孙权名舸为马,言飞驰如马之走陆地也。"这也可见魏晋时期舸行之速度。

案例 2-8

孙吴时期建造的船舰,结构精良,种类很多,散见于古籍中的船舰名称有"长安""飞云"

"青龙""艨冲""舸舻""舴艋""凌波""披电""大舡"等,"大舡"战舰可容战士 3000 人;"飞云"船分上下五层,雕镂彩绘,精巧绝伦,孙权常常乘它巡游长江;"舴艋"大舟载重可达万斛;"艨冲"快艇,疾驰如箭。

千里船的创制,是中国造船史上的一大进步。祖冲之(429—499 年)很注意研究水上交通工具。为了提高船舶航行速度,他设计制造了一种船舰,利用桨轮激水前进。在建康附近的新亭江中试航时,此船快如风驰,一天能航行 100 余里(《南齐书·祖冲之传》),取名为"千里船"。

(二)车

车的发展有辒辌和辎軿。辒辌驾马,辎軿驾马或牛,都是四面有屏蔽,里面可以坐卧的车。辒辌车底形制很大,也很舒适。辎軿车也是极舒适的车,为汉时贵妇人所乘坐。辒辌之制,魏晋及南朝沿用不改。辎軿,到魏晋时就不被重视了。

东汉时,有用鹿车者,各史志不载,不知所由始。此外,东汉张衡创制了指南车,宋代创制了记里车,名虽车,而作用和车不同。这两种车虽不能乘人运输,但在交通上也发挥了一定的作用。不过,它们始终为皇帝所专有,在交通工具发展史上算是两种奇器。三国时,诸葛亮制木牛流马,名为牛马,却可认作车类,是诸葛亮为运输军粮而制作的,但后来在运输工具发展中影响不大。

(三)马、牛

马,或驾车,或单骑,在秦汉时已非常普遍。而牛,秦及汉初贵族皆不使用,至汉武帝时才渐渐有人用之驾车。由于那时的马在战争中大量伤亡,能乘用马车者多属皇室显要,所以一般交通往来只能使用牛车。东汉末年,牛车也受到达官显贵的青睐。出土的北魏墓中的牛车俑,北齐墓中的壁画"乘牛车出行图",都以牛车为墓葬陶俑和墓室壁画的主体。这些文物史料都说明从十六国到南北朝,牛车仍为官宦名士的必备交通工具。

除了马和牛外,晋时还有人用象或羊驾车。但这种事情毕竟很少见,不能算是日常通用的交通工具。用橐驼、骡驴驾车的,汉代比先秦时期多。

专题小结

秦始皇统一六国后,中国结束了诸侯国各自为政的割据局面,成为将权力集中统一于中央政府掌管的国家。在大一统格局下,由国家主导的全局性的、全国性的大交通迅速发展起来——涉及公路、水路、邮驿和对外交往,开创了一个前所未有的新局面。从这一专题讲述的内容我们可以看出,国家的稳固与安全,国民经济的发展与国计民生的保证,都离不开交通设施的建设、交通运输的畅通。而要达到这个目的,也必须是在国家主导下才能实现。可以说,国家的统一是实现全国大交通的前提条件,国家大交通是维护国家统一和安全的重要工具之一。

拓展阅读:弘扬赓续丝路精神

学习思考

1. 古代交通雏形期的重大历史事件有哪些?
2. 驰道修筑的历史意义是什么?

古代交通大发展期——隋唐至两宋时期

学习目标

（1）了解隋唐至两宋时期交通发展的主要表现。

（2）正确理解古代交通大发展的突出成就，坚定历史自信。

古代交通的大发展时期，是从隋代起，历经唐、五代十国、两宋到金辽，这段历史约为 800 年。

这个历史阶段之所以被称为古代交通大发展期，主要有两个原因。首先是隋朝再次统一中国，使政治、经济、社会恢复稳定，为交通大发展创造了良好的条件和局面。其次，隋唐至两宋时期是中国历史发展过程中辉煌灿烂的重要时期，在中国历史和人类文明史中占有十分重要的地位。在这一时期，开启了国家主导的大规模交通建设：一是修凿了南自余杭、北达涿郡的大运河，以及与运河并行的御道，便利了南北物资和文化交流；二是再次打通了通往西域的道路，恢复了中断已久的丝绸之路；三是陆上和海上丝绸之路走向全盛，出现了"万邦来朝"、商旅日夜络绎不绝的局面；四是种类繁多的货物运输促进了交通的快速发展；五是唐宋时期规范化、制度化的路政管理。

一、隋唐大运河的历史意义

（一）隋唐大运河的修凿

隋代大运河以洛阳为中心，向东南为通济渠，可通余杭（今杭州）；向东北为永济渠，可达涿郡（今北京），贯穿了今河南、河北、北京、天津、安徽、江苏和浙江等省市，沟通了黄河、淮河、长江、钱塘江和海河五大水系，初步形成了以洛阳为中心的南北水运大动脉，全长超过 2400 千米。

隋唐是中国历史上第二次大一统的时期。这一时期与秦汉第一次大一统时期的情况有所不同。秦汉时期，全国政治、军事和经济中心均在北方，粮食物资可就近补给，运输线较短。而隋唐时期，政治中心虽在北方，经济中心却逐步南移，形成了"今天下以江淮为国命"的局面，这就产生了如何把南移的经济中心和北方的政治中心联系起来，以维持王朝生存和巩固的重大问题。隋统一全国后，修通南北大运河，适应了这一需求。

对于隋代开凿大运河的评价，历来贬褒不一。但隋代开凿大运河对古代交通发展具有重要意义。第一，加强了南北交通发展。开凿大运河，有利于加强江南与关东地区的联系，维护国家统一。第二，交通运输条件得到了改善，缩短漕运路线，有效保证了首都粮食物资充足，同时也促进了沿河城市的繁荣。唐、北宋的频繁开凿、疏浚、整修，使大运河在较长的时期保持畅通。而经过唐宋的长期发展，大运河沿线的城镇也借助大运河的便利条件发展得更加兴旺。

通济渠是隋代大运河中最重要的一段，是从中原通向江南的水运纽带，也是施工迅速、成效显著的一段。这段工程从大业元年（605年）三月开工，到八月结束，历时不到半年。工程规模之大，进度之快，堪称奇迹。其中的一个重要原因，就是运河经流黄淮之间的淤积平原易于开挖，而且沿途尽量利用天然河流和历史相继开凿的鸿沟、汴渠等人工运河。这样，不仅使开凿工程量大为减少，而且在水源方面，既有充沛的黄河之水为主源，又有淮河北侧的汝、颍、涡、泗等较大支流补充和调节水量。

天下长河：
隋唐大运河

永济渠是隋代大运河中的骨干河段，从中原通向北方，沟通了黄河以北的主要水系，成为贯通南北水运交通的北部纽带。永济渠开凿于大业四年（608年）。这条运河是在东汉建安年间所开白沟的基础上进行疏浚、扩宽和改造的。根据史书文献记载，它主要是以沁、清、淇三水为水源。清、淇二水本是白沟的水源，永济渠的南段就是利用白沟故道，只有沁水一源是新增加的。沁河是黄河的支流，源出山西沁源县北太岳山东麓，南流至河南武陟县入黄河。永济渠利用沁水南通黄河，北引沁水与清、淇二水相接，东北入白沟。永济渠建成后，为今海河水系五大河之一的卫河（南运河）的形成奠定了基础。在修建通济渠的同时，还沿通济渠两岸修建了一条从洛阳到盱眙的车马大道，称为御道，并在沿岸修建了40余座离宫。为了修建运河和御道，数百万民工挖沟填壑、推土运石、耗尽血汗，但后人实受其益。作为隋朝交通发展的政绩，运河和御道对隋代及以后南北文化和物资交流有着巨大的作用。

隋唐大运河开凿场景模拟图如图3-1所示。隋唐大运河路线如图3-2所示。

图 3-1　隋唐大运河开凿场景模拟图

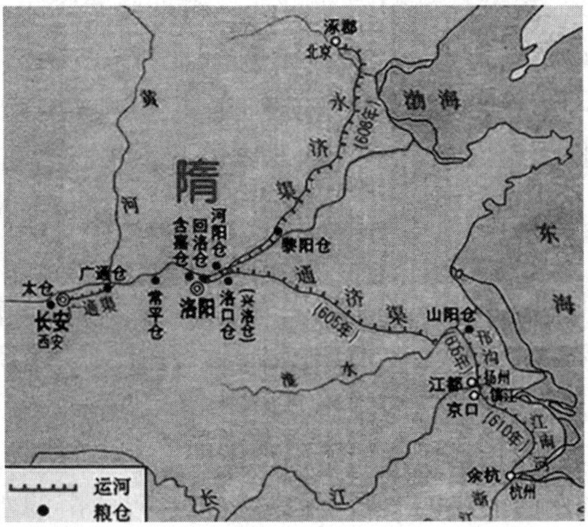

图 3-2　隋唐大运河路线

注：以洛阳为中心，南起余杭（杭州），北至涿郡（北京）。隋朝开凿 2700 千米，纵贯中国最富饶的东南沿海和华北大平原。图片来源于隋唐大运河博物馆。

（二）大运河带动水路运输的发展

水路运输，简称水运，是利用船舶、排筏或其他浮运工具，在江、河、湖、海以及人工水道运送旅客和货物的一种运输方式。

隋朝建立后，中国经济格局呈现出"南主经济、北重军政"的特征。随着经济重心的南移，漕运重心也转移到了南方；特别是在运河开通之后，沿河两岸出现不少新兴的商业城市，成为物资的转运点。随之而来的是，人口增加，农业生产发展，仓储丰盈，纺织、制瓷、造船等手工业生产都有显著进步，市场扩大，交通发达，运输出现繁荣景象。东南地区的宣城，毗陵（今常州）、吴郡（今苏州）、会稽（今绍兴）、东阳（今金华）、丹阳（今南京清京山）都是当时的百货集散之地，商贾云集；西南和南方的成都、南海（广州）也是当地的贸易中心；长安、洛阳不仅是全国的贸易中心，还是国际的重要贸易城市，招商致旅，珍奇山积。唐代时期，漕运路线已经由秦汉时期的东西向变为东南、西北向。隋唐大运河辐射长安、洛阳、开封、杭州、扬州等大城市，惠及隋、唐、宋三朝，奠定了唐朝的开元盛世和宋朝的经济繁荣。通济渠被视为唐宋王朝的生命线。安史之乱之后，黄河流域经济遭到严重破坏，河北地区长期被藩镇割据，经济来源完全依靠东南地区。此时，江淮流域成为全国的经济重心，通济渠成为沟通南北地区运输的大动脉。南北大运河平衡了南北经济，促进了运河沿岸城市的兴盛，社会经济意义十分突出。

随着水路交通的发展，隋代造船技术也有很大发展。隋代造船突出的特点是船体大，船型多。制造这些大型船舶的关键，在于船舶的纵向强度。船的龙骨和大樀就是保证船体纵向强度的主要受力构件。龙骨，又称为底骨，是夹置在船舶底板中的纵向厚板材，犹如人体的脊柱骨，承受总纵弯曲和水压力以及搁浅、擦浅时的压力与摩擦力等，对于提高船纵向强度有重大作用。船舶两舷的大樀，又称大筋、明龙，是船舶两舷侧身板以上的纵向加厚壳板，为船壳特有的强力构件，配合横骨架，可保证船体纵向强度，承受外部碰撞力，并有助于船体的稳性和浮性。但是在制造大型木船时，像龙骨和大樀等必然受造船木料长度的局限而需要把较短小的多块木料相拼连接一起。因此，连接技术便在造船工艺中占有极为重要的地位,它决定了大船的结构强度,这些技术在隋代造船工艺中都已得到解决。这些都是古代劳动人民在造船技术方面的重大进步,是历代经验积累和智慧的结晶,为后来船舶的进化和发展打下了良好基础。

隋唐时期,由于商品经济和内河航运的发展,大大刺激造船业的发展。这时期,江苏成为全国造船业最发达的地区之一,扬州出现了十大官营造船工场,成为大型造船基地,进行大规模修造船舶;民间造船业也在原有基础上进一步兴盛起来。

案例 3-1

《资治通鉴·隋记》记载:"上行幸江都,……御龙舟。龙舟四重,高四十五尺,长二百尺。上重有正殿、内殿、东西朝堂。中二重有百二十房,皆饰以金玉,下重内侍处之。皇后乘翔螭舟,制度差小,而装饰无异。"

《大业杂记》中记载,龙舟"阔五十尺","周以轩廊;中二重有一百六十房,皆饰以丹粉,装以金碧珠翠,雕镂奇丽,缀以流苏、羽葆、朱丝网络。下一重,长秋内侍及乘舟水手,以青丝大绦绳六条,两岸引进"。由此可见,当时的造船工人是按照宫殿形制来设计建造的龙舟。皇后乘坐的翔螭舟是以"螭"(即无角之龙)取名,其规模虽然比龙舟较小,但其装饰却与龙舟无异。这种俨然如"水上宫殿"的龙舟、翔螭舟,其规模之大、豪华之极已达到了登峰造极之境,在古代造船史上堪称罕见。把宫殿建筑技术运用于造船业,也显示了隋代造船工人的聪明才智和相当高超的造船技术。

二、从隋朝复兴丝绸之路到唐宋陆海丝路的兴盛

(一) 隋朝复兴丝绸之路

公元 589 年,隋朝开国皇帝隋文帝杨坚灭了南陈,结束了南北分裂割据三百余年的状态,再次实现了多元一体化的中华民族大一统,开启了"开皇之治"时代。面对北方不断崛起的突厥、契丹强敌,隋文帝对在青海、甘肃一带的东突厥启民可汗采取了和亲政策。隋文帝死后,隋炀帝杨广继位。为开疆拓土,他下令开挖大运河,同时征讨吐谷浑,恢复丝绸之路。曾在隋文帝时代任过要职、并参与过和亲政策的执行者裴矩受到重用,开始参与朝政。当时裴矩被派往张掖,代表中央政府主持与西域各国间的联系及贸易交流等事宜,保证河西走廊丝绸之路的畅通和贸易正常往来,进一步加强不同地区、不同民族间的经济贸易和文化交流。陷于低谷的丝绸之路由此开始恢复。

裴矩在《西域图记》中第一次明确地阐述了中国经敦煌通往中亚、西亚、欧洲的三条中线,这是目前为止所能看到的对丝绸之路中线的最早记述。自公元 605 年至 614 年,裴矩至少 4 次往来于甘州(今甘肃张掖)、凉州(今甘肃武威)、沙州(今甘肃敦煌),大力招徕西域胡商前往河西地区从事贸易,西域诸国使者也纷纷跟进。

当时的盛况可参见图 3-3 和图 3-4 所示的画作。

隋朝末年,中原与西域、西亚交往的所有道路全部畅通,从而促进了丝绸之路贸易与文化交流的繁荣,丝绸之路出现繁荣局面,为丝绸之路在唐代走向繁荣鼎盛奠定了基础。

图 3-3　反映隋代裴矩在河西走廊招商引资活动的画作

图 3-4　参加张掖"世博会"的西域胡商代表

（二）唐代丝绸之路走向鼎盛

唐前期（公元 618 年—755 年），丝绸之路的主要行进路线有陇右河西路、吐谷浑路、回纥路等。

（1）陇右河西路，是指从唐长安（或洛阳）出发，经陇右、河西走廊通往西域的交通线。陇右河西路分为南、北两道。南道从长安出发，经金城县至凉州。北道从咸阳西北行，渡黄河至凉州。北道比南道路程短，但北道道路险峻，通行不便；南道虽远，但道路相对平坦，且沿途较富庶，所以行人商旅多走南道。南、北二道在凉州会合后，沿河西走廊西行至瓜、沙二州，瓜州、沙州均有道路通往西域。从敦煌出发到西海（地中海），有西域北道、西域中道、西域南道。此三道之间道路相通，各条路线纵横交错，形成网状格局。西域北道，指自沙州至伊州，北越天山，西至碎叶及中亚、欧洲的通道。西域中道，指从瓜州至伊州，沿天山南麓塔里木盆地北缘西行，经西州、龟兹西去的道路。西域南道，指从沿塔克拉玛干沙漠南缘经于阗，西逾葱岭的道路。

（2）吐谷浑道，其主要通道自陇右南道上的狄道县西行至河州枹罕县，渡黄河，越曼天岭至龙支县,向西北循湟水而上,经鄯城县(今西宁)、凤林关,至兰州,接陇右南道至凉州,西行至西域。自鄯城向北,经昌松县,可至凉州;自鄯城西行,可至沙州;自鄯城沿青海湖南岸西行至羊同(今阿里一带)、康西瓦等地,北上直抵于阗。

(3)回纥路,以长安为起点,北行经灵州至中受降城,越阴山,经大漠至回纥牙帐,再自回纥牙帐西行,沿杭爱山北麓西北行,越阿尔泰山,可由此西去中亚;也可循准噶尔盆地东南而下,再沿天山北麓西去。安史之乱后,河陇大部分地区陷没于吐蕃,陇右河西路受阻,经回鹘的路线变得重要起来。

丝绸之路北线的兴起与繁荣,使沿线出现了一些新兴都市和贸易中心。其中,著名的有庭州、弓月、轮台、热海、碎叶,等等。此时,大唐帝国成为当时世界第一发达的强盛国家,经济文化发展水平都居世界前列。东西方文明通过丝绸之路有了全面友好的交往,丝绸之路在这个时期发展到鼎盛阶段。与汉朝时期的丝路不同,唐控制了丝路沿途的西域和中亚的一些地区,并建立了稳定而有效的统治秩序。西域小国林立的局面已经被新秩序取代,丝绸之路变得更为畅通。

丝绸之路的商队带来各种令人眼花缭乱的商品,大大刺激了中原地区民众的消费欲望,同时给人们带来了物质上的满足感。从商品到文化的丰富,进一步促进了东西方思想文化交流,对东西方社会和民族意识形态的发展产生了积极、深远的影响。

案例 3-2

唐代,丝绸之路沿线区域物产丰富,见于记载的有小麦、玉米、棉花、瓜果、油、麻及野马皮、羚羊角、牛羊皮毛、牛酥、毡毯等;比较有名的如凉州(武威)的草编织品、肃州(酒泉)的夜光杯等;还有琳琅满目的地方特产,如麝香、甘草、雄黄、枸杞、苁蓉、黄矾、石膏、蜜蜡等。在这条长约 7000 千米的路上,丝绸与同样原产于中国的瓷器一样,成为当时东亚强盛文明的象征。各国元首及贵族曾一度以穿着用腓尼基红染过的中国丝绸,使用中国瓷器作为尊贵富有的象征。而葡萄、核桃、胡萝卜、胡椒、胡豆、菠菜(又称为波斯菜)、黄瓜(汉时称胡瓜)、石榴等果蔬的传播种植,为东亚人的生活增添了新的品种;西域特产的葡萄酒,也融入中国的传统酒文化当中。商队从中国运出的丝、绸、绫、缎、绢等丝制品,源源不断地运向中亚和欧洲;中国的铁器、金银器和其他豪华制品,在西域诸国也受到欢迎。盛唐的开明政治和全面开放的姿态,是丝绸之路进入鼎盛时期的最重要的原因。不同民族、不同语言、不同生活方式、不同意识形态的人民相互往来,团结和谐,平等交流,不仅是"贞观盛世"的显著特点,也是丝绸之路走向鼎盛时期的特点更是丝绸之路的历史意义之所在。

(三)海上丝绸之路兴旺发展

唐代中期,"安史之乱"爆发,加之西边的大食国(阿拉伯)加强了对中亚地区的控制,陆上丝绸之路再次陷入中断。此时已经兴起的海上丝绸之路正向兴旺阶段发展,并逐步取代了陆上丝绸之路,成为我国对外贸易和交往的主要通道。

中国海上丝绸之路分为东海航线和南海航线两条线路,其中以南海航线为主要路线。东海航线,也叫作"东方海上丝绸之路"。南海航线又称"南海丝绸之路",起点主要是广州和泉州。海上丝绸之路最早出现于先秦时期,到秦汉时期初具雏形。到唐宋时期,海上丝绸之路已发展成为长达上万公里、成熟兴旺的海上交通路线,在世界上产生着广泛影响。

进入唐代后,南海丝绸之路有了进一步发展,出现了"广州通海夷道"。宋代以后,由于政府鼓励海上贸易,中国的商船可以抵达印度,并基本上垄断了从泉州、广州到印度的航线。由广州经南海、印度洋,到达波斯湾各国的航线,是当时世界上最长的远洋航线。

案例 3-3

《新唐书·地理志》中详细记载了这条海路的记程:"广州东南海行,二百里至屯门山,乃帆风西行,二日至九州石。又南二日至象石。又西南三日行,至占不劳山,山在环王国东二百里海中。又南二日行……"从这个记载中可以看出,当时从广州出发经南海、印度洋进入红海,可抵达阿拉伯诸国,而来自各国的商人们在航线沿途停泊港口进行交易后,再将货物由陆路运往各地销售。在这个记程中,还简要记载了一些陆路运输的路线。所以,南海丝绸之路自古以来就被视为中国与东南亚、西亚开展贸易的繁忙的海上运输航线。

案例 3-4

史书记载,广州当时有南海舶、昆仑舶、狮子国舶、婆罗门舶、西域舶、波斯舶等专门供来自这些国家的船舶停靠的船坞。几乎每天都有船只从巴格达远涉重洋,来到东方,广州、泉州、福州、宁波、杭州、刘家港等成了最著名的对外港口。中国船舶可以赴林邑(今越南南部)、真腊(柬埔寨)、河陵(今爪哇岛)、骠国(今缅甸),经天竺(今印度)直至大食(阿拉伯)诸国,并与欧洲各国进行贸易。

海上丝绸之路到宋代出现繁盛时期,以福建泉州以及广州、福州、杭州为代表的港口城市,成为中国海上丝绸之路最耀眼的城市。大批阿拉伯商人携带香料、宝石、染料等来到泉州、广州等地经商,又将中国的瓷器、丝绸、茶叶等运往印度、阿拉伯和欧洲销售。所以这条南海丝绸之路又被称为"海上香料之路"。此时,北方丝绸之路虽然逐渐失去了盛唐时期的辉煌,但由于中国的丝绸、瓷器、茶叶等在西域、南亚诸国及西亚、欧洲仍有较大需求,因而这条贸易路线并未完全断绝,仍有商队在这条路上行走,只是行进路线发生了改变,被人们称为草原丝绸之路的商贸路线在这个时期开始兴盛起来,商人们绕开了战乱频发的河西走廊,经今天的宁夏、内蒙古、蒙古国、新疆阿勒泰等地前往中亚、西亚以至更远的地方。同时,宋代的造船技术和航海技术明显提高,指南针广泛应用于航海,中国商船的远航能力大为加强。

到了宋元过渡时期,瓷器、茶叶的出口渐渐成为主要货物,因此,人们也把"海上丝绸之路"称为"海上陶瓷之路"。同时,由于输入的商品主要是来自阿拉伯的香料,因此也把它称作"海上香料之路"。在这个时期,欧亚大陆出现了前所未有的商品和技术交流盛况。

三、物流促进交通大发展

(一)漕运的发展

漕运作为一种重要的运输方式,是中国历史特有的一种现象,它是由国家政府组织和管理,利用水路(河道或海路)调运专门物资(主要是粮食)到首都(或其他由国家政府指定的重要军事政治目的地)的专门运输体系。它有着严密的制度保障,并始终以高成本运行,体现出高度的政治性。

案例 3-5

《新唐书·食货志》记述:"唐都长安,而关中号称沃野,然其土地狭,所出不足以给京师备水旱,故常转漕东南之粟。高祖、太宗时,用物有节而易瞻,水陆漕运岁不过二十万石,故漕事简。自高宗以后,岁益增多,而功利繁兴,民亦雁其弊矣。""贞元初关辅宿兵,斗米千钱,太仓供天子六宫之膳不及十日,禁中不能酿酒,以飞龙驮永丰仓米给禁军,陆运牛死迨尽。"上述记载说明,漕粮运输任务在唐代十分繁重,一旦运输受阻,不仅禁军受饥,皇室也受到严重威胁。

中国古代漕运的出现及发展

漕运促进了交通运河和河道系统的建设和发展。为了满足漕运需求,古代王朝不断修建和扩展运河、河道等水路交通设施。这些设施不仅连接了重要的城市和地区,还使得水路交通更为便捷和高效。在这个过程中,工程技术得到了极大的提升,包括水利设施、船闸、桥梁等建设技术的进步,都为交通的发展奠定了坚实的基础。同时,漕运还促进了交通管理制度的完善。唐代漕运有专门的制度、专门的船只和专门的管理机构,唐代积累的漕运经验对后来元明清的漕运产生了很大的影响。漕运还推动了水上交通工具的改进与创新。为了适应漕运的需求,古代工匠们不断改良和创新船只设计,提高船只的载货量和航行速度。这些改进不仅提高了漕运的效率,还促进了水上交通工具的多样化,为后来的航运业发展提供了宝贵的经验。

案例 3-6

764 年(唐代),刘晏就任转运使,担负起改革漕运的重任。他对改革漕运有一整套从实践到理论的认识,并从总体上加以规划,形成了一个切中时弊的方案。针对存在的问题,刘晏开始大刀阔斧地改革。第一,疏浚河道;第二,"始以盐利(即国家实行专卖食盐所获之利),为漕佣",即用贩盐的厚利雇人运输,以保证漕运劳力充足;第三,为保证航运安全,在运河两岸"每两驿置防援三百人";第四,采用纲运法,把漕船及水手组织起来,以武官负押运之任,"十船为纲,每纲三百人,篙工五十人,自扬州遣将部送至河阴","船十艘为一纲,使军将领之。十运无失,授优劳官"。其具体做法是将数船或数车货物编为一纲,按船(车)编号,加贴封条,派员押运;将内装货物的品名、数量列出清单,交押运人员随身携带,待运到目的地后,由接收者启封并按单清点验收。另外,唐开元二十四年(736 年),裴耀卿任宰相兼江淮、河南转运都使,主持整顿漕运,以充实关中物资。当时,他将漕运的长运直达法改为分段运输法。这种运输方法因为船只行驶路线较短,在很大程度上避免了在河中遇浅滞留的次数,从而缩短了运输周期;同时,船夫只在自己熟悉的河道中航行,了解水情,减少了事故的发生,提高了效率。刘晏主持漕政时,将裴耀卿的"分段运输法"又进行了改进。他根据长江、汴水、黄河、渭水各航段水情不同的特点,采取"江船不入汴,汴船不入河,河船不入渭"的办法,使"江南之运积扬州,汴河之运积河阴,河船之运积渭口,渭船之运入太仓"。这样,江南船只不再到河阴,而只运到扬州就返回,扬州因此成为转运中心。同时,刘晏又"各随便宜造运船、教漕卒",漕卒经严格训练,"未十年,人人习河险"。刘晏的改革,恢复了运河联系南北的作用,每年节省运费 10 余万缗(缗又称"贯钱",1 缗即 1000 文)。由于安史之乱以来政局动荡,社会经济尚未稳定和恢复,虽然刘晏作了很大的努力,但每年由江淮北运的漕米额最多 110 万石,最少时只有 50 万石。不可否认的是,刘晏对漕政的改革,对后世的漕运产生了很大的影响,像其纲运法、转搬法都在北宋以及明代漕运中被借鉴。

总之,漕运通过促进运河和河道系统的建设与发展、推动水上交通工具的改进与创新、带动沿线地区交通网络的完善以及促进交通管理制度的完善等方面,对交通发展产生了深远的影响。可以说,漕运是古代交通发展的重要推动力量之一,为后世的交通发展奠定了坚实的基础。

(二)商品流通促进交通运输发展

城镇的发展是商业繁荣的一个标志,而濒河城镇的兴起和繁盛更是水路商运发展的重要标志,这彰显着商品流通促进了当时交通运输的发展。在唐代的著名城市中,除成为全国运输中心的东都洛阳与长安齐名,是当时全国大城市外,还有在"千里长河共使船"的汴河航线上,"当天下之要,舟车之繁,控河朔之咽喉,通淮海之运漕"的大梁(今河南开封)。大梁也同其他一些大城市一样,由于商运发达,其商业活动逐渐突破了过去市、坊区分的严格限制,服务于商业贸易活动的邸店等行业也日趋增多。其他临河的大小城镇,也都因水路商运的活跃而日趋繁荣。

北宋前期,生产发展迅速,社会安定,10 万户以上城市由唐代的 10 个发展到 40 多个,商品运输也随之有了较大发展。特别是都城汴京,舟车辐辏,陆运四达,定期开设集市和夜市。繁华处所车马拥挤,行人不可驻足。在宋代画家张择端的传世之作《清明上河图》中,市民熙熙攘攘,河里船来船往、陆上车拉轿抬、人背畜驮等运输方式并用,这是当时水陆运输状况的缩影。宋金时期,由于南方受战火影响较小,北方居民纷纷南迁。这使南方各方面的发展逐渐超过北方,经济重心进一步南移,南方运输也因而有了较大发展。当时,各地货物分别由四大漕河运至京都,商业市场异常活跃。全国各地的土特产,除供应开封消费外,还分别转运到外地。此外,专为各少数民族通商而设于西北沿边和淮河流域的榷场,也都与开封市场密切连接。如北宋与契丹之间的贸易在澶渊结盟以前,双方就已于沿边互市,并设置官署管理。结盟以后,又在沿边设立榷场,监督贸易。以京都开封为中心的北宋运河系统呈放射状分布,水运十分便利。

案例 3-7

北宋,饮茶之风极盛,茶叶的需求量甚大。每年,茶商从湖北、福建等地经汴河、惠民河把大批茶叶运到开封,除供京都人士消费外,还把一部分茶叶加工后运销西北等地。北宋通过朝贡和互市,不断进行产品交易和文化交流,以丝绸、茶叶等货物换取马匹等物品。茶叶贸易极为有利可图,特别是贩卖到西北地区和宋金对峙时期的宋金边界的茶,利润往往高达数倍,巨商豪贾趋之若鹜。当时,到真州、海州提货的茶船来往于楚、扬沿海,小本商人和私贩的商船则活跃在内河航道上。宋代时,茶已和米、盐一样,成为民众"一日不可以无"的东西了。虽然茶是江淮以南的区域性经济作物，但主要销售地区为北方，所以它成了全国性的商品。随着茶叶贸易的发达，南北方的经济联系也大为加强，在茶叶运输线上出现了若干新兴的经济性都市，如江陵、真州等。各大都市中茶坊林立，甚至小市镇也有茶铺和茶坊。据统计，宋政府在各产区的买茶额在 2250 万千克左右，其中有一定数额是在江苏境内的运河与长江中流通的。以上无一不表明，商品发展打破了地区的界限，在一定程度上促进了交通的发展。

四、交通管理的制度化

（一）交通管理机构

交通管理机构是一个现代词汇，主要是负责道路管理和整治等一切相关事宜的部门。在先秦时期之前，并无明确的交通管理制度一说，但有交通工具一说，例如早期的车马、步辇、舟船，诸如此类。交通管理制度的试点是在先秦时期，而后在隋代正式确立。隋代建立之后，鉴于前朝分裂的历史教训，加强了中央集权，确立了三省六部制。唐代继承了这一体制，至宋代，六部制仍未变。六部中的户部、兵部和工部各掌管部分交通事权。邦国舆辇、车乘、传驿、厩牧及官私车马杂畜的簿籍，均由兵部设驾部管理。

隋初，地方设州郡县三级，后改为州县两级，即郡设刺史，县设县令。地方运输由刺史、县令直接掌管或由其副手职掌。

唐时的车马邮驿运输由兵部的驾部管理，唐代还开始在全国设漕运使、转运使。漕运使管漕粮的收取、上缴和监押运输。转运使初称水陆运转使，专管长安与洛阳间的运输事务；后设江淮转运使，掌握东南各道的水陆转运；又设诸道转运使，掌管各地财、物的转输和出纳，后来因与盐铁使并为一职，又称盐铁转运使。唐地方行政单位为道、州、县三级，每级都有人管理陆上运输。

古代交通管理机构的发展

宋代中央集权统治加强，军事大权归枢密院，财政大权归三司。枢密院与兵部分别掌管交通运输事权，相互制约。兵部内的驾部与唐朝相同，掌管舆辇、车马、驿置、厩牧；但驿马的发放、驿递符牌的颁发、给驿条例的制定、文报传递的监督等，都属枢密院的职掌事宜。另在三司设有盐铁、户部、度支，其中度支掌管全国财政和漕运。宋划全国为若干路，另在不同处所设有同级的府、州、军、监，下设县。各路大体设有帅司、漕司、宪司、仓司。其中，漕司负责财税和交通运输。各州太守之下都设有官员，掌管水陆路政、驿传、道路、津梁和舟车运输。县在县令之下设丞、主簿，分管交通运输。

辽时，交通运输管理体制基本与唐末相同，货物运输分别由转运使正、副转运使、同知转运使、转运判官等官员掌管。金代，中央设有兵部、户部。兵部管驿事；户部设转运司、盐使司、漕运司分管运输。辽金时期的地方运输管理与宋时大体相同。

总之，交通管理机构建立是古代交通发展的重要一环。它从国家和政策上促进交通设施的建设和维护，明确规定道路、桥梁以及设施维护的要求，为交通发展提供了良好的物质基础。同时，为道路以及交通工具的使用者提供基本依循标准，有助于维护交通秩序，保障交通安全。

（二）邮驿运输进一步完善

邮驿又称为"站赤"，是以驿站为主体的马递网路和以急递铺为主体的步递网路。邮驿运输作为官方通信交通组织,其职责不仅仅限于承担公文函件的传递,还兼具通信、交通、接待、运输等多重职能。这在一定程度上推动了交通基础设施、邮驿运输管理制度的建设和完善,以满足邮驿运输的需求。例如,为了满足快速、高效的邮件传递,可能需要修建更多的道路和驿站,从而促进了交通网络的扩展。

隋代对发驿限制较严,非急事不能发驿。唐代初期对发驿也严加限制,只有紧急文书才由驿传递,后扩大到一般通信、接待官员及小件物品运输。

宋代邮驿运输在总结前朝经验的基础上,进入了一个除旧布新的发展时期。除驿之外,又设递铺负责邮递,使邮驿分立。驿是馆驿,包括亭、馆和铺舍,是过往官员住宿休息的地方,并提供运输工具。当时认为馆驿的好坏反映着地方政绩优劣,因此,各地十分重视修建馆驿,耗费了大量人力、财力。在地僻驿疏之处,由当地寺庙辟出部分房舍待客,官员、使者住宿十分方便。递铺共分三种,即步递、马递、急脚递。这既是三种不同的传递方式,也是三种不同的递铺组织。步递是基础,以步行接力方式传递,除了递送公文外,还要送人、送官物,承担繁重的运输任务。马递送紧急文报赦书等,一般不送官物,速度较快。急脚递是在宋与辽、金、西夏作战中为适应军事需要发展起来的,有的地方独立存在,有的地方与步递合而为一。递铺以 10 里为一铺,也有以 30 里为一铺的。

此外,邮驿运输的发展也促进了交通工具的改进和技术的提升。古代的驿递员担负着信件和物资的快速运输任务,他们跑马加鞭,几乎不停歇地奔驰,这对交通工具的速度和耐力提出了很高的要求。为了满足这些需求,人们可能会寻求更先进的交通工具和技术,从而推动了交通技术的进步。

隋唐邮驿运输

专题小结

本专题讲述了从隋代起,历经唐、五代十国、两宋到金辽这段约为 800 年的古代交通的大发展时期。在这段历史中,隋唐时期是中国历史发展过程中辉煌灿烂的重要时期,也是古代交通发展十分重要的时期。本专题主要讲述隋唐至两宋时期交通发展过程,从隋唐大运河对古代交通的发展,到隋代复兴丝绸之路和唐宋陆海丝路的兴盛,以及种类繁多的货物运输促进交通的快速发展和唐宋时期规范化、制度化的路政管理,充分彰显了中国古代交通大发展的良好条件和局面。

拓展阅读:
唐代邮驿
"惊人"的
通行速度

学习思考

隋唐至两宋时期交通发展的表现有哪些?

古代交通成熟期——元明清时期

学习目标

(1) 了解古代交通成熟阶段的主要表现。

(2) 理解元明清邮传制度与全国驿道网的形成。

(3) 能深刻理解国家的统一与主导对交通发展的决定性作用。

进入元代以后,随着农业、手工业的恢复与发展,商品运输逐渐繁荣起来。全国使用统一货币,遵行统一政令,国家统一规划交通,道路四通八达,驿站遍布各地,商运车船无所不至。元大都(今北京)是号称"人烟百万"的世界著名的大城市,丰富的商品从各地源源不断地运入大都。各城市之间道路运输繁忙,商贩行旅络绎于途。明朝初期,朝廷采取减免税收等一系列措施发展生产,商业、运输业随之活跃。至明朝中叶,商业城镇已由明初的 33 座发展到 57 座。这一时期,由于生产水平不断提高,社会分工日趋细密,商品交换日益增多,商品运输也得到新的发展。全国出现许多大商帮,如徽商、晋商、江右商、闽商、吴越商、关陕商等。他们按地域在各大小城市设立会馆,又按行业分成帮,经常组成庞大的商品贩运队,拉运着各种商品易地出售,赚取地区差价。商品经济的繁荣大大促进了交通运输的发展,全国大交通格局更加成熟完善。清盛世时,农业恢复,工商复兴,运输随之发展。元明清时期,商品经济的发展、贸易额的增长极大地带动了运输量的增长,全国的交通网络、交通管理等进入成熟定型时期。

一、元代的丝绸之路

元代丝绸之路首先体现在草原丝绸之路。13 世纪初,成吉思汗及其后继者统一了中国北方,建立了人类历史上版图最大、疆域最辽阔的国家——蒙古帝国,其国土面积急遽扩大,大约为 4500 多万平方千米。为维持其庞大的统治,商品贸易量也快速增加,商品比以前更加丰富,除丝绸、瓷器、茶叶等传统商品外,皮张、药材、铁器、马匹、牲畜等草原地区的特色产品,与阿拉伯的特色香料和奢侈品交往频繁,草原丝绸之路出现了空前的盛况,极大地促进亚欧地区的经济文化交流与繁荣。蒙古帝国的崛起,使欧洲人有了与东方直接开展贸易的机会。

　　草原丝绸之路所经之处大部分是沙漠戈壁的无人区,商队在其间行走,如果没有可供吃饭休息的驿站是很不方便的,甚至会因迷失方向而陷入绝境。为此,1229年刚继承成吉思汗王位的孛儿只斤·窝阔台,便下令建仓廪、立驿传,并在通往各汗国的道路沿途设立驿站,为往来的官员、商人提供服务。元朝建立后,忽必烈皇帝刚一上位,也下令修建驿道、驿站,并开始制定相关制度,使得元代驿传运输极为发达。成吉思汗的铁骑横扫亚欧大陆后,中亚、西亚原有的一些小国消失了,取而代之的是由成吉思汗子孙们统治的钦察汗国、察合台汗国、窝阔台汗国和伊利汗国,这四大汗国都是各自为政的独立政权。元朝皇帝忽必烈为了加强与这四个汗国的联系,保证他们"朝贡贸易"的道路畅通,下令修建了从元大都通往这些汗国的驿道。官方驿道的出现,使过去由商人主导的贸易路线渐渐变成一条以人员交往、文化交流为主的路线。越来越多的西方人通过草原丝绸之路进入中国,他们怀着各种目的和想法来到元大都,在游历中国后,又从泉州乘船经海上丝绸之路回国。驿站、驿道不仅沟通了元代中央政府与各蒙古汗国之间的联系,甚至一直通往西欧,从而形成了一张驿道网。从此,漫漫戈壁黄沙中有了人类的足迹,极大地方便了东西方之间的往来及信息沟通。总之,驿道的畅通,使东西方交往更加频繁,对外贸易得到了空前发展。

案例 4-1

　　元代地理学家朱思本所撰《北海释》文中说:"西海(地中海)虽远在数万里外,而驿使、贾胡时或至焉。"蒙古军队在征战中逢山开路、遇水架桥,英国人克里斯托福·道森在《出使蒙古记》中写道:"军队过去之后,他们就把这条道路开放给商人和传教士,使西方和东方在经济上和精神上进行交流成为可能。"13世纪意大利商人裴哥罗梯在其所著《通商指南》中记述了从欧洲到中国的商业通道、货物、关税和进出口状况、商务惯例、各国币值、度量衡制等,他写道:"据已历此途程的商人们说,从塔那至契丹的道路是完全平安的,无论是白天还是夜间。""……汗八里都城(元大都)商务最盛。各国商贾辐辏于此,百货云集。"元末明初时期的历史学家危素在其《送夏仲序》中说,来自四方的人士,远者万里,近者数百里,经水路或陆路,从东西南北汇集到大都,毫无阻隔。

　　元代的繁荣为对外贸易开创了中西方交往的新局面,东西方之间使节、商队、僧侣、旅行者等相互往来,络绎不绝。

二、元代的河海两漕

　　元代实现了全国大统一后,大都成为全国的政治中心,保证首都年需数百万石的粮食供应,成为重中之重的大事。故而,这一时期的交通发展多表现为河、海漕运输的发展。元初时漕运路线是沿用前朝的河漕路线,从今镇江北渡长江,经瓜州、扬州,顺扬州运河运达淮安,再入淮河转黄河,逆水运至中滦旱站,换车驮将其运至淇门,入御河(卫河),接运赴大都。

这一路线费时费力,运费也较高。为解决这一问题,元代采取两项措施,一为从至元十九年(1282年)开始从海路运粮到直沽(天津),再沿水陆两路运至大都。初时数量极少,后逐年增加。另一措施为整修运河,将原以洛阳为中心的隋唐大运河裁弯取直,改为从杭州向北苏、鲁、冀直达通州的京杭大运河,漕粮可以直接北上不再绕道河南,运程大为缩短。元代漕运,是河海并行,有时侧重于河,有时以海运为主,运输规模大于前代,给道路运输带来繁重的集疏任务。

元初南粮北运主要是从海道运至京师。

海漕运输是至元十九年(1282年)开始的。这次通漕,罗璧等人驾海船首次运粮至天津,计4.65万石,约合265.05万千克。但是,海运"风涛不测,粮船漂者,无岁无之,间亦有船坏而弃其米者","一舟之失米不过千百石,而从溺者不下数十百人"(引自《元史·食货志一》),远不及河漕安全。但元初内河通漕运路基本上仍循隋唐宋原有运河线路,而此时因为黄河已夺涡入淮,汴河一段中断,河漕线路只能从江南各地经江南运河涉长江入淮河,再由黄河逆水至中滦(今河南封丘县西南黄河北岸),陆运至淇门(今河南汲县境)入御河,抵达京师。由于这条运道辗转中原,线路迂回,水陆交替,多次中转换装,大费周折,效率低,劳费大,而海漕风险又很大,因而元朝廷还是决心修通内河漕运航道,以保证粮食安全运抵大都。所以至元二十年(1283年)—至元三十年(1293年)进行了修整南北大运河的浩大工程,河槽运输也就由此开始。

南北大运河这项工程是在隋代大运河的基础上,把原来西北、东南流向的汴河(即通济渠)和西南、东北流向的御河(即永济渠南段),改线东移成为南北流向,直穿山东丘陵区,通向华北平原,以达北京。这次工程先后开凿了济州(今山东济宁)至安山的济州河、安山至临清的会通河以及通州(今北京通县)至大都(今北京)的通惠河。由此,一条北起大都,途经河北、山东、江苏、浙江,南迄杭州的大运河形成了。这条南北大运河与隋代大运河相比,在淮阴以南、临清以北的运河两端,仍循隋代大运河故道,中段运河不再经由汴河绕行中原,北京至江南的运输距离大幅缩短。这条运河就是著名的京杭大运河。

京杭大运河最初选定大运河"水脊"(最高点)济宁为南北分水点。但因济宁的地势是北高南低,所以水往南流容易,往北流困难。到明代永乐年间,再次对运河进行修治,在济宁南旺建分水枢纽,使汶河水"七分朝天子(北上),三分下江南(南下)",并在其附近修建了为运河补水的"水柜",京杭大运河才得以进一步畅通。从此,以前呈"东南—西北"走向的横向漕运物流路线,改为南北走向的纵向漕运物流路线,正式形成了南北大运河格局,使得交通路线进一步延长,如图4-1所示。

图 4-1　京杭大运河路线图

三、明清两代的漕运与京杭大运河

明时漕粮、布帛的运输量比元代时更大。在运输方法上有支运、兑运、长运之分。支运是在沿运河的淮安、徐州、临清等地设仓,各地漕粮由农民运交就近仓口,再由官军分段接力运输。由于运粮至仓口的运距太长（如安徽安庆、宁国、庐州和广德的粮食要运到徐州入仓；凤阳、滁州等地的粮食要运到山东的临清入仓），往返经年，影响农业生产。明宣德六年（1431年），改为兑运，规定各地农民可将粮食运至附近的府、州、县兑给卫所的官军，由官军运往京师，但需付给官军米耗和轻赍银。因官军勒索银米，克扣斤两，粮户负担过重，仍要求自运。明至成化七年（1471年），漕粮逐渐改为全部由官军运输，谓之长运。

明清时期漕运场景如图4-2所示。

图4-2　明清时期漕运场景绘画

案例4-2

粮食需求极大，仅官宦、皇族宗室年支禄米数量就相当可观。明初，有武官2.8万人，至明宪宗（1465—1487年）增至8万人以上，加上文职官员共10万人。明初，亲王、郡王、将军等共58位，到明世宗末年（约1566年）按皇族谱牒记载，共有28492位，因之支禄米数激增。如山西晋王一门，明初禄米年约万石，至世宗时（1522—1566年），由于世代繁衍，人口增加，加上挥霍无度，每年需支禄米78万石之多。九边重镇的驻军在屯田前或屯田无收时年需粮食约12万石。

到清初时，漕运仍袭明制，以京杭大运河为漕运唯一路线。京杭大运河是南北交通的大动脉，连通了我国的五大水系，分别是海河、黄河、淮河、长江和钱塘江，全长约1700千米。清朝漕运场景如图4-3所示。

随着城市的发展，非农业人口不断增加，农业生产结构变化，除漕粮外，商品粮运输量也大幅增大。嘉庆年间（1796—1820年），手工业集中的苏州，每年需从外地运入大米数百万石；关东豆麦运销上海的数量也很大。雍正年间，南方各省的米运流向为：福建之米，取给于台湾、浙江；广东之米取给于广西、江西、湖广（湖南、湖北）；江浙之米也取给于江西、湖广。这种情况促进了交通运输的进一步发展。

明清两代的漕运与京杭大运河

图 4-3　清朝漕运场景绘画

四、元明清邮传制度与全国驿道网的形成

到元代,驿传称为"站赤"(蒙语)。站赤,分为陆站和水站。陆站用马、用牛、用驴,或用车、用轿、徒步,辽东地区还有用狗者。水站用舟。元代以后,驿传逐渐走向正轨,制度也逐渐明确、严格、完备,管理严而有序。

案例4-3

《元史·兵志》称:"站赤者,驿传之译名也。"站赤由通政院兵部管辖,"凡结驿传玺书,谓之铺马圣旨;颁于中书省者,谓之铺马札子。遇军务之急者,又以金字圆符为信,银字者次之。"元太宗(忽必烈)四年下诏:"诏诸路官并站赤人等,使臣无牌面文字,始给马之驿官及元差官,皆罪之。有牌面文字而不给驿马者,亦罪之。若系军情急速,及送纳御用诸物,虽无牌面文字,亦验数应付车牛。"《元史·兵志》"站赤"下云:"于是四方往来之使,止则有馆舍,顿则有供帐,饥渴则有饮食",则是元之站赤除供给驿传外,还供给膳宿。

元时,全国有驿站1519处,号称30千米一站。实际交通要道与偏僻道路驿站的密度差别很大,有的近50千米才有一驿。驿站运输以马为主,全国约有4.5万匹马,另外还有驴、牛、骆驼、舟、轿等,东北还有狗。元代除上述以马递为主体的驿站网外,还有一套以步递为主体的急递铺网。急递铺是全国性的官方通信组织,除了传送官方文书外,不承担接待官员、运送物资等其他任务。元驿站系统还在交通枢纽处设有车站,全国约有3967辆站车,专门运输金、银、宝、货、钞帛、贡品等贵重急需物资。当时最大的车站是大都陆运提举司,最多时有500辆站车。没有站车或站车不敷应用的车站,可随时雇用民间牛车。驿站的作用,一是"通达边情,布宣号令",这是首要任务;二是"四方往来之使,止则有馆舍,顿则有供帐,饥渴则有饮食";三是"边远地区的人出外做官或任满归家,可乘驿马、船只";四是运送军用物资。其中,第四条是元代驿站与历代不同之处。历代驿站以迎送使臣、提供食宿与交通工具为主,仅承担贡品、行李等少量官品运输;而元代驿站在战争环境中要承担运送军需给养的任务,与兵站一致。平时官方所需一切,也由驿站传送。

明时,用驿须有符信,传递文书亦必须盖有印信(公章),而后经当地官府辨验。符信,明叫作"勘合"。关于凭勘合能获得乘用驿船、驿马、驿馆权利的人,自明洪武初年以至嘉靖年间有如下规定:

(1) 擎持诏旨及奉旨差遣的驿者。

(2) 飞报军情重事者。

(3) 亲王进表奉贺及差人奏事者。

(4) 各藩属使臣之进贡及回国者。

(5) 文武官员到任,在 750 千米以外者。

(6) 职官病故,其尸体及家属回乡者。

清代的邮传驿道网络比明代更加成熟,特别是从北京通往东北、西北、西南边境的驿道更加完善,各种水陆路程的文字记载在民间流传,成为商人远行经商必备"秘籍",如西北地区"驼道路线"、天津商人进新疆的"赶大营路单"等。

清代驿传组织有驿、站、塘、台、所、铺六种,主要任务是传递通信、接待使臣和运送官物。除福建、广东、广西外,各驿站配备驿马,有的配备骡、驴、牛、骆驼。大站配备 40 匹或 60 匹,小站配备 10 匹或 15 匹。京师及直隶等少数驿站有驿车,其他站不设车,必要时准雇民车。人员夫役有役书、驿皂、马夫、兽医、扛抬夫等。大站设驿夫一二百名或七八十名,小站设二三十名不等。站、塘、台是沟通内地与边疆交通和通信的一种特殊形式,由军卒充役,主要任务是飞递军事文书、并兼巡逻、侦察、运输等多种职能。所是递运所,专门运递官物,后与驿合并,仅甘肃一带保留。所内备牛车专司运输,归所在州县管理。铺是步递组织。另外驿站的夫畜由民养民应改为官养官应,在一定程度上减轻了民间的负担。

案例 4-4

清代的驿、站、塘、台、所、铺,各因其地点之冲要、偏僻而设置有繁简,俱备有夫役、马、驴、车、船,以供差遣和传报,一如前朝。据计,清在京师设有皇华驿一处,在直隶有驿、站共185 处,盛京驿 29 处,吉林站 38 处,黑龙江站 36 处,山东驿 139 处,山西驿站 125 处,河南驿120 处,江苏驿 40 处,安徽驿 81 处,江西驿 47 处,福建驿 68 处,浙江驿 59 处,湖北驿 71 处,湖南驿 62 处,陕西驿 129 处,甘肃驿站塘所 331 处,四川驿 65 处,广东驿 10 处,广西驿 19 处,云南驿 81 处,贵州驿 23 处,喜峰口章京所属蒙古站 16 处,古北口章京所属蒙古站 10 处,独石口章京所属蒙古站 6 处,杀虎口所属蒙古站 11 处,阿尔泰军台都统所属军台 44 处,定边左副将军所属军台 39 处,库伦大臣所属军台 25 处,科布多大臣所属军台 21 处,伊犁将军所属军台 12 处,塔尔巴哈台大臣所属军台 10 处,乌鲁木齐都统属军台 27 处,巴里坤大臣所属军台 8 处,吐鲁番所属军台 27 处,喀喇沙尔大臣所属军台 8 处,库车大臣所属军台 10 处,乌什大臣所属军台 3 处,阿克苏大臣所属军台 18 处,叶尔羌大臣所属军台 15 处,和阗大臣所属军台 7 处,喀什噶尔大臣所属军台 6 处。这些数字中,我们可以看见清代驿站、台、塘、所之密布,自腹地至辽远的边疆皆有分布。至于内地所铺,数目更多。这些台站都是清代交通要道上的重要驿站,类似今日高速公路的大服务区。

综上所述,元明清时期交通管理制度的发展是交通进步的重要体现之一。它通过规范交通行为、完善交通设施,形成了全国驿道网,为人们提供了更加安全、便捷、舒适的出行环境。需要注意的是,随着时代的变迁和科技的进步,现代的交通发展已经远远超越了古代邮驿运输的范畴。现代的交通系统更加复杂和多元化,涉及更多的交通方式和技术手段。尽管如此,古代邮驿运输对当时交通发展的贡献仍然值得铭记和思考。

专题小结

　　本专题对中国古代交通的成熟期——元明清时期的交通发展及重要历史事件进行了概述,介绍了元代丝绸之路和河海两漕的发展,以及元明清的邮传制度和全国驿道网的形式。同时,从中国古代交通发展中,可以看到,交通的发展与国家的统一是密不可分的,国家统一是交通发展的必要前提,国家动荡分裂,交通发展就停滞萎缩。经过宋辽金时期近400年南北对峙分裂局面后,到了元代,中国重归多民族、多元一体的国家大一统,为中国古代交通全面发展带来了新的机遇。国家统一安定,交通发展就兴旺发达,只有国家主导,交通才能实现快速大发展,前面所列举的种种史实完全证明了这个真理。

拓展阅读:
天津——
大运河载
来的城市

学习思考

1. 元代的海运和河运有哪些不同?
2. 元明清时期的邮传制度有哪些规定?

中国近代交通

中国交通在经历了近四千年的缓慢发展,到 1840 年英国发动第一次鸦片战争、以坚船利炮打开我国大门后,出现了突变式发展。随着西方列强的军事入侵,西方资本和西方工业革命的成果也随之进入中国,铁路、公路、邮政,以及火车、轮船、汽车、电报、电话等近代化交通形态和工具的涌入,在客观上带动了中国交通的发展,推动中国交通从较为落后的自然形态快速向近代交通转变。不过,西方工业革命的成果进入中国,并非西方列强主观上要帮助中国发展,而是以此为"敲门砖",将中国变为他们倾销商品和大肆掠夺中国资源的殖民地。

中国近代水路交通的发展,自英国发动的两次鸦片战争开始。西方殖民主义者的商船、洋行等在其炮舰的掩护下,从吴淞口不断深入长江内地,控制了海关和关税,并逐步攫取了长江航行权与内地贸易权,不断倾销其商品和大量输出资本,妄图将长江变为他们长期掠夺中国资源的"血管"。这种状况刺激了中华民族实业家,他们为了挽回主权和利权,发展长江近代航运,与西方殖民主义者展开了不懈的竞争。但由于长江航运主权的旁落,他们只能处于从属地位,在殖民化、半殖民化的困境中苦苦挣扎。

中国近代陆路交通的发展,主要体现在公路和铁路方面,发展速度比较快,并在短时间内形成了一定规模。第一次世界大战前,中国很多铁路干线的路权、行车权、经营权被西方殖民主义者所霸占。为了挽回路权,我国人民进行了多次轰轰烈烈的"保路"运动,要求中国政府从西方殖民主义者手中收回被他们强行霸占的路权,在中国交通史上留下了光彩的一页。在汽车公路运输方面,自清末民初商营汽车运输业兴起后,经历了两个发展阶段:一是 1931 年之前的商民自发经营阶段;二是 1931 年之后,政府开放公路,鼓励民办公路运输的阶段。几年间,商车大量增加,在抗战前商车发展达到近代最盛阶段。1937 年日本发动全面对华战争后,大片国土沦陷,中国交通陷于瘫痪停滞状态。除大后方外,中国公路、铁路交通几乎全被日军所控制,成为他们对华战争、疯狂掠夺中国资源的重要工具。为了抗日战争的胜利和保证战时交通运输的畅通,中国交通人在全国人民、爱国华侨华人、支持中国抗战的国际组织和国际友人等各方面的大力支援下,不惜一切代价在大后方修路、设转运站,抢运物资,疏散民众,在中国抗日战争中做出了卓越的贡献。

随着近代交通的快速发展,中国在路政管理方面也发生了很大的变化,各种规章制度、相关法律法规不断修订完善。虽然这些路政管理制度在具体执行方面还存在不少问题,但为中国交通的发展奠定了基础,积累了宝贵经验。

中国共产党自1921年成立以来,就非常重视交通建设和发展,这既是自身生存发展的需要,也是为保证革命事业胜利和中国民族独立解放的需要。在极其艰难困苦的环境下,在危机四伏的血雨腥风中,党从驿站式的秘密交通线开始,直到取得中国革命的胜利,建立了中国的全国性大交通网络。中国能有今天快速发展、令世界刮目相看的现代化交通,来之不易。

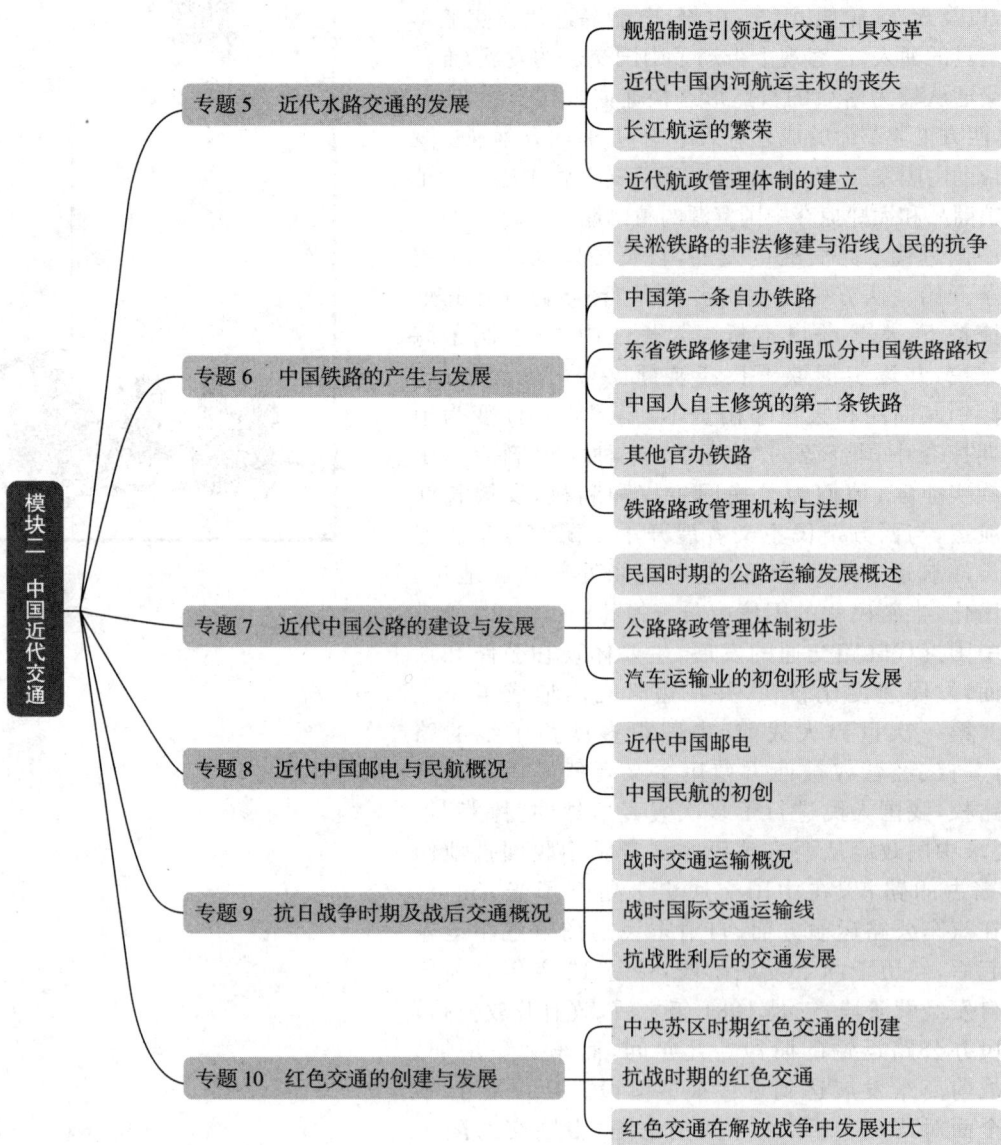

```
模块二          专题5  近代水路交通的发展 ──┬── 舰船制造引领近代交通工具变革
中国近代交通                                ├── 近代中国内河航运主权的丧失
                                            ├── 长江航运的繁荣
                                            └── 近代航政管理体制的建立

              专题6  中国铁路的产生与发展 ──┬── 吴淞铁路的非法修建与沿线人民的抗争
                                            ├── 中国第一条自办铁路
                                            ├── 东省铁路修建与列强瓜分中国铁路路权
                                            ├── 中国人自主修筑的第一条铁路
                                            ├── 其他官办铁路
                                            └── 铁路路政管理机构与法规

              专题7  近代中国公路的建设与发展 ──┬── 民国时期的公路运输发展概述
                                                ├── 公路路政管理体制初步
                                                └── 汽车运输业的初创形成与发展

              专题8  近代中国邮电与民航概况 ──┬── 近代中国邮电
                                              └── 中国民航的初创

              专题9  抗日战争时期及战后交通概况 ──┬── 战时交通运输概况
                                                  ├── 战时国际交通运输线
                                                  └── 抗战胜利后的交通发展

              专题10  红色交通的创建与发展 ──┬── 中央苏区时期红色交通的创建
                                            ├── 抗战时期的红色交通
                                            └── 红色交通在解放战争中发展壮大
```

近代水路交通的发展

学习导入：
江南制造局
建造中国近
代第一艘机
器动力兵船

学习目标

　　(1) 通过学习水路运输的近代化过程，理解在半殖民地半封建社会的困境中挣扎的水路交通。

　　(2) 了解近代水路交通的发展概况。

　　(3) 掌握舰船制造技术的变革历程。

　　近代以来，中国水上交通中使用轮船发展较快。据 1928 年《交通部统计年报》所载，中国内河除通行木船的航路约有 24000 千米外，可通轮船的航路约有 15000 千米。在中国内河航路中运营的船只种类主要有大汽船、浅水汽船、小汽船、电船、民用木船、筏船等。通航的大江大河包括长江、黄河、黑龙江、珠江、海河、运河、淮河等在内的 20 多条，各类湖泊、小河流则不计其数。中国沿海航路以上海为枢纽，上海以北为北洋航路，上海以南为南华航路。

一、舰船制造引领近代交通工具变革

　　中国近代化交通是从水上交通工具的变革开始的。在明代初叶之前，中国水上交通工具在制造与使用方面，其发达程度是名列世界前茅的。但是到了 15 世纪，随着欧洲人走出地中海，开启了"大航海""地理大发现"时代，西方的海上贸易与野蛮掠夺也走向了世界。明朝政府为了自保，开始实行海禁政策。这个政策一直延续到清朝中后期，致使中国的远洋航海从大船制造到航行都陷入萎缩状态，内河航运也因漕运、盐运过重及战争的影响而发展缓慢。

(一) 变革的起点

　　清末，西方列强以炮舰打开了中国的大门，使中国人第一次看到了西方工业革命后出现的铁甲炮舰的"真容"。因此，清王朝内一些有识之士开始认识到，要学习西方，"以夷之技以制夷"。

第二次鸦片战争结束,清政府与英法两国签订完不平等的《天津条约》。曾国藩于 1860 年 12 月 19 日上奏朝廷,"目前资夷力以助剿,得舒一时之忧。将来师夷智以造船、炮,尤可期永远之利",喊出了兴办洋务的第一声,成为"洋务运动"的首倡者。1861 年,曾国藩在安徽创办了安庆军械所,虽然规模较小,但很快仿制出了一批洋枪洋炮。1862 年 7 月,又制造出了我国第一台蒸汽机;1865 年,技师徐寿、华衡芳等人成功制造出中国第一艘木质蒸汽机轮船"黄鹄"号。全部费用包括模型、工具和仪器等在内,只花费纹银 8000 两。其造价之低、研造周期之短是当时世界上少有的。不久,该所迁至南京,与时任江苏巡抚李鸿章于 1865 年 5 月筹建的金陵制造局合并,后称金陵机器局。

清末民初水路交通

(二)洋务运动中的造船技术

1865 年 9 月,李鸿章在上海创办了规模最大的洋务企业——江南制造局(图 5-1)。该局由曾国藩规划,后由李鸿章实际负责,规模最多时雇用工兵 2800 人,能够制造枪炮、弹药、轮船、机器等。

后来,江南制造局中的造船部分独立出来,成为江南船坞。据统计,自光绪三十二年(1906 年)至 1912 年 4 月,江南船坞所造兵舰、商船达 130 余艘。民国后,江南船坞改称江南造船所。自 1912 年至 1924 年,造船所共造船 198 艘。其中,有 1918 年至 1921 年为美国政府运输部代造的轮船四艘,每艘船达 14700 吨以上。

舰船制造引领近代交通工具变革

图 5-1 江南制造局大门

1867 年,直隶总督、三口通商大臣崇厚在天津创办军火机器总局,开办经费二十余万两,规模仅次于江南制造局。1869 年,由直隶总督李鸿章接办,改名"天津机器制造局"。该制造局曾先后三次扩大规模,不仅成为亚洲最大的栗色火药厂,还能制造枪炮、舰船、大型机器设备。世界上第一艘"水底机船"(潜水艇)试验船即由该制造局制造成功,并在海河中试验。

(三)船政人才培养

1866 年,在清政府船政大臣沈葆桢的支持下,由左宗棠奏请创办并主持的船政学堂于福州设立。初建时,该学堂称为"求是堂艺局"。1867 年,马尾造船厂建成后"求是堂艺局"

搬迁至马尾,遂改名为船政学堂,这是中国第一所近代海军学校,也是中国近代航海教育和海军教育的发源地。此后,李鸿章为解决北洋海军舰船维修之需,兴建北洋大沽船坞,并将严复从马尾船政学堂调到天津北洋水师学堂任教习,北洋政府首任海军总长也曾在北洋水师学堂学习并任教习。李鸿章在天津不仅架设了中国第一条大沽到天津的有线电报线路,还陆续开办了电报学堂、水雷学堂等西式教育学堂,培养专门人才。

近代中国内河航运

"洋务运动"的兴起,不仅开启了中国近代舰船制造的先河,为造船提供了机器设备,还培养了一大批舰船、航海、邮电、军事等方面的新式人才,为中国交通的近代化奠定了基础。

二、近代中国内河航运主权的丧失

长江航运作为我国内河航运的代表,它的近代发展历程,即是近代中国水运交通发展的缩影。

长江是横跨中国东西、联结海口与内地的最长河流。西方列强轰开中国的大门后,控制并垄断长江的交通运输是其最大目标。长江有众多的支流,其中,流域面积 10000 平方千米以上的支流有 45 条,80000 平方千米以上的一级支流有 8 条;长江流域干、支流涉及 19 个省市,流域总面积约 1800000 平方千米,占全国国土面积的 18.8%。

(一)外商觊觎长江航运

1861 年,美商琼记洋行的"火鸽"号轮船最早驶进长江进行贸易的轮船。同年,英商宝顺洋行的"总督"号轮船由上海直驶汉口。其后不久,俄国商船也陆续到汉口,兑换桐油、白蜡等物。由于外国轮船蜂拥而至,长江沿岸出现货源不足、船舶过剩、部分船舶吨位无货可装的情况。为了争夺货源,各轮船运价猛降,竞争激烈。不少洋行为了扩大航运势力,还专门设立了轮船公司。在这一时期,先后侵入长江的外国航业公司多达 77 家,经常行驶在长江的外轮有 50 多艘。

1840 年第一次鸦片战争后,上海的进出口贸易额不断上升,逐渐取代了广州,成为中国第一大贸易商埠。西方各国洋行纷纷落户上海,争相倾销本国商品,掠夺中国资源。第二次鸦片战争后,上海成为外国入侵长江的基地和门户。除上海外,长江沿线还有四个依据 1860 年清政府与列强签订的《天津条约》被迫开放的通商口岸,也为外商所把控,几乎垄断了长江中下游的交通航运。

(二)中国航运企业遭受严重打击

当时我国在长江经营轮运的有 325 家,有大小轮船约 400 艘,总吨位约 20 万吨;另外长江干支流上,约有木船 20 万只,总吨位在百万吨左右。从船只数量和总吨位看,中国虽多于外国,但多为小户木船,而且外国航运公司资本雄厚,船只吨位大,装备技术好,在经营竞争中仍占压倒的优势。据 1936 年的不完全统计,长江干线轮船货运总量为 185.4 万多吨,其中外国轮船占 62.4%,中国轮船仅占 37.6%。因而,长江航运基本上被外国资本所垄断,中国航运企业在竞争中处于劣势地位。受外国航业巨大的资本势力和先进的航运工具的冲击,尚处于自然经济状态下、技术落后的长江木船业,不可避免地遭受严重打击和摧残。英国人哈特(R. Hart)曾描述:"扬子江上不断增长的国内贸易正在吸引着越来越多的外国轮船""过去的中国航业资本家现在变成了乞丐,而他们所雇的船夫则痛恨他们的政府允许外国人参与国内贸易和外国人夺取他们的生计"(引自《长江航运史》近代部分)。但由于长江流域的广大农村存在着大量的、分散的自然经济体,而木船轻便灵活,可以作为轮船的补充运输工具,在支流小河从事农副产品短途的集散运输,或以低廉的运价运载笨重或易损货物。由此,长江木船才得以延存下来。

历经两次鸦片战争,长江航权次第丧失,海关由外国人管理,税率被压在极低水平,轮船运输由外国轮船公司垄断。在这种特权条件下,外国轮船将"洋货"源源不断地运往长江腹地的广大地区,使中国传统的手工业、农副业产品的生产以及刚刚形成的国内商品市场受到致命的打击。鸦片战争后,洋货泛滥,充斥市场,渗入城乡地区。当时,"洋船""洋火""洋布""洋油""洋药"(即鸦片)等商品纷繁竞呈,堪称"洋货"时代。

三、长江航运的繁荣

长江航运的繁荣

到抗日战争爆发前,长江轮船运输能力增长较快,有了较大的发展,主要表现在三个方面。

(一)运输空前兴旺

经过第一次世界大战期间中外航运势力的变化,中国航运业形成了较好的发展基础。到20世纪30年代,外国资本虽然扩大对中国的资本输出,中国社会的半殖民性质进一步加深;但外资对华产业投资的扩张,又加速了中国近代工业的发展。1931年"九一八"事变后,日本帝国主义强占我国东北地区。为了救亡图存、反对列强对中国的经济、政治、军事侵略,长城内外,大江南北,普遍掀起了反对侵略、抵制日货、收回利权的民族自救运动。这对扩大国货市场,推动民族工矿交通事业的发展,起着积极的作用。抗战前夕,中国近代工矿交通企业的发展,不论是在速度还是在规模上,都达到了旧中国的最高水平。长江轮船运输业也进入了近代史上的旺盛时期,出现了动力供不应求之势。许多公司增资添船,扩大运力。

案例 5-1

三北航业集团的创建

民生公司兼并川江小轮公司壮大自己的船队后,又在1936年投入了新造的"民本""民来"等一批客货轮和拖轮,共计9艘,总吨位达4600余吨,约为该公司原有运力的20%;三北集团的宁兴公司,1936年也新置"龙兴""龙安"二轮,总吨位达4700余吨,新增运力为原有运力的60%。

(二)运力空前增长

国民政府交通部长江区航政局曾对抗战前后长江干线100吨以上定期班轮,做过逐船的对比统计,其中战前的汉宁沪线、汉宜(湘)线、渝宜线、渝沪线共有客货轮131艘,总吨位达209307吨(只统计了大公司的大吨位船只)。如果将中小型公司的船只运力和长江流域各省区间和支流的运力补充进去,长江干支各线的航运运力达32万余吨,比1921年长江航运运力的19万余吨增长50%以上。

（三）船舶空前进步

这一时期，长江民族航运业有了较快的发展，不但在数量上改变了中外势力的对比，而且船舶技术也有新的进步。

在长江定期航线上，原为外国公司长期占有优势；到抗战前，中华民族航业已经占有优势。在干线区间和支流航线上，中国航业已经取得绝对的优势。川江重庆以西航线，外资轮船已经绝迹。在湖南，曾经称霸一时的日清、戴生昌、太古、怡和等公司的势力也在 1931 年后逐渐减缩，而中国航业则有较大的发展。在总计 32 万吨的长江运力中，外资只不过占 1/3。

这一时期，船舶老旧落后的状况有所改善。以往行驶长江的华资船舶，特别是一些大型船舶大都十分陈旧，如招商局的"江裕"轮，船龄高达 50 多年。其他船舶也都是 20 世纪初建造的，船龄为 20～30 年。为改变这种状况，几家大型华资航业公司都新建或改建了一批船舶，使长江船舶的船龄结构发生了较大的变化。多年来，民生公司新建改建 24 艘船舶，占该公司船舶总船数的 66.6%；吨位计 14236 吨，占总吨位的 67.8%。其中，5 年以内船龄的 22 艘，吨位计 10291 吨，分别为该公司船数和吨位数的 45.8% 和 49%。三北公司 10 年以内船龄的江船船数和吨位数的比例也分别为 45.8% 和 26.6%；其 5 年以内船龄的船数和吨位数的比例分别为 20.8% 和 22.4%。大达公司 5 年船龄的船数和吨数分别占 37.5% 和 51.2%。三家合计 10 年船龄的船舶 46 艘，吨位共 24686 吨，其中 5 年以内船龄的 30 艘，吨位共 19658 吨，分别占长江干线华资船舶总运力的 23.74% 和 18.91%，大体接近 1937 年日本的水平，超过 1935 年日本和英国在华船舶的船龄比。

四、近代航政管理体制的建立

（一）航运管理机构

航政是国家主权之一。20 世纪前，中国没有独立的航政机构。1912 年民国成立后，北洋政府改邮传部为交通部，将航政事务纳入管理，经过多次管理体制的变革，形成海关兼管、交通部航政局主管、地方航政机构分管的三者并存局面，但航政管理仍没有建立起统一的机制。直到 1931 年，分管长江的上海、汉口航政局先后成立，下设办事处和登记所，由此建立起一个隶属于中央交通部的长江航政系统，接管了原由海关主管的航政的大部分职权。

近代航政管理体制的建立

（二）受西方殖民影响的航政法规

近代航政最重要的特点是依法管理。它是国家权力的体现，也是政策具体化的体现。航政法规包括航政立法，以及主管机关依法授权而制定的规章例则。

航政法规与其他法规一样，其制定、修正和废止受时代背景、社会制度及事实需要诸因素的影响和制约。它的功能应体现在六个方面：①保护国家航权；②保护国防；③保障航行安全；④保护本国航业；⑤保护公益；⑥维护公众交通。但由于清政府被迫与西方列强签订了一系列不平约，条约中许多涉及航政的法条完全以西方列强利益为准。比如，允许外国船只"自雇引水"驶入领海、内江，出入通商港口；外船进出港口"均由领事等官查验船牌，报明海关"；关于充当引水，只需"三张船主执照"，便由外国领事官派任，不需中国进行资格审查等。这些条款完全无视中国主权，霸道之极。

1. 北洋政府时期

北洋政府先后颁行了以下航政法规计:1914 年 5 月公布的《轮船注册暂行章程》,1915 年 6 月颁布的《起除沉船章程》《民船夜间悬灯章程》,1916 年 4 月的《军警用轮船暂行简章》,1918 年 11 月颁布的《航业奖励条例》,1922 年颁布的《航业公会暂行章程》,1924 年 7 月颁布的《商船船员抚恤章程》等。以上法规虽经明令公布,但多未实行。

2. 国民政府时期

1928 年,国民政府定都南京后,开始逐步推动全面立法,统一法制。在拟定各种航政规章时,"均以确立规制,重视主权,维护本国航业,保障公众利益为要旨"。到 1936 年,拟订、修订、颁行的法规有 1927 年的《轮船注册给照章程》,1929 年的《海商法》,1930 年的《海商法施行法》《船舶法》《船舶登记法》《交通部航政局组织法》,1931 年的《船舶登记法施行细则》《船舶国籍证书章程》《船舶丈量章程》《船舶检查章程》《船舶丈量技术规程》《船舶检查技术规程》《海员管理暂行章程》《船舶载重线法》《内河航行章程》,1934 年的《航路标识条例》《商港条例》,1935 年的《船员检定章程》,1936 年的《造船奖励条例》《轮船业监督章程》《轮船业登记规则》等,共 21 部。1933 年以后加入国际《海上人命安全公约》及《船舶载重线公约》。

上述法规的制定,"尽量采纳国际法之规定,俾应国际航运之需求",使其同国际公法相适应,初步形成了中国航政法规体系,为中国航业加入国际营运创造条件。

专题小结

本专题以 1840 年以来长江航运在中国交通近代化过程中的历史情况为例,简要介绍了近代水路交通的变化与发展——因为长江航运的近代化过程是中国近代水路交通发展的缩影,很具代表性。在这个时期,长江航运以及全国其他内河航运还有大量的木船运输,但木船运输基本上还是维持古老、传统的经营管理方式和运输方式。在水路运输的近代化过程中,这种运输方式必然会受到不同程度的挤压,使中国航运业处于弱势地位,发展比较缓慢。

拓展阅读:
中国轮船招商局的诞生

中国轮船招商局的诞生

学习思考

1."洋务运动"为中国近代舰船制造做出了哪些贡献?

2.长江航权的丧失对中国社会的影响有哪些?

3.长江航运的繁荣是如何体现出来的?

中国铁路的产生与发展

学习导入：
北京·中国
铁道博物馆
东郊展馆

◆ 学习目标

（1）通过对近代铁路发展进程的学习，更清楚地把握百年荣辱之路的变迁。
（2）掌握中国第一条自办铁路的修筑过程。
（3）掌握中国人自主修筑的第一条铁路的过程。
（4）了解近代铁路的路政管理机构与法规。

中国铁路
产生与发展

铁路自 1825 年在第一次工业革命发源地——英国诞生以后，很快在西方工业化较快的国家迅速发展起来。在 1840 年第一次鸦片战争后，随着西方列强的军事入侵，西方工业文明传入中国。铁路作为西方工业文明的重要成果，对还处于落后状态的中国交通也产生了巨大的影响。1859 年太平天国干王洪仁玕在他所著的《资政新篇》中，就提出了制造"如外邦"的"火轮车"，"用火、用气、用风"作为车辆的动力，使之"可朝发夕至"的主张。

一、吴淞铁路的非法修建与沿线人民的抗争

建筑铁路给争夺殖民地利益带来的巨大好处，一直令利欲熏心的西方侵略者觊觎。19世纪 50 年代末期，俄、英、美等西方资本主义国家已经把修筑铁路作为对华侵略一项重要内容，提到了议事日程上，但他们的要求都被清政府一一拒绝了。当时，中国已经丧失了沿海和内河的航权，被迫开商埠、辟租界。因而，清政府对西方势力借修铁路深入中国腹地、掠夺资源存在很大戒心，持拒绝态度。

（一）吴淞铁路的非法修建

为了达到目的，美国在未经中国同意的情况下，于 1872 年组建了吴淞道路公司，以欺骗的方式获得了建造适于车辆通行道路的权力。后来，"吴淞道路公司"资金缺乏，美国人将其出让给英国商人。该公司由此成为一个英国政府认可的公司，继续以欺骗的方式偷运筑路

器材。1876 年 7 月,吴淞铁路正式通车运行,承量仅为 15 吨,速度 24～32 千米/时。

这是中国土地上出现的由西方殖民主义者以不合法手段修筑的第一条铁路。但不能说是中国第一条铁路,更不能将其作为中国铁路诞生的起点,其根本原因是这条铁路是在未经中国政府同意的情况下,以欺骗的手段获得筑路权——它的出现是非法的,严重侵犯了中国的主权。

(二)沿线人民的抗争与铁路的拆除

这条铁路自开始勘测起,就遭到了沿线人民的抵制与反对。在勘测路线时,标桩屡次被拔走;在填筑路基时,沿线人民认为路基妨碍引水灌溉,要求地方当局制止并直接阻止工程进行。铁路通车时,江湾一带的居民曾鸣锣聚集数百人,捣毁了"吴淞铁路公司"办事处。

1876 年 8 月,火车轧死了一位行人,群众的情绪更加激昂起来。在中国民众的坚决抵制下,当地官吏的态度也有所改变。他们据理向英国领事交涉,在这样的形势下,英国人被迫答应停止行车。

1876 年 10 月,中英双方签订了《收买吴淞铁路条款》,由清政府用 28.5 万两白银赎回吴淞铁路。英方交还铁路后,清政府将这条铁路拆掉,拆下的钢轨和其他器材运到了台湾打狗港(今高雄港),准备用于修建铁路;但后来这些材料锈蚀严重、不能使用,只能当废料处理。

二、中国第一条自办铁路

(一)唐胥铁路的修建

中国政府自办的第一条铁路是唐胥铁路。在洋务运动兴起后,李鸿章为了解决北洋海军、轮船招商局和天津机器局所需要的动力用煤,于 1877 年命实业家唐廷枢在唐山筹建开平矿务局。1879 年,李鸿章奏请清政府修建一条唐山至天津北塘的铁路,以便用铁路将煤炭运至北塘后,再经水路外运。但修建铁路的建议立即遭到清政府顽固派的强烈反对。开平煤矿在不得已的情况下,于 1880 年开凿了一条从胥各庄(今唐山丰南区)到芦台(今天津宁河区)长达 35 公里的运煤河,使之与蓟运河相衔,达于北塘,以此解决煤炭外运的问题。而唐山开平矿至胥各庄的铁路仅长 10 公里,开平公司重新申报后获批修建。

唐胥铁路于 1881 年初开工修建,同年 6 月 9 日开始铺轨,并用中国工人自己制成的"龙号"机车拉运铺轨材料,11 月 8 日举行通车典礼,命名为唐胥铁路。但因为清皇室认为该铁路距东陵较近,担忧火车"震动陵寝",故下令只准用骡马拉车,直至 1882 年才改用蒸汽机车牵引。

(二)唐山至天津通车

1886 年,李鸿章奏请将唐胥铁路延展到芦台,获得批准。为此,李鸿章专门成立了独立经营的"开平铁路公司",这是中国第一个"官督商办"的铁路企业。唐胥铁路于 1887 年展修至芦台,共长 45 千米,称唐芦铁路。同年,总理海军衙门奏请修筑津沽铁路,即把唐芦铁路向南展筑到大沽,再到天津;并拟向北展筑至山海关。在巩固海防和东北边防的名义下,这个比过去规模大得多的筑路计划获得了朝廷批准。于是,开平铁路公司改组和扩大为"中国铁路公司",添募商股,另辅以官款,积极施工筑路。到 1888 年秋天,完成了芦台到塘沽和天津的路段,两段共长 86 千米,这段路也称为津沽铁路。至此,唐山至天津的铁路通车。

1887 年修建津沽铁路时,由于资金不足,中国铁路公司曾向英商怡和洋行借款 63.7 万余两银,向德华银行借款 43.9 万余两银。这两笔借款是中国最早的为修建铁路向外商借贷的购买铁路轨料的款,借款数目小、期限短,还不需任何抵押品;而且,这些借款是由北洋大臣李鸿章出面办理的,并不是以国家和政府的名义担保,不涉及国家主权。然而到了 1900 年八国联军侵华前后,这种情况发生了根本性变化。

三、东省铁路修建与列强瓜分中国铁路路权

(一) 东省铁路的修建

1895 年甲午中日战争,中国的失败直接导致西方列强几乎完全控制了中国的经济命脉,而且使中国修建铁路的筑路权、经营权被完全控制在他们手中。沙俄在中国修筑第一条铁路——东省铁路,就是大借款的产物。

东省铁路(东省指东北三省,当时为四省)。东省铁路,又称东清铁路、中国东方铁路(简称中东铁路,历史上多称其为中东)。它包括从满洲里入境,经哈尔滨至绥芬河出境的铁路,即今日的绥满铁路;也包括不久后修建的哈尔滨至旅顺的铁路,即今日的哈大铁路。这条铁路的修建在我国铁路史和中国近代史上有重要影响,因为中国近代史上很多重要历史事件都与之有着直接或间接的联系。

1896 年,驻德公使兼驻俄公使许景澄与华俄道胜银行总办罗启泰在柏林签订了《建造经理东省铁路合同》。在沙俄政府的预谋之下,东省铁路由中国的联络线变为西伯利亚铁路的延长线,由沙俄政府直接管理,东省铁路筑路权和经营权完全为沙俄政府所控制。不仅如此,沙俄政府还单方面提出东省铁路两侧各 15 俄里范围内的管辖权归铁路所有。在这个范围内,不准驻扎中国军队,俄方享有采矿权、森林采伐权、土地出让权、内河航行权、警察执法权、司法审判权等特权。沙俄政府将铁路附属地变为不受中国政府管理的"国中之国",使东北地区成为沙俄控制的势力范围。

(二) 列强瓜分中国铁路路权

《建造经理东省铁路合同》公布于世后,世界各国一片哗然。德、法两国立即采取行动,掠夺中国铁路权。英、美、日三国政府更是急躁,也采取积极行动,要求利益均沾。

(1) 法国强占行为。法国于 1895 年 6 月夺取了云南地区的猛乌、乌德两地,以及在云南、广西、广东三省开矿的优先权,又于 1898 年强"租"广州湾,取得了从越南至昆明、从北海至南宁的铁路的修筑权。于是,云南、两广的大部分地区成了法国的势力范围。

(2) 德国强占行为。1896 年,清政府与英德签订了借款本息合计 2.4 亿两白银的合同。1897 年年底,德国借口德籍传教士在山东曹州(今菏泽)被害,悍然派遣海军占领胶州湾,迫使清政府签订了《中德胶澳租借条约》,强租胶州湾,租期九十九年。此外,还攫取了从胶州经潍县、济南和从胶州经沂州、莱芜至济南的两条铁路线的筑路权和经营权,以及在铁路沿线两侧各三十华里以内的采矿权等。

(3) 沙俄强占行为。1896 年 12 月 14 日,沙俄突将舰队驶入大连湾,强占了旅顺、大连。之后,沙俄开始修筑从旅顺至哈尔滨的铁路。

（4）英国强占行为。1897年秋，在清政府与英德两国的借款交涉中，英国提出将粤汉、沪宁、宁汉三条铁路的筑路权、经营权作为附加条件，要求清政府保证英国在华利益"超过他国"。1898年6月间，英国为与法国在南方的势力范围相抗衡，强租了九龙半岛、香港附近各岛屿及大鹏、深圳两湾，租期九十九年。7月，英国又为抵制沙俄在北方的势力，强租了威海卫，租期二十五年。8月21日，英国公使窦纳乐提出了对津镇（天津到镇江，后改为到浦口）、广九、浦信、苏杭甬以及从山西经河南到长江沿岸等五条铁路的贷款权和修筑权的要求，并令该国舰队游弋于中国海面，以此对清政府施压。1898年9月，英德签立协定，双方划分了各自铁路投资范围，加强两国金融资本的合作。1899年5月，迫使清政府和英、德银行团订立草合同，规定津镇铁路北段归德国修筑，南段归英国修筑。南段铁路由镇江延至浦口，铁路改名为津浦铁路，全长为1010千米。北段自天津总站（北站）以南起，至山东韩庄，长626千米；南段自韩庄至浦口，长383千米。两段铁路分别于1908年7月和1909年1月开工，1911年9月接轨。1912年，该铁路全线通车。1899年4月，俄、英缔结协议，互相约定不在长江流域和长城以北谋求铁路让与权。英国达成了在长城以南的广大地区进行投资的目的。英德、英俄这些协议完全是"私相授受"，将主权国清政府全然晾在一旁；而清政府面对这样的强盗交易竟束手无策，不能阻止。

（5）日本强占行为。1898年4月，日本在英国的支持下，将福建省划入它的势力范围。5月又取得总理衙门同意：此后福建省内修建铁路时由日本商办。

（6）意大利强占行为。1899年3月，意大利向中国伸手，要求割让浙江的三门湾，以形成自己的势力范围。由于浙江省人民的坚强反对和帝国主义之间的矛盾，意大利放弃了这一要求。8月，它又提出开办北京西山的路矿及宁波府属的路矿等五项要求，清政府没有同意。

（7）美国强占行为。当帝国主义各国争夺在华势力范围时，美国正在和西班牙进行争夺古巴和菲律宾两个殖民地的战争。之后，美国使用"趁火打劫""渔翁得利"手法，从各帝国主义手中分一杯羹。美国于1898年4月取得粤汉铁路贷款权后，引起了英、法的嫉妒，由此又进行了一轮非法权利的争夺。随后法国又唆使比利时银公司套购华美合兴公司底股及粤汉铁路债券，阴谋转移该路控制权，由此引发了我国的收回路权运动。

在1895年至1899年间，中国领土绝大部分被各殖民主义国家瓜分为各自的"势力范围"，绵长的中国海岸线上已经找不到可以作为自己海军基地的港口，中国一万多公里的主要铁路干线都被帝国主义各国控制着，中国陷入了严重的危机。

四、中国人自主修筑的第一条铁路

于1909年10月2日全线通车的京张铁路（从北京至张家口），是中国人用自己的工程师、技术人员和筑路工人，在詹天佑的主持下修建完成的，所以这条铁路被称为"近代以来中国人自主修筑的第一条铁路"。

（一）修建一条通往西北的铁路已刻不容缓

张家口自元代以来一直是从北京通往内蒙古的必经之地。在这条道路上有从内蒙古运入的皮毛、驼绒等以及运往内蒙古和俄罗斯的我国南方的茶叶、茶砖、丝绸，还有煤油、纸张、

中国人自主修筑的第一条铁路

布匹等,这些都是大宗货物。同时,这条路在政治上、国防上也居于极重要的地位。在关内外和芦汉两路即将建成通车之际,修建一条通往西北的铁路已刻不容缓。

1905 年 5 月,清政府在北京阜成门外设京张铁路局,派詹天佑为会办(副局长)兼总工程师。英国工程师金达听到清政府决定派詹天佑为京张铁路总工程师后,放出冷风讥语,贬低詹天佑,甚至一些外国报纸上有人以蔑视的口吻说:"中国造此路之工程师尚未诞生。"但詹天佑凭借自己在关内外铁路工作 18 年积累的丰富经验,对主持修建工程艰巨的京张路充满信心,毫不动摇。他约请在沪宁铁路工作的留美工程师颜德庆任青龙桥工程师,在关内外铁路工作的留美工程师邝孙谋任西直门工程师。此外,还罗致了北洋武备学堂铁路工程班在 1890 年毕业的并在关内外铁路工作已有十年的俞人凤、陈西林、翟兆麟、柴俊畴等工程师来路工作,这些都是我国早期的铁路工程技术人才。

(二) 京张铁路的修建

1905 年 10 月京张铁路开始动工,至 1909 年 9 月京张铁路全线完工。线路设计标准大体仿照津芦铁路,路基宽 6 米,钢轨重 85 磅/码(43 千克/米),购自汉阳铁厂,价格较低,运输便利。枕木购自日本。关沟段设计的特点是在青龙桥车站仿照美国高山地区铁路设计方案,采用"人字形"线路。因为自南口至该站 18 千米间,最大坡度已达 33‰。如果铁路随地形继续延伸升高,即使采用两台大马力机车一拉一推地牵引,列车也爬不上去。而有了"人字形"线路,列车到达青龙桥车站后,换个方向,由后推机车改为牵引,前拉机车改为推送,列车即可向西北方向开入八达岭隧道,向岔道城驶去。为了保证下坡方向的行车安全起见,在青龙桥与南口间的各会车站建有保险岔道,以防发生列车溜逸失去控制的事故。

关沟段开凿的四个隧道:居庸关长 366 米,五贵头长 45 米,石佛洞长 141 米,八达岭长 1091 米,总长约 1645 米。为了缩短八达岭隧道的施工期间,除在南北两端对向开凿外,又在中部顶端开掘大小两井,从四个工作面同时开凿。虽然当时机械工具极为简陋,但仍保证了施工进度,于 1909 年 5 月 22 日竣工。居庸关隧道在此前的 4 月 3 日完工。

詹天佑是具有爱国主义思想的工程师,他对建设中国铁路充满热情,努力奋发。在修建京张路过程中,他引进了一批中国铁路工程人员,并制定培养工程人员的学习、考核和升迁的办法,培养出一大批年轻的工程人员。这些工程人员在当时各省商办铁路及以后国有各铁路的修建过程中,都发挥出了重要作用。我国杰出的地质学家李四光在 1961 年 4 月 26 日詹天佑诞生一百周年的纪念会上说:"詹天佑领导修建京张铁路的卓越成就,为当时深受污辱的中国人民争了一口气,表现了我国人民伟大的精神和智慧,昭示着我国人民的伟大将来。"

五、其他官办铁路

自中国初建铁道始,到清末民初止,中国官办铁道有 13 条。除上述京张铁路外,还有以下线路。

(1) 卢汉铁路,于 1905 年改名为京汉铁路。这条铁道的建设虽倡议于 1889 年(清光绪十五年),但在 1896 年铁路总公司成立后才正式开建。1898 年卢保(卢沟桥至保定)段完成。1900 年八国联军侵华期间,卢沟桥铁道展修至北京正阳门。同年秋冬时,保定以南各段也相继完成。1905 年 10 月黄河铁桥建成,京汉铁路实现全线通车,全线共长 1213 千米。该路初建修时,向比利时借款 1.125 亿法郎。至 1908 年 12 月 28 日,此项借款已完全偿清,京汉铁路遂为纯粹的中国国有铁路。今京广线。

(2)京奉铁路,是在唐胥铁路基础上延展而成的。1884 年,唐胥铁路展修至芦台,又称唐芦铁路。1888 年夏,该路展修至天津,改称唐津铁路。而在天津以西,该路于 1895 年冬展修至丰台,复展至马家堡,1897 年又展修至北京永定门,1899 年由英国军队展修至正阳门。1907 年新奉路权收回后,北京至奉天间全线通车,全路改称京奉铁路。京奉铁路全线长 849.39 千米。1897 年修筑关外之路时,曾向英国借款 230 万英镑。当时议定,此项借款以 45 年为期;自第六年起,分年摊还。到清朝灭亡时,京奉铁路借债尚未还清。

(3)津浦铁路,1908 年开工时,津镇铁路改名津浦铁路,南端延至浦口。该路自天津,经德州、济南、泰安、曲阜、兖州、徐州、蚌埠、滁州,至浦口,共长 1013 千米。北段铁路修建向德国借款,占 63%;南段铁路修建向英国借款,占 37%。借款总计 500 万英镑,后又续借 480 万英镑。

(4)沪宁铁路,1905 年 4 月开工,至 1908 年 7 月全线竣工,年底通车。该线自上海至南京,全长 311.04 千米。因英国一直在谋求承修此路,以图攫取路权,故在合同中规定设立一个铁路总管理处,负责"管理营造、行车事务",并将中国用官款修筑的淞沪铁路也纳入总管理处管辖,使该路所有路权全部落入英国人手中。

除此之外,还有沪杭甬铁路、正太铁路、汴洛铁路、道清铁路、广九铁路、株萍铁路、吉长铁路、齐昂铁路等官办铁路;有新宁铁路、南浔铁路、漳厦铁路、潮汕铁路四条商办铁路。除官办、商办铁路外,还有中外合办及外国人承办的铁路,其中重要的铁路有日本人经营的南满铁路(哈大铁路)、沙俄人经营的中东铁路、德国人经营的胶济铁路、法国人经营的滇越铁路。西方殖民主义国家在中国各条铁路建设中,除以贷款方式牟取高额利润外,还以"债务陷阱"方式霸占了中国路权、铁路经营权,并以划定"铁路附属地"方式从中国掠夺了各种无法统计的宝贵资源,使中国从自给自足的农耕经济国家变为积贫积弱的半殖民地半封建国家。中国交通的近代化发展虽然加速了中国向近现代社会转型的步伐,但中国人民也为此付出了沉重的代价。

进入民国后,军阀混战连年不断。由于军阀割据,自立为王,再加上国民政府财政经常性不足,中国交通建设发展速度相对缓慢。但在经济条件较好的地方,省办和商办铁路积极性很高,修建了不少小铁路。1929 年,国民政府立铁道部,统一铁路路名,京汉铁路改称平汉铁路,沪宁铁路改称京沪铁路,京奉铁路改称北宁铁路等。到抗战爆发前,全国建成铁路 13000 千米;公路建设完成 96545 千米;在建的公铁项目约有 16000 千米。1931 年"九一八"事变后,吉长路、吉敦路、沈海路、吉海路、四洮路、洮昂路、洮索路、北宁路关外部分,以及东北其余铁路、公路,完全被日本武力占领。1932 年 1 月,日本在上海发动"一·二八"事变。中日交战中,京沪铁路及沪杭南铁路损失很重。日本侵华战争给还处于初兴时期的中国铁道建设事业造成了严重破坏,中国交通损失惨重。

六、铁路路政管理机构与法规

中国铁路在创办初期,清政府没有专门的管理机构。1886 年,李鸿章奏请将铁道事务归总理海军事务衙门管理,获准。1896 年,铁路总公司成立,但其任务是负责铁路建设技术性事务,铁路的行政管理仍由海军衙门直辖。1898年,矿务铁路总局成立,从此路政管理从海军衙门脱离出来,开始由专门主管机关负责。1903年,矿务铁路总局裁撤,所有路矿事宜归并于清政府商部。1906年,特设邮传部,管辖船、路、电、邮四政的各种交通事宜。1907年,邮传部设路政司,另设邮传部铁路总局。至此,铁路路政管理职能机构开始明确,至清末未变。

辛亥革命后,民国成立,改邮传部为交通部,原有的路政司及铁路总局事务归并交通部路政司,路政司司长兼领铁路总局局长。1914年7月,撤销路政局,改设路政、路工、铁道会计三司,沿袭当初借款时的称谓,以便与外国人接洽。

1928年10月,南京国民政府命令设立铁道部,不仅管铁路,也管国道。国民政府成立后,制定颁布了不少交通法令,在基本法方面主要有《铁道法》;组织方面主要有《国民政府铁道部组织法》《铁道部分掌事务规程》《铁道部处务规程》《铁道部部务会议规程》《铁道部会计长办公处处务规程》等;关于人事方面主要有《路员资历审查委员会规则》《铁路员工服务条例》等;关于业务方面主要有《国有铁路行道规章》《中华民国铁路客车运输通则》等;关于国道管理的法令主要有《国道条例》《国道路线网》《国道工程标准及规则》等。

专题小结

　　1840年第一次鸦片战争以后,以英国为首的西方列强开始全面入侵中国,使中国逐步沦为半殖民地半封建社会,中国铁路的发展也体现了这一时期的社会性质。当时已被西方侵略者打开大门的中国,被视为一块尚未被人动过的"肥肉"。谁能抢先在中国抢到铁路筑路权、经营权,谁就能得到非常丰厚的利益。从外国人非法建设的吴淞铁路,到中国第一条自办铁路,再到中国人自主修筑的第一条铁路,可以看到我国在铁路运输方面发生了迅速的变化。

拓展阅读:
京张铁路,
见证百年
荣辱

学习思考

1. 第一条中国人自主修筑的铁路是哪条?其修筑过程是怎样的?
2. 近代铁路路政管理机构与法规有哪些方面?

近代中国公路的建设与发展

学习导入：
天津驶来
全国首辆
有轨电车

🐎 学习目标

（1）通过把国家发展和近代公路运输发展联系起来，更好地认识到掌握国家主权的重要性。

（2）了解近代汽车运输业的初创与发展概况。

（3）了解近代著名的长途汽车运输公司。

（4）了解近代公路路政管理体制。

一、民国时期的公路运输发展概述

近代中国
汽车运输
与公路建设

随着欧美汽车的输入，中国数千年来以人力、畜力为动力的传统交通运输方式，逐步向以机械为动力的现代交通运输方式过渡。在中华民国时期，公路运输开始受到人们的重视而有所发展，对中国的政治、军事、经济及科学文化产生了积极的影响；但也因当时社会历史条件的制约，公路运输事业历经坎坷，发展缓慢。

民国时期的公路运输，其发展过程可分为四个阶段：①民国成立至北伐胜利时期；②北伐胜利至抗日战争前夕；③抗日战争时期；④抗日战争胜利至中华人民共和国建立前。在各个阶段，公路运输事业都有其变化和特点。

（一）民国成立至北伐胜利时期

这一阶段是商民自由经营公路运输的初创阶段。民国初年，孙中山先生一再号召修筑道路，发展汽车运输业。很多有识之士也积极倡导实业救国，而实业救国必须先改善交通落后状况——发展现代公路运输，才能促进社会经济发展，巩固国防。然而，中国幅员辽阔，地区之间的社会条件和自然条件存在极大的差别，因而公路运输在各地区之间的发展很不平衡。东北黑河地区对俄贸易频繁，营业汽车逐渐增加。在华北，张家口是沟通关内外商贸往来的交通枢纽,1918 年之前,已有中外商人自由经营长途汽车运输。京津地区作为华北的政治、经济中心,公路长途汽车运输的发展也较早。闽粤诸省沿海物产丰富,人口稠密,内外商贸发达,政治、经济居重要地位的大城市也多,这些地区公路运输的发展也较早、较快。上海工商发达,是中国最大的对外贸易口岸,汽车运输兴起得最早,汽车数量也最集中。内陆各省(如湖南、湖北、江西、河南等省)的城市和公路长途汽车运输也陆续兴办起来。西南和西北各省受自然地理条件和社会因素的制约,公路运输兴起得较晚。

这一阶段因军阀割据,各自为政,公路运输事业发展得相对缓慢,担负全国城乡道路客货运输的主要力量仍是以人力、畜力为动力的传统运输工具。

(二) 北伐胜利至抗日战争前夕

这一阶段是公路运输事业的发展阶段。1931 年,国民政府成立全国经济委员会筹备处,将公路建设列为要政之一,建立直属公路运输机构。各省市直接兴办的公路运输机构也在逐渐增加。1932 年年底,苏、浙、皖、南京、沪五省市交通委员会成立,发起省市间互通汽车,制订章程,开展联运业务,并逐步从公路间联运扩展为公路与铁路、水运联运。此后,向各省推广。至 1936 年年底,各省市公路运输机构已有营运汽车约 3000 辆。当时政府的政策是鼓励民办公路运输,商营运输业因而得以迅速发展。1937 年,商营车增到约 2.3 万辆,进入抗战前的最兴盛期。在这一时期,华侨积极投资筑路,经营长途汽车运输,或投资兴办城市公共汽车运输。商营汽车运输的经营管理日趋成熟,一些经营管理得法、规章制度较为完备的大型运输企业涌现出来。

城市交通运输在这一时期发展较快,从沿海大城市向内地中心城市扩展。公共汽车、出租汽车、长途客车、货运汽车开始在内地城市陆续出现,但远远不能满足需要。但在这一时期,城市公共交通仍然十分不便,城市客货运输还是依靠以人力、畜力为动力的交通运输工具。

随着汽车数量的迅速增加、公路运输初具规模,汽车服务修理制配行业应运而生。当时汽车、配件以及燃料全部靠进口,这引起有识之士及科技人员的关注。他们一方面不断奔走呼号,一方面埋头钻研苦干,于 1931 年在辽宁造出了第一辆民生牌载重汽车。同年,河南成功研制出以木炭为燃料的煤气发生炉汽车。这些成果激发了中国人民的志气,很多人相继投入与汽车相关的研究制造中,后来在抗日战争中起到了重要作用。特别是煤气发生炉及汽油代用品的研究开发,缓解了汽油来源断绝的困难。

从北伐胜利到抗日战争爆发之前这一阶段,全国公路里程和客货汽车量都大量增长,促进了公路运输事业的发展。1937 年,全国已有公路达 11.7 万余公里,民用汽车保有量达到 6.9 万余辆。在这一时期,管理汽车牌照、驾驶人执照以及公路交通安全的监理机构也从无到有,从各自为政趋向全国统一。

(三) 抗日战争时期

这一阶段是抗日战争时期。1937 年 10 月,国民政府迁都重庆,政治、经济重心西移。次年 10 月,广州、武汉陷落。这时,海运被敌封锁,铁路遭到破坏,内河航运也不畅通,军需民用物资主要依靠公路运输。为适应战时形势,公路运输实行战时管理体制,由交通部统管全国交通事业。部内设公路总管理处,掌管全国公路工程、运输及监理事宜。在此期间,公路总管理处利用美苏援助车辆,在后方主要公路干线组建起强大的公路运输车队,担负军事运输和突击任务以及大量进出口物资的国际运输。

在省市公路运输力量上,因战火摧残,破坏严重,新车无法进口,旧车无料修理,以致车辆完好率很低,汽车数量日益减少;同时,营运路线缩减,业务清淡,处于艰难维持地方客货运输的局面。商营汽车在抗战初期也损失严重。

在日本侵略军的进攻和封锁的困难条件下,公路运输单位在建立汽车保修制度,统筹汽车配件供应,推广木炭、酒精等代用燃料,以及统一交通监理事权等方面都有所进展,在一定程度上缓解了困难。至 1945 年年底,全国民用汽车保有量降为 3.4 万余辆,比 1937 年减少了一半。

(四) 抗日战争胜利至中华人民共和国建立前

这一阶段是公路运输事业从战后复苏到中华人民共和国建立前。战后国民政府直属公路工程和运输业务在体制上重新分开;在全国范围内按区域进行布局,分设公路工程局和运输处,分别主管国道工程和国道运输。这是中华民国时期最后定型的公路运输管理体制。在这一体制下,公路主管机关和各级公路运输单位着手规划客货运输业务,增设汽车保修网点,建立配件供应体系,统一全国监理机构,改进交通安全等工作。

因战后政府开放公路运输,商营汽车的流通领域扩大,运输市场渐趋活跃;加上政府大量处理日伪残旧汽车,美国新车又源源涌来,车源货源充足,商营汽车数量再度增加。至1948 年,全国民用汽车保有量为 73263 辆,已恢复并稍超过抗日战争以前的保有量,成为民国时期的最高纪录。

在解放战争时期,国民党统治地区的经济严重恶化,通货膨胀失控,运价远远落后于物价,致使公路运输单位入不敷出,客货运输已难以维持。而在中国共产党领导的解放区,公路运输事业从无到有、从小到大、日益发展,踊跃参加支前运输,为中国人民解放战争做出了重要贡献。

(五) 近代公路运输事业的影响和作用

民国时期公路运输事业的兴起和发展过程及其在这一历史时期所产生的影响和作用,可概括为如下几点。

(1) 汽车用于公路运输,尽管为数不多,却是新的运输方式对传统运输方式的冲击。

(2) 中国公路运输的兴起,从一开始就带有半殖民地半封建的色彩,造成了依赖外国、各自为政、难以正常发展的后果。

(3) 20 世纪 30 年代初全国经济委员会公路处的设立,使中国公路建设和运输事业开始逐步走向正轨。

(4) 长期的日军侵华和国内战争,使公路运输多半为军事需要服务,而民用客货汽车运输多灾多难,发展极其缓慢,传统的人畜力运输工具仍然是城乡运输的重要力量。

二、公路路政管理体制初步形成

(一) 制定并统一规章制度

1934 年,全国经济委员会鉴于西北交通的重要性,于同年 4 月在西安设置西北公路管理

公路路政
管理体制
初步形成

局筹备处。1935年1月1日正式成立西北国营公路管理局,主管西北的公路修筑和交通运输。在这一时期,办理公路运输业务的单位不仅工程和运输合一,还是政企合一的。

同时,由各省市政府直接承办公路运输业务的单位逐渐增加。至1936年年底,各省市基本上都建立了官办的公路运输单位,并拥有数量不等的汽车。各省市经营公路运输的发展方式,一般可归纳为三种:第一种是接收商民集资所筑公路和经营公路运输的企业,改为官办,这种情况在华中地区较多;第二种是政府收回租给商营的公路使用权,由官方自己经营公路运输,这种情况在华东地区较多;第三种是由当地政府修筑公路并经营公路运输,这种情况在西北、华北、西南地区较多。但是,商营与官办运输单位管理各自为政,规章各不相同,阻碍了客货运输业务的扩大。为了实现统一规范管理,全国经济委员会公路处从1932年起开始着手制定全国性的公路运输规章制度,并陆续公布实施。

1934年6月,《苏浙皖京沪五省市公路汽车载客通则》和《苏浙皖京沪五省市公路汽车载货通则》由全国经济委员会分函各省市政府征得同意后公布施行。这两个《通则》是中国早期公路汽车客货运输比较正规的规章制度。

《载客通则》内容分为总纲、旅客运输、行李运输、包裹运输、金银货币或其他有价证券运输,以及附则等6章83条;《运货通则》内容分为总纲、运送办法、公路与货主的责任、运价及其他费用、托运装载及交付手续,以及附则等6章50条。这些规章制度使旅客、货主同车站之间的责任、权利、义务都有章可循,成为当时公路运输业务人员必须学习熟悉的专业基础知识。

自两个通则颁布后,各专线经营公司的营业章程也随之完善起来。如锡沪长途汽车公司在车站营业方面制定的章程,就有《货运章程》《载客章程》《乘车规则》《团体票简章》《优待军警人员乘车规则》《旅客行李运输章程》等多种,结束了商营汽车公司各行其是的混乱状态。

为健全车站自身的管理,江南、上南、上川等商营汽车公司还制订了《行车规则》《售票规则》《站务人员须知》《司机须知》《车长服务细则》《站长服务细则》《稽查员服务细则》《路警服务细则》以及《行车安全规则》等。这样既使有关人员行有所依,也便于公司检查考核。

(二) 实施交通监理制度

1. 交通监理规章制度

1932—1935年,苏、浙、皖、南京、沪五省市交通委员会为了解决车辆跨省互通问题,先后召开了10余次常委会,制定了一系列五省市一致遵行的交通监理规章制度,如《互通汽车暂行章程》《汽车驾驶人执照统一办法》《汽车驾驶人考验规则》《试车牌照发给办法》《公路交通安全委员会暂行办事章程》《公路交通安全奖章发给办法》《管理汽车技师匠徒暂行章程》《公路交通标志号志设置保护规则》《人力兽力车辆通行公路管理规则》《公路安全须知》《汽车肇事报告单》等,分发有关省市实施。1934年12月,内政部公布了《陆上交通管理规则》,内容包括对汽车、电车、人力车、脚踏车、马车和其他车辆的管理,成为全国统一实施交通管理规则的开始。从此,中国交通监理业务从无到有,结束了各自为政的状态,实现了全国统一。

1936年2月间,全国经济委员会将《五省市交通委员会组织规程》修订为《全国公路交通委员会组织规程》。当年7月成立全国公路交通委员会,不仅使交通监理工作由部分省市扩展到全国范围,并在中央未设置交通监理专管机构的情况下,也起到代替中央统一业务领导和对各地进行业务监督的作用。

2. 汽车号牌、行车执照等的管理

汽车的号牌、行车执照以及汽车驾驶人和技工执照的制发与管理,是公路交通监理工作的一项主要内容,也是实施管理的基础。它既是每一辆汽车的编号标志,也是汽车行驶的许可证。

为了慎重对待汽车驾驶人的考验并使五省市执照考验办法及标准一致,制定了《汽车驾驶考验员使用标准及临时驾驶执照发给办法》。凡从事汽车驾驶考验员职务的,须有中专以上学校机械专业毕业的学历,或是在公路交通管理机关任职三年以上、富有汽车机械常识及驾驶经验者。同时,还规定,经考验员考取驾驶执照的驾驶人,如在半年内因技术未达到合格要求而肇事,考验员应受相应处分。

3. 汽车保修人员的技术考核

对汽车保修人员的技术同样要进行考核,故制定《管理汽车技师匠徒暂行章程》及《汽车匠徒考验规则》,自 1936 年由各省市参酌办理。除技师、技副外,规定将技工分为工匠、副匠、艺徒三级,要求从事汽车保修工作的各类工匠、副匠、艺徒向所在省市主管交通监理机构登记,考验领照。

4. 公路交通标志统一

为维护行车安全,便于交通管理,交通委员会将公路交通标志及号志加以整理,做出统一规定。参考国际联盟召集欧洲大陆 15 国协商制定的图样,结合中国情况,制成公路交通标志、志图,印发各省市张贴于公共场所,广泛向群众宣传;另有小型缩图,粘贴在汽车挡风玻璃上,使驾驶员可以随时查看。

5. 公路交通安全设计委员会的成立

为了加强交通安全的宣传,1934 年 2 月开展中国公路交通安全运动,使广大驾驶人员增强责任心,提高警惕性,公路沿线居民群众懂得交通安全的常识。委员会议定了《公路交通安全大纲》,并筹划安全事业基金 1.5 万元。公路交通安全设计委员会成立后两年间,共完成了以下主要工作:①编印行路安全常识材料;②编印行路常识挂图及汽车肇祸急救法挂图;③编印公路旅行指南;④编印交通安全方面的各种须知;⑤举办五省市各公路急救训练巡回演讲;⑥订定交通安全奖章发放办法;⑦提倡营业汽车投保第三险者办法;⑧编订交通安全问题专册;⑨摄制公路交通安全影片;⑩举办公路交通安全运动进行广泛宣传;⑪设置公路救济服务车;⑫联系为公路行车事故急救的特约医院;⑬购置公路救护车并制发简便急救药箱;⑭督促并补助各公路设置电话。

通过上述工作和公布实施各项规章,减少了过去因各自为政、管理办法不统一造成的麻烦和困扰,便利了汽车跨省市互通,对统一交通监理工作起到了良好的作用。

三、汽车运输业的初创与发展

(一)汽车在我国的出现

19 世纪末,欧美国家汽车运输业已经兴起,当时正是帝国主义列强通过商品和资本输出对中国进行经济掠夺之际。20世纪初,一些外商开始把汽车输入中国。1901年,匈牙利人黎恩斯带着两辆小汽车来到中国,于次年在上海租界行驶,这是中国大陆出现汽车的开始。这两辆汽车中一辆装有凉篷式车顶,另一辆装有折叠式软篷;车内前排为单人驾驶座,后排为双人客座;车轮是木制轮辐,橡胶轮胎。因外形与敞篷马车相似,所以最初按马车发牌照。1902年,慈禧太后过生日时,袁世凯专门从美国进口了一辆图利亚牌汽车,供她在颐和园内游览乘坐。至1905年,上海小汽车增加到31辆,为外国官员及中国富豪所有。

汽车运输业的初创与发展

(二) 汽车运输行业的兴起

汽车作为中国城市的营业用交通运输工具,始于1907年。这一年,由德商经营的费·理查德号商行在山东青岛开办了由市区到崂山柳村台的短途客运汽车。这时(1906年)天津已通行电车,之后(1908年)上海也相继通行电车,美商环球供应公司还在上海开办了市汽车出租业务。到清末民初,中国民族工商业有了进一步的发展,汽车运输行业引起商人的注意,开始向国外订购汽车,在城市经营客货运输业务。从此,汽车运输业作为一个新兴行业在各地纷纷兴起。

案例 7-1

1911年,新疆羊毛公司商人沙懿德(木夫提阿訇)从波兰购进客车两辆,在惠远和宁远(今伊宁市)之间经营短途汽车客运业务。这是中国西北地区最早的营业汽车运输业务。1912年,上海有龚福记、华盛义、恒泰三家汽车行在闸北经营汽车货运业务,专运市内散装物资、木材及杂货。1913年,北京飞燕汽车行开业经营市内汽车出租业务。1914年,吉林长春创办了华立自动车行;山东济南创办了凤记汽车行和德昌汽车行;北京创设了"飞龙""高太"等车行。1916年,汉口市开设了上海汽车行和扬子汽车行,经营汽车出租业务。1918年,福建福州创办了官商合营的延福泉汽车路股份有限公司,经营福州市区客运业务。

第一次世界大战期间(1914—1918年),帝国主义列强无暇东顾,中国民族工商业得到迅速发展。这时,外国汽车大量输入中国。20世纪20年代中期,上海全市货运汽车行增加到40余家,规模较大的有中国运输公司备有载重4吨的"茄福登"牌大型车辆,专门承运建筑用大型货件。1922年以后,上海公共汽车、出租汽车部分替代了原有的人力车和马车。同时,沿海大城市及开埠通商口岸如上海、天津、北京、大连、广州、汉口、福州等地,道路不断向外延伸,客货汽车运输行业得以较快地发展。

民国以前,天津水运方便,较大的工厂、商行、仓库多设在海河和运河两岸地段。国外进口大宗物资,海轮不能进出时,多利用驳船驳运;内地来津物资则直接通过水运到沿河工厂、仓库、码头起卸。天津自开埠后,工商业发展迅速,新设立的工厂遍布全市。相互协作的工厂之间,工厂与仓库之间,工厂、仓库和车站、码头之间,城市短途运输日益频繁。汽车输入天津后,使原以水运为主的运输方式逐渐发生变化,汽车运输的比重日益增大。不过,天津的汽车运输业与其他大城市相比,发展较为缓慢。

北京汽车运输发展也相对缓慢。虽早在民国初期市内已有出租汽车,但直到1924年才通行有轨电车,客货运输仍依靠人畜力车拉运。

1914年,大连开始有车行经营市内汽车客运。1917年,大连出现汽车、马车株式会社。

1918 年,大连辽东旅社开始出租汽车;此后,出租汽车陆续增加,但都由日商经营。

从大城市汽车运输的经营性质看,除了个别城市有过短暂的官办或官商合营之外,其余全是商营。而外商经营者往往居于垄断地位,如上海、天津的电车都是由外商创设和垄断的。

(三) 近代汽车运输事业的发展

汽车运输在城市兴起后,加速了物资交流,促进了生产发展,工商业各个环节的运转大大加快。汽车运输从城市向外辐射和延伸,借以沟通城际和城乡之间的工农业产品交流和人民交通往来。中国汽车运输发展是商营在前、官办在后,官办运输多是在商营的基础上发展起来的。但各地商营汽车发展也是极不平衡的。就地区来说,东北和华北比其他地区早。

第一次世界大战后期,中国民族工商业发展迅速,筑路新技术也逐渐传入。这时,北洋政府公布了有关设立长途汽车公司的条例和规则,为商营长途汽车公司的创办提供了有利的条件和依据。此外,这一时期还有官督商办和官商合营的运输企业。

1912—1927 年,全国先后修筑公路共计 29170 千米,但大部分公路质量差、等级低,晴通雨阻;根据当时 19 个省市的不完全统计,1908—1926 年,成立的商营汽车运输行或公司约300 家,拥有各种客货汽车 2400 余辆。其中,经营城市运输的约有 100 家,汽车 1400 余辆,上海、大连、奉天(沈阳)三市较多;经营公路运输的约 200 家,汽车 1000 余辆,河北、山东、山西、浙江四省较多。

(四) 著名长途汽车运输公司举要

1. 张库大道上的长途汽车公司

张库大道是张家口到库伦(今蒙古国首都乌兰巴托)的内陆交通道路。这条路是清雍正年间开通前往恰克图的中俄贸易通道,在民国初年已有中外商人在这条路上经营长途汽车运输业务。1918 年,大成张库长途汽车公司、西北行驶汽车事宜处先后开办,在这条路上经营客货汽车运输业务。前者为中国具有一定规模的商办长途汽车运输业之始,后者为中国第一个官办长途汽车运输机构,对当时便利行旅、加强边防都有一定作用。

张库路的官办和商营长途汽车运输公司由盛而衰至最后停业,但这条路线上的汽车运输并未终止。当时,仍有苏、英、美、德等外商汽车继续行驶,一些中国商车也在这一线上从事接转运输业务。1925 年,冯玉祥率西北军进入察绥,曾因蒙古国局势而停顿的张库路汽车运输又重新活跃起来;但因局势变化无常,运营难以保证正常开展。在军阀割据时期,中国交通无论是官办还是民营的发展都是举步维艰,充满辛酸。

2. 运营里程最长的商办长途汽车公司

20 世纪 30 年代初,中国西北大地上出现了一家中国运营里程最长的商办长途汽车公司——绥新长途汽车股份有限公司(以下简称绥新汽车公司)。绥新长途汽车路线地跨三省,长约 3000 千米,其中一多半以上路程是在沙漠戈壁中行走。该公司总部设在天津法租界 5 号路(今天津市吉林路),总站设在呼和浩特宽巷,1933 年正式运营,至 1937 年抗战爆发后西迁至兰州,后在西北、西南等地辗转运行。公司创办人是新疆商人朱炳。

经过近三年的精心筹备,绥新长途汽车有限公司于 1933 年 1 月正式开业。绥新长途汽车股份有限公司开办之初,招募股金 6000 股,每股 50 元,总股本为 30 万元,由商人集资,后来股本增加到 100 万元。公司设立董事会,朱炳任总经理,下设总务、机务、工程三处;汽车所需的一切零件、轮胎、油料等都在天津采办供应。最初有客运、货运汽车 20 余辆,后发展至货运载重卡车 64 辆,客运汽车 8 辆,共计 72 辆。

1933 年 8 月 30 日,绥新长途汽车公司首次发出第一批前往新疆的汽车,这次试通车为日后绥新公路的修建垫下了第一块基石。首次试运行一行 9 人,驾驶斯伟特牌载重汽车 1 辆,万国牌载重汽车 4 辆,司机都是有驾照的天津人,驾驶技术娴熟,精通修理技术。此时恰逢雨季,一路屡遭阴雨天气,道路泥泞,山洪冲刷河槽沟渠,流沙聚积,车辆常常陷入其中而难以行进。经过 29 天的艰难行驶,除 1 辆万国牌载重汽车到达哈密外,其余 4 辆汽车,1 辆于途中损坏,另 3 辆皆因新甘战事而停滞在距哈密 310 千米的泊子泉,候油待驶。唯有已抵达哈密的万国牌汽车,继续向西开行,于 10 月 10 日到达迪化。这是从绥远经戈壁沙漠开抵新疆的第一辆商用汽车。

绥新长途汽车部分客票收费为:归化—百灵庙,每人 10 元;归绥—二里子河,每人 180 元;归绥—哈密,每人 290 元;归绥—迪化,每人 335 元。

绥新长途汽车转入正式营运后,国民政府交通部随即做出规定,内地与新疆间的邮政包裹业务,不再以火车经由西伯利亚铁路转运,而由绥新汽车公司车队承担邮运任务;并宣布,收回新疆邮政主权,此后新疆与嘉峪关内各省之间邮件往来属中国邮政,不再是国际邮件。因此,在绥新长途汽车货运量中邮件包裹运输占较大的比重。

专题小结

随着第一次工业革命拉开序幕,一些外商开始把汽车输入中国。而汽车作为中国城市的营业用交通运输工具,在国内外两方面和主客观两因素作用下,从交通形态到交通制度都出现了革命性变革,推动我国汽车运输业实现了近代化转变;但是从一开始就带有半殖民地半封建的色彩,造成了依赖外国、各自为政、难以正常发展的后果。在抗日战争和解放战争期间,民用客货汽车运输多灾多难,发展缓慢,传统的人畜力运输工具仍然是城乡运输的重要力量。

拓展阅读:
华侨旗帜
陈嘉庚

学习思考

1. 民国时期的公路运输发展可以分为哪几个阶段?
2. 近代公路路政管理体制的初步形成,主要体现在哪些方面?

近代中国邮电与民航概况

学习目标

（1）了解近代中国邮政和电政的创建。

（2）理解近代中国民航发展。

（3）通过学习近代中国交通革命性的变革，体会交通发展是宏观的大交通，而非局部的、小范围的小交通。

一、近代中国邮电

邮电在历史上对交通的发展起到了重要的推动作用。在邮电发展的不同阶段，它为交通领域提供了信息传递和通信支持载体，促进了交通的便利性和效率提高。邮电是邮政与电政的统称，它既包括邮政业务，也包括电话、电报、长途电话、相关设施工程建设，甚至设备制造。近代中国的邮电事业，在电政方面从设施、设备到运营管理体制都是由西方传入的，并在此基础上结合中国实际不断改进完善的；在邮政方面，中国自古以来虽有邮驿制度，但与近代出现的邮政并无传承关系，也是自西方传入的新制度。中国邮电创办之初，二者并无太多关系，到 20 世纪 30 年代才在管理体制方面逐渐合二为一。

（一）近代邮政的建立

近代邮局的创办，正如中国的轮船和铁道，也是由外国人开始的。道光年间，英国人开始在香港设立邮局。第一次鸦片战争后，英国在中国五口通商城市设立了邮局；其后，在中国重要通商口岸都设有香港邮局的支局，负责传递官方与外商、侨民的信函，后来这项工作交给了中国官方驿站代办。第二次鸦片战争后，与中国通商的各国也相继在中国各开埠城市设立了邮局。

案例 8-1

据《清史稿·交通志》所记,各国邮局设于中国者,英国有上海、天津、汉口、烟台、福州、厦门、广州、汕头、宁波9处;德国有上海、天津、汉口、烟台、福州、厦门、广州、汕头、南京、济南、青岛、宜昌、镇江14处;法国有上海、北京、天津、汉口、烟台、福州、厦门、广州、宁波、重庆、琼州、北海、龙州、蒙自14处;日本有上海、北京、天津、汉口、烟台、福州、厦门、广州、汕头、重庆、南京、牛庄、塘沽、沙市、苏州、杭州16处;美国有上海1处;俄国有上海、北京、天津、汉口、烟台5处。这些邮局是在中国尚未有自己的邮政的情况下,各列强国借着炮舰的掩护而在中国擅自设立的。当时在福建、广东等华侨较多的沿海地区,因受外国邮政的影响,有少量民间自办的信局,其作用是专为海外华侨递送信件和汇款的"批郊"(厦门话,信商之意)。

1866年,中国海关总税务司赫德(英国人)利用海关与航运的便利,在天津、北京间开办了海关、使馆邮件递送业务,但这种邮政业务也是不定期的。1878年,天津海关税务司德璀琳受赫德之命在天津海关试办邮政,于是建立了津海关与北京总税务司署之间的骑差邮路,成立了天津海关书信馆,负责京津间每天一次邮件传送,并于同年4月1日通邮。这项业务由一个名叫胡永安的人来承办,德璀琳对承办费用、递送时间、路途时间、邮资、邮件封装、骑差号衣式样等做了详细规定,为此后大清邮政的建立奠定了基础。海关书信馆的经费由天津海关支付。

1878年7月24日,天津海关书信馆发行了中国第一套邮票——大龙邮票,如图8-1所示。这套邮票一套共3枚,面值以银两计算:绿色的面值1分银,红色的面值3分银,橘黄色的面值5分银。邮票的中间是蟠龙图案,上端两角是"大清"两字。

图 8-1　中国第一套邮票——大龙邮票

1879年,各通商口岸相继成立了海关书信馆,归各海关税务司管辖。于是,德璀琳又开通了天津至上海、镇江、烟台、牛庄等地的骑差邮路,业务范围大幅拓展。1880年,通商口岸、海关书信馆统一改名为海关"拨驷达"(POST)书信馆,总称中国海关"拨驷达"书信馆。而华洋书信馆在各地分支机构名称未变。与此同时,德璀琳进一步完善了海关邮政制度,制定了各通商口岸邮资标准,以及寄往世界各国邮件重量与邮资标准等。大清邮政章程如图8-2所示。这期间,海关"拨驷达"与华洋书信馆尚有业务联系和往来。津海关拨驷达局(今天津邮政博物馆)如图8-3所示。

图 8-2　大清邮政章程

图 8-3　天津邮政博物馆

注：如今天津邮政博物馆是在原大清邮政津局旧址上辟建而成的。这座欧式风格建筑,曾是清代海关试办邮政时海关邮局及"大清邮政津局"的所在地,旧称"津海关拨驷达局",是当时海关邮政的总部。

1896 年,清政府发布创办国家邮政、自办邮政的"上谕",各地开始推广邮局,并发行了一套三枚象征清皇室意义的蟠龙邮票,中国从此有了自己的近代邮政事业。但当时邮政管理和运营由总税务司负责。1897 年 1 月 1 日,大清邮政局正式开始营业,同时,海关"拨驷达"书信馆取消,并入大清邮政局,赫德成为大清邮政总局局长。

1906 年,清政府成立邮传部,但至 1911 年 5 月 28 日,邮政才从海关脱离,归邮传部主办和管辖,邮政总局成为独立机构。

案例 8-2

据 1911 年统计,自中国自办邮政以来,全国邮局,包括总局、副总局、分局、支局、代办处,总共有 6201 所;全国邮路,包括邮差邮路、民船邮路、轮船邮路、火车邮路,总共 381000 华里;发送邮件,包括普通、特种邮件、邮包等,总计 3.6 亿余万件,合 1060.433 千克;办理通汇邮政总计 758 笔,其中汇入银数为 393.6 万两,兑出银数为 398.4 万两,总计银数 792 万余两。

在邮资方面,自1878年试办邮局时,发行了一分、三分及五分纹银邮票三种。后来,种类逐渐增多。1896年,邮票从以银两计算,开始改为以银圆计算。1898年,开始发行明信片,但仅有值银圆一分的明信片。

民国时期的最高邮政组织是邮政总局。邮政总局设总务、秘书、考绩、财务、稽核、经画、供应、联邮、汇兑、储金十处。邮政总局受交通部管辖,由交通部设邮政司领导,邮政司下设二科,第一科负责邮运行政,第二科负责邮运事务。在这个时期,国民政府颁布了一些邮政法令,主要有《邮政条例》《交通部邮政总局章程》《长途汽车代运邮件规则》《邮政储金条例》《邮政储金条例施行细则》《交通部邮政储金汇业总局章程》等。

1931年,"九一八"事变爆发,东北邮政经数月挣扎最终不得不宣告停顿。自1932年7月起,东北各级邮局停办了862所,50278千米的邮路全部废弛。从整个中国邮政业务看,邮局、邮路及邮件、包裹、汇兑各方面都比事变爆发前大为减少。但除东三省外,也新增了一些邮局,新辟邮路为1643千米,与损失相比微乎其微。

(二)近代电信的创建

电信,即电报通信之意,包括电报、电话业务。1865年5月17日,为了使国际电报通信更为顺畅,法、德、俄、意、奥等20个欧洲国家的代表在巴黎签订了《国际电报公约》,成立了国际电报联盟。1932年,有70多个国家的代表在西班牙马德里召开会议,决定自1934年1月1日起正式改称为"国际电信联盟"。1947年,该联盟成为联合国一个专门机构。1969年5月17日,国际电信联盟通过决议,决定将5月17日定为"世界电信日",并要求各会员国在每年5月17日开展纪念活动。1920年,中国加入国际电信联盟。1972年,该组织恢复中国的合法地位,中国于1973年成为该组织的理事国。

近代电报分为有线电报和无线电报,有线电报又分为水线电报、陆线电报。

关于中国自办电报线路,有很多说法。第一种说法是,北洋大臣李鸿章于1877年在天津直隶总督衙署与天津机器局间架设了一条十余里长的有线电报,这条电报线在6月27日第一次发电,电文只有六个字:"行辕正午一刻"。这是目前有案可查的中国人自办的第一条电报线和发出最早的一封电文。第二种说法是,福建巡抚丁日昌于1877年在台湾架设了一条台南与高雄间的电报线,同年10月完工。第三种说法是,1879年李鸿章设立了从天津到大沽、北塘等炮台的军用电报线,这是中国官办陆路电报之始。第三种说法是过去普遍认可的说法,前两种是新发现的史料说法。1880年9月,李鸿章向朝廷提出创办津沪电报线,开启了中国大规模自主建设电报线路的时代。在1880年中俄伊犁交涉中,李鸿章以"用兵之道,神速为贵"为由,奏请准开办电报总局,获批后,由盛宣怀任总办,并在1881年12月开通天津至上海的电报服务。此后,电报事业进展飞速,架设了天津—上海线、镇江—汉口线、上海—广州线、北京—恰克图线等。

1887年,台湾巡抚刘铭传敷设了福州至台湾的海底电缆,这是中国首条海底电缆。1884年,北京开始建设电报系统,采用"安设双线,由通州展至京城,以一端引入署中,专递官信,以一端择地安置用便商民"。同年8月5日,电报线路开始建设,所有电线杆一律漆成红色。8月22日,位于北京崇文门外大街西的喜鹊胡同的外城商用电报局开业。8月30日,位于崇文门的吕公堂开局,专门收发官方电报。

民国时期,电报受到管制,几乎没有发展,直到1928年国民政府成立后才进入正轨。根据国民政府交通部1931年度统计年报记载,全国共有21个电报区,分别是江苏、浙江、安徽、江西、湖北、湖南、山东、河北、河南、山西、陕西、甘宁、福建、广东、广西、云南、贵州、辽吉黑、川藏、新青、热察绥蒙;未分区的有上海烟台线、烟台大沽线、烟台大连线、青岛佐世保线四条海线。

陆线电报架空线长 8.6 千米,电线长度 148800 千米。地下线缆长度计 30 千米。

水线电报电缆长度计 3445 千米。

国内电报发报字数为 1.48 亿字。

国际电报发报字数为 784.16 万字。

案例 8-3

这时,外国人在中国沿海所设的海底水线,除青岛佐世保线、烟台大连线一部分归中国和日本管理外,根据 1924 年《中国年鉴》所载,外国电信公司所属各线如下。

(1)英国大东公司线路:香港厦门线、香港福州上海线、香港西贡新加坡线、香港大南岛线、香港海防线。

(2)丹麦大北公司线路:吴淞古势长崎线、吴淞马鞍长崎线、吴淞厦门香港线、厦门大南岛海防线。

(3)美国太平洋商务公司线路:吴淞马尼拉线、香港马尼拉关岛旧金山线。

(4)法国公司线路:自厦门鼓浪屿至海防线。

(5)日本电报局线路:大连佐世保线、旅顺烟台威海卫线、吴淞长崎线、福州淡水线、吴淞雅泊岛线。

此外,大东、大北及太平洋线路,远通至亚洲各地及欧洲、非洲、南北美洲。中国沿海全为外国电报线路所包围,而中国人的国际通报权,更完全掌握在外人手中。

1908 年(光绪三十四年)9 月,江苏省以官款组织淞崇(吴淞、崇明)无线电局,供官商通报。中国第一份商用无线电报由淞崇无线电局发出。无线电台的使用,始于宣统元年(1909 年)在上海宝山县开办的狮子林电台。1912 年后,国内陆续设立无线电台和无线电报局的,有北京天坛、张家口、武昌、吴淞、福州、广州、崇明、上海、北京东便门、大沽、新疆、烟台、库伦(蒙古国独立前)、南苑、保定、天津、上海高昌庙等处。1928 年后,在国民政府的倡导推动下,无线电报业发展较快,居交通领域各业之冠。截至 1932 年年底,国内无线电台共有八区。

第一区:上海、吴淞、启东、崇明、南京、徐州、安庆、芜湖、杭州、宁波、定海。

第二区:汉口、武昌、南昌、长沙、沙市、宜昌。

第三区:青岛、烟台、威海卫、济南、开封、郑州、洛阳。

第四区:厦门、福州、广州、汕头。

第五区:重庆、万县、成都、叙州、贵阳。

第六区:兰州。

第七区:迪化、喀什噶尔。

第八区:天津、北平(今北京)。

从这八区电台的分配上看,中国各重要城市当时都已有无线电台。而在第八区,天津有电台两部,北平(今北京)有三部。第三区,青岛有两部。第一区,上海也有两部,其中一部是国际无线电台。

国际无线电台的规模颇大,1932年年底以前直达的线路有:上海马尼拉线、上海爪哇线、上海旧金山线、上海柏林线、上海巴黎线、上海西贡线、上海日内瓦线。这是中国与外国沟通消息的唯一国际通信渠道。1932年,国内无线电的发报字数达1620万余字,国际无线电报发报字数达147万余字。

总之,1912年中华民国成立后设立交通部,邮政归属交通部邮政领导,但电政不在其列,二者毫无关系。在实际运营管理中存在许多不便之处,交通部认识到这个问题,所以有统一管理意向,但如硬性合并,又在技术及行政方面有一定的难度。1934年,交通部先从电邮合设起步,三等及三等以下的电报局都并入邮局,合并为邮电局;而通都大埠、规模略大的电报局则都附设电政支局,同时在邮局内设电报收发处。这种办法为邮电合并奠定了基础,开始逐步实行。电政归属交通部管理后,交通部设电政司主管电政方面事务,相继制定公布的电政法令有《电信条例》《交通部电政管理局章程》《交通部电政管理局细则》等。

二、中国民航的初创

中国的空中交通,始于1929年中国独资创办的中国航空公司。而中国领空有飞机飞行,则始于1909年,法国航空技师瓦龙(Vallon)在上海驾驶苏姆式双叶飞机进行的试飞表演。1910年,俄国技师在北京东交民巷表演飞机飞行,引起中国政府的注意。于是,中国政府向法国购买了一架苏姆式双叶飞机,这是中国购买的第一架飞机。1911年,革命军从奥地利订购了两架伊特立克式单叶飞机,于1912年在上海飞行,任人观览,由留学英国的厉汝燕驾驶,这是中国人驾驶自购飞机在中国领空公开飞行之始。同年,参谋本部在北京南苑开办航空学校,购办12架飞机供学生实习使用,并设立了修理工场,这是中国有航空学校及修理厂之始。1916年,海军部在福州造船厂附近设立了飞潜学校,由教员制造飞机数架供学生实习,这是中国自制水上飞机之始。1918年设立了航空事务处,这是中国第一个主管民航事务的正式管理机构。1919年,交通部及国务院先后设筹办航空事宜处及航空事务处,转年又将二者合并,扩充为航空署,这是中国设立空中交通管理机关之始。1920年,航空署设计并规划了全国航空线路,成为中国筹划创办民用航空之始。

中国民航的初创

高德隆G3型飞机的两张照片如图8-4和图8-5所示。

图8-4　1913年,法国飞行教练(前排右边三位着浅色外套者)、机械师(前排左边两位穿蓝色外套者)与一架高德隆G3型飞机在南苑机场合影

图 8-5　一架高德隆 G3 双翼飞机从故宫方向飞往南苑机场（摄于 1920 年）

1929 年春,中国航空公司成立,为中国独资经营。不久,依据国民政府所颁布的《中国航空公司条例》第五条的规定,与美国拓展公司签订航空运输与航空邮务合作,依合资公司法规,组成中美合作公司。不久,美国拓展公司让权于美国航运公司,10 月开始沪汉线航行。美国以欺骗手段攫取中国航空运输的做法引起中国各界的反对。几经交涉后,原合同作废,于 1930 年 7 月改订中美航空新合同。合同议定,中国航空公司资本额定为国币 1000 万元,中国认 55%,美方认 45%。新公司于 1930 年 8 月正式成立,其通航路线有几大干线。

(1) 沪蜀线:由 3 段航线组成,沪汉段由上海经南京、安庆、九江,抵达汉口,计航程 940 千米,于 1929 年 10 月 17 日开航;汉渝段接连沪汉段,由汉口经沙市、宜昌、万县,抵达重庆,计航程 891 千米,于 1930 年 4 月 1 日由汉口通宜昌,10 月 21 日展至重庆。渝蓉段接汉渝段,由重庆抵达成都,计航程 277 千米,于 1933 年 11 月 11 日开航。

(2) 沪平线:原为京平线,自南京经济南、天津抵达北平,航程 1140 千米,于 1931 年 4 月开航。1933 年 1 月 10 日,改由上海起飞,经南京、海州、青岛、天津,抵达北平,开始称为沪平线,计航程 1427 千米。

(3) 沪粤线:由上海经温州、福州、厦门、汕头、香港,抵达广州,航程计 1620 千米,于 1933 年 10 月 24 日开航。

(4) 渝昆线:由重庆经贵阳,抵达昆明。

此外,还打算开辟康藏线,但因筹备困难未能通航。

欧亚航空公司成立于 1931 年 3 月,为中国与德国汉莎航空公司所合办。资本初为 300 万元,后增至 510 万元,中国占 2/3,德方占 1/3。该公司为德方提议而成立的,其目的是开辟一条上海、南京与柏林之间的国际航线。当时议定之航线有三条。

(1) 从上海经南京、天津、北平及满洲里,转亚洲、俄国至欧洲。

（2）从上海经南京、天津、北平及库伦以后，沿中国边境转亚洲、俄国至欧洲。

（3）从上海经南京、甘肃及新疆的中国边境，转亚洲、俄国至欧洲。

第一条线虽曾通航，但因遭"九一八"事变而中途搁置。第二条线因中途气候关系，营业不便。第三条线曾于 1932 年 4 月通至西安，6 月通至兰州，1933 年 5 月通至迪化，7 月通至塔城，并与俄国航空公司商定联运办法，上海、柏林之间的邮件五日可达。但因甘新战事起，兰州以西不能航行。欧亚航空公司的国际航线因不能航行，在合同允许的条件下，可作为中国国内航空公司运营，其所经营的航线，除熟知的沪新线外还有以下两条。

（1）平粤线：初为粤陕及（北）平陕两线，于 1933 年开航。1934 年，改两线为直达航线，即平粤线，自北平经太原、洛阳、汉口、长沙，抵达广州，航程为 2200 千米，于 1934 年 5 月 1 日开航。同年秋，因太原业务不振，而洛阳位置稍偏僻，于是撤销太原站，将洛阳站移到郑州。

（2）包兰线：初期仅从兰州至宁夏，全程 400 千米，1934 年 6 月 15 日开航。1934 年冬，始自宁夏展至包头。

此外，还有由西安经天水至兰州、由西安经平凉至兰州、由兰州经凉州至肃州（今酒泉）、由肃州经安西至哈密、由长沙经衡州至广州这五条不定班航线。1934 年以后，这些线路的乘客渐多。

西南航空公司是西南军阀陈济棠等人发起成立的，于 1933 年 6 月成立筹备处，预定的五大航线中，除广龙广琼线外，其他四条线均未开通运营。广龙广琼线由广州至龙州路线长 643 千米，又由广州至琼州路线长 695 千米。

在国际方面，除欧亚公司原计划的中德航线尚未能实现外，中国航空公司也规划了中美通航。1933 年 8 月 14 日至 17 日，上海及马尼拉间的飞行成绩良好，中美直接通航之说一时甚盛。此外，中英及中法方航线也在协商中。后因抗日战争全面爆发，一切计划都停止了。

🐎 专题小结

中国邮政电信的创建与发展，以及民航的创立，对近代交通发展产生了深远的影响。相较于传统的交通工具（如马车、轮船等），邮政传递与民航发展不仅极大地增加了交通方式的多样性，也开辟了更多交通线路。另外，电信技术的不断发展也为交通领域带来了巨大的变革。电话、电报等电信工具的普及，使得交通信息的传递更加迅速和准确，这有助于交通管理部门及时了解路况、车辆运行情况，做出合理的调度和安排，提高交通运行效率。总之，从这一专题的内容可以看到中国近代交通在邮政和电报通信方面的创立和发展，表明了近代交通类型发展的多样性。

拓展阅读：
重庆官办
邮局兴起

🚗 学习思考

1. 近代邮政发源于哪里？主要表现是什么？

2. 概述中国近代空中交通发展线路的发展过程。

抗日战争时期及战后交通概况

学习目标

（1）了解抗日战争时期交通整体状况，理解战时交通任务中出现的新特征及表现。

（2）能够深刻把握国家的稳固与安全、国民经济的发展与国计民生的保证，都离不开交通设施的建设、交通运输的畅通，而这一切必须是在国家主导下才能实现。

到抗日战争全面爆发前的 1937 年 6 月，全国公路总里程已达 11.73 万千米。

在公路运输方面，自成立西北国营公路管理局起，中央政府建立了经营公路运输的直属机构，并开放公路，鼓励民办公路运输，允许商营汽车运输业筑路和租路专营，或参加已成公路的运输。大城市公共汽车和出租汽车也逐渐增多，出现了商营汽车运输业的兴盛局面。同时为汽车服务的维修制配业也相应地发展起来，公路交通监理也由逐步形成而趋向统一。在这一时期，公路运输和城市交通虽有较快发展，但从全国来看，公路运输的发展极不平衡。东部沿海各省发展迅速，而西部内陆各省进展缓慢。全国城乡的大量客货运输，仍以人畜力运输为主。

这时汽车全赖进口，车型繁杂，形成"万国牌"；而配件、燃料消耗激增，也都靠进口。整个公路运输既呈现出兴盛向上的发展局面，也隐藏着依赖外国受制于人的无穷忧虑。中国有识之士和爱国技术员工，殚精竭虑，历经艰难，先后举办汽车工业，试制国产汽车，研究木炭、白煤、酒精等代用燃料，谋求科学救国之道。

"九一八"事变后，东北三省的商车运输，完全由日伪控制。华北部分地区的商车，也受到日伪控制的影响。华中、华南地区则进入了公路建设时期，省际运输增多，长途客货运输量增加，公路运输的业务范围较前扩大，商车运输也随之有了发展。但在公路管理机构逐渐建立后，商车运输除专线经营者外，自由营运受到了限制，开始在政府公路机构的管理下进行运输。

一、战时交通运输概况

1931 年东北三省沦陷后，全国抗日救国运动热潮空前高涨。在"一·二八"淞沪抗战和华北长城各口抗战中,上海汽车运输行业劳资各方和内地湖南等省公路运输单位职工自愿组队,调派汽车开赴前线支援运输。到1937年全面抗战爆发前,公路运输进入应变状态,开始向战时运输过渡。

(一) 战时交通运输管理体制

在抗日战争爆发后,中国海运阻隔、铁路中断、长江航运的中下游已沦入敌手,大量军需和民用物资的运输任务主要由公路承担。抗战期间,在中央公路运输主管部门下有五个直属机构,负责各地运输组织协调工作:①西南公路运输直属机构——西南公路运输总管理处,于1937年成立,直属全国经济委员会。②西北公路运输直属机构——西北公路运输处,于1937年在兰州成立,直属全国经济委员会。③滇缅公路运输直属机构——滇缅公路运输管理局,于1938年10月成立,局址设于昆明。④军事委员会——西南进出口物资运输总经理处,于1937年10月在广州成立。⑤川滇西路运输局,于1932年4月在西昌成立,由中缅运输总局的部分车辆和川中公路运输局合并组成。

战时交通运输

案例 9-1

随着抗日战争局势的转变以及中央公路运输领导机构的多次调整,五个局成立后,其名称、执掌范围都有所变动,但作为后方公路运输主力的地位一直未变。

西南公路运输直属机构:至1944年年底止,主要营运路线以贵阳为中心,跨贵州、云南、四川、广西、湖南五省,共长2355千米,营运路线共5条;拥有货车1075辆,客车164辆,其他车101辆,共计1340辆,但真正能行驶的仅有客货车300余辆。

西北公路运输直属机构:至1944年年底止,所辖营运路线以兰州为中心,跨甘肃、陕西、新疆、宁夏、青海、四川、湖北、绥远八省,全长5113千米。营运路线计7条;拥有货车911辆,客车138辆,其他车20辆,共计1069辆,其中完好车仅300余辆。

滇缅公路运输直属机构:到1945年5月,所辖营运路线为昆明至畹町,全长959千米。拥有货车743辆,客车26辆,共计769辆,其中能行驶的仅377辆。

川滇东路运输局:运营路线为泸州至曲靖,全长747千米。至1944年年底止,拥有营运汽车813辆(其中客车只有3辆),车辆状况较差,可用车只有290辆。

川滇西路运输局:管辖路线共长1234千米。至1944年3月止,拥有各种汽车111辆,其中完好车约有69辆。

以上西南、西北、滇缅、川滇东路、川滇西路五个直属公路运输单位,在1944年前后,营运线路共10408千米,汽车4102辆。为便于管理和指挥工作,在所辖营运路线的适当地点设有汽车运输站、修理厂(所)、材料库和电台等机构,并与中国旅行社商定在沿途建立招待所,以解决旅客食宿问题。

(二) 战时运输任务

抗日战争爆发后,为适应战时内迁运输需要,公铁、水陆联运有了进一步发展。1938年9月,交通部组织湘、粤两省商定联运办法,以两省交界处的坪石为接驳站,每日对开客货车各一次,自1938年11月21日起通车联运。这一年交通部还安排了豫、鄂、陕三省联运计划,规定汉口往老河口至孟楼(今孟家楼),经南阳至信阳的公路,由鄂、豫两省办理联运。南阳至西坪、西坪至西安的公路,由豫、陕两省办理联运。1939年2月,交通部还公布了《粤汉、湘桂两铁路汽车接运所组织规程》。

为沟通福建省与重庆的交通往来,福建省公路运输单位开办了闽渝旅客直达班车。该班车于1939年10月试办,次年1月正式通车,全程2485千米,10天到达。直达班车于1941年9月结束,一年余间共开行18次。此外,还开办了闽赣、闽浙、闽粤等客运联运班车。

江西省同闽浙两省腹背相靠。在抗日战争时期,这里是东南沿海各地同西南大后方往来的咽喉要道。1940年,交通部特调拨江西省公路处道奇牌新车20辆,改装后成为32座的客车,于7月15日开行鹰潭到衡阳的特快联运车。这条联运线将当时浙赣、粤汉、湘桂铁路贯通,东南、中南、西南各省的公路铁路运输线连成一片。从闽浙到广西5日可达。这在华北、中原及沿海城市相继沦陷,行车相当困难的条件下,几日之内跨越千余公里。随后,又开行赣县到广东曲江、南城到福建南平以及上饶到建阳等线的联运车。

抗战期间,交通部为沟通东南沿海未沦陷地区同西南、西北大后方的交通运输,方便客货运输,组织公路、铁路、水运、驿运等多种方式联运并先后在各地设立了联运机构,办理联运业务。联运机构主要有:东南联运处、川湘川陕水陆联运总管理处、川陕联运处、川湘鄂区汽车联运处。这一时期的旅客联运实际是为方便军政人员出差往来而设,普通老百姓乘坐联运汽车十分困难。

(三)航商毁家纾难助抗战

抗战时期除公路运输外,水路交通运输也为抗战做出了重要贡献,特别是长江船业中几家著名的民族资本轮船公司。

1937年抗日战争爆发后,长江流域的中国轮船中,一部分沉江阻敌或转寄外籍,一部分遭敌炸毁、掠夺,一部分撤入川江、内河,后方各线仅有轮船总吨8万吨左右,营运范围局限于四川、湖南、江西等省。在异常艰苦的条件下,这些轮船公司坚持战时撤退、支前和活跃后方经济的运输。交通部因时、因地制宜,整治川江、内河航道,大造木船和浅水轮船,开展水陆、水空联运,形成以水运为主,连接陆运、空运,辅以人力、畜力的综合运输网。

当时的川江航道和川江航船如图9-1和图9-2所示。

航商毁家
纾难助抗战

图9-1 川江航道

图9-2 川江航船

案例 9-2

抗战初期,敌我之间的海军力量非常悬殊。当时,日本海军拥有航空母舰、巡洋舰、驱逐舰等共 302 艘,总吨为 127.4 万余吨,均加入对华作战。我国海军仅有舰船 53 艘,总吨为 5.6 万余吨。我海军舰只数约为敌军的 1/6,吨位约为 1/22——以这样的劣势,既无法拒敌于海外,也不能有效地守卫长江。因而在开战初期,为阻止敌舰溯江而入,经军事当局研究,选择地势险要、航道狭窄的江阴港口,征用船只沉江,并布置水雷,作为阻塞工具,构筑长江的第一道御敌工程。

主持这一任务的是海军部长陈绍宽及海军第二舰队司令等人。行动以前,招商局副总经理兼上海轮船同业公会执行委员会主席沈仲毅参与征船封江的筹划过程,并负责向各轮船公司紧急传达。当时,对征用的轮船设有两项原则:一是不能进入内河航行的大轮,二是船龄较大者。"各航商深明大义,不顾损失,慷慨应征"。本次任务先后调集于江阴执行沉船封江任务的商轮共 23 艘,吨位达 43963 吨。其中,属于国营招商局的 7 艘,吨位达 13706 吨;属于民营航运企业的 16 艘,吨位达 30257 吨。

自 1937 年 8 月淞沪抗战爆发至 1938 年 11 月湘北战役,除江阴阻塞线外,沿江的黄浦江、乌龙山、马当、田家镇、葛店、石首、湘江口等地也随着战局的演变,先后筑起塞江御敌工程。长江航运界在这些工程中,都曾配合海军以及黄河、长江水利部门协同行动,做出了重大贡献。

(四) 传统驿运立新功

在抗战交通运输中,有一种运输方式创造了近代以来战争史的奇迹,它就是在中国有着数千年悠久历史的驿运。

1938 年秋,因战争爆发后各方面运输需求暴增,运输任务繁重。鉴于城乡民间运输的人力、畜力来源充足,工具构造简单,制作维修容易,材料就地可取,利用各地城乡民间的人畜力运输便被提上了议事日程。

1939 年元旦,交通部在重庆设立驿运管理所,在各重要路线设立分所。当时,国内物资运输集散地已改到昆明。因此,驿运管理所在叙府(今宜宾)设立分所,在昆明设立办事处,利用原叙昆大道试办驿运。从当年 2 月开始运输,由叙府雇用民间驿马载运桐油、五倍子等物资到昆明,回程装运军工器材。后又根据实际需要,增辟桂黔线(由柳州至三合,即今三都水族自治县)、川黔线(由重庆经贵阳至六寨)、川陕线(由广元至宝鸡)、泸昆线(由泸州至昆明)及川、康、滇线(由乐山至西昌与康定经西昌至昆明),共 2900 多千米。至年底,驿运共运物资 7900 吨,初见成效。战时期间的运夫如图 9-3 所示。

1940 年 2 月,调整机构,撤销驿运管理所,成立车驿运输所 8 处,直属交通部公路运输总局。驿运工具主要有驿马、骆驼、板车、胶轮大车、木船、竹木皮筏等。

1940 年 7 月,军事委员会在重庆召开全国驿运会议。中央各部及川、滇、黔、桂、粤、湘、鄂、浙、闽、皖、赣、豫、陕、甘、宁等 15 省都派代表参加。会议决定成立交通部驿运总管理处,并确定了驿运方针:先打通国际干线和后方军运路线,然后按需要分期逐步举办其他路线。会议规定,凡沟通国际、省际的驿运路线,为驿运干线,由中央主办;各省境内的驿运路线,称

图 9-3　战时期间的运夫

为驿运支线,由各省筹办。由此开始,全国驿运干支各线进入了逐步发展的时期。当时的重庆朝天门码头如图 9-4 所示。

图 9-4　重庆朝天门码头

干线:1940—1943 年驿运干线计有 6 条,即川黔、泸昆(泸州至昆明)、陕甘、甘新、川陕、新疆。以重庆为中心,贯通西南、西北各地,里程总长为 11302 千米。

支线:1940 年 9 月驿运总管理处成立后,除加强调整干线驿运业务外,还发动全国普遍办理驿运业务,积极协助各省开办支线驿运业务。到 1942 年年底,全国有 16 个省先后成立驿运处。各省控制的城乡民间运输工具及人夫畜力数量,计各种车辆 60334 辆,驮畜 69800 头,人夫 362000 名,木船 47847 艘,竹木皮筏 100040 只。

国际路线:截至 1944 年年底,共开辟 3 条国际驿运路线:①新苏线:由星星峡经迪化到与苏联接壤的霍尔果斯,连同辅线,共长 2013 千米。②新印线(即叶列线):自拉瓦尔品第

川陕干线
驿运

(今属巴基斯坦)铁路站,改由公路至斯利那加,再经驿运路线到印度列城,进入中国国境后到新疆叶城。由列城到叶城分东、西两线,东线长 1005 千米,西线长 1160 千米。③康藏印线:自康定(今属四川省)经拉萨至印境噶伦堡,共长 2501 千米,原为西康到印度的贸易旧道。

　　1943 年前后,驿运总管理处提出的驿运政策是"人民共管重于政府专管""奖励扶助重于管制",运用奖励方式,使人民自愿乐从,参加驿运服务。修订的《水陆驿运管理通则》和《奖励民营驿运事业办法》主要就是贯彻这一政策。1943 年,驿运干线已可控制民有各式板车 1 万辆,骡马 2.3 万头,骆驼 1 万峰,人夫 3 万余名,船舶百余艘。

　　1943 年广东省驿运区划分见表 9-1,1940—1945 年广东省陆上民间运力统计表见表 9-2。

表 9-1　1943 年广东省驿运区划分

驿运区	所辖驿运段
北江驿运区	北江驿运区,辖曲庚(曲江至大庚)、曲山(曲江至山塘)2 段
西江驿运区	西江驿运区,辖高�(高要至迳口)、高三(高要至三埠)、高棠(高要至棠下)、高阳(高要至阳江)、高罗(高要至罗定)5 段
南路驿运区	南路驿运区,辖麻石(麻章至石角)、大信(大埠至信宜)、信罗(信宜至罗定)3 段
东江驿运区	东江驿运区,辖黄岑(黄岗至岑市)、梅筠(梅县至筠门岭)、兴丰(兴宁至陆丰)、兴海(兴宁至海丰)、兴合(兴宁至合水)、隆淡(老隆至淡水)6 段,拟先行开办兴合段

资料来源:①《本省驿运概况》,见"民国"三十一年十二月广东省政府秘书处编译室编印《驿运浅说》第 25 页;②《广东省驿运概况》,见《驿讯》1943 年第 9 期第 2 页;③《粤省驿运分四区办理》,见《中山日报》(韶关版)1943 年 2 月 9 日第 3 版。

表 9-2　1940—1945 年广东省陆上民间运力统计表

年份	兽力车(架)	手推车(架)	自行车(架)	骡马(匹)	挑夫(人)	其他(人)
1940	5090	14225	10645	2196	101042	315
1941	4461	15420	21156	2723	95988	578
1942	5391	15183	20397		90052	
1943	5584	12178	20247		92434	7637
1944	5560	12453	20487		99392	7596
1945	5458	11847	20617		83641	

资料来源:《广东省志·公路交通志》,广东省地方史志编纂委员会编,广东人民出版社 1996 年出版,第 54 页。

　　到 1945 年,驿运干线与支线合计完成运量 530 万余吨,周转量 64450 余万吨公里。从 1940 年至 1945 年,干线驿运完成运量,与同期中央直属公路汽车运输单位完成运量相比较,货运量占 64%,周转量占 23%。各省因汽车数量有限,驿运完成任务比重更大。由此可见,当时组织利用驿运,于国计民生、支援抗战都是有贡献的。从运输方式看,人畜力运输工具无疑是古老而落后的;但在抗日战争时期,公路被破坏,铁路被拆除,水运中断,汽车又因车辆、配件、燃料等奇缺,在运输十分困难的条件下,组织利用城乡民间人畜力运输工具,开展驿运,无疑是一个创举。其实,当今遍布全国城乡、各个社区、各个角落的快递驿站,就是古老驿运在当今现代生活中的再现。

二、战时国际交通运输线

抗日战争前,中国国际运输以海运为主,内陆接运多走铁路。公路国际运输仅为边境贸易服务,汽车很少,主要是利用畜力运输。

1937 年全面抗战开始后,对外的海上通道只有港粤一条。当时,进出口运输路线以广九、粤汉铁路为主,广九公路为辅。在铁路被日机炸断后,为了保证进出口物资运输,公路肩负起国际与国内运输的重任,铁路和水运的工作人员也纷纷转到公路上来。除了发挥广九公路的作用之外,改善湘粤、湘桂两公路,以便向后方疏运;整修西兰、甘新两公路,以接运苏联物资;修筑桂越、滇越两公路并修通滇缅公路,以通过越、缅连接海上通道,都成为公路建设的重要任务。

战时国际
交通运输线

(一)粤港运输

抗战初期,由香港进口物资可由广九、粤汉两铁路北运武昌,或至衡阳西转桂柳,或至株洲东运南浔;至长沙,有公路通常德、贵阳;自广州沿西江水道可达梧州,再转桂、黔各省。这一路线为抗战初期国际运输的大动脉。1937 年 10 月,军事委员会设置西南进出口物资运输总经理处,这是准军事机构,其业务着重于运输进口军品。其运输路线,除滇缅路外,在西南还有两个途径:一经香港至广州,一经海防至镇南关,前者有铁路衔接,直通军事"心脏"武汉;后者由镇南关内运,并无铁路,必须汽车运送。西南运输处在港粤承办进口运输,自 1938 年 1 月起至 10 月广州沦陷止,共运入物资 106143 吨,月平均 10614 吨;最高为 5 月份,计 22076 吨;最低为 2 月份,计 3151 吨。除物资外,还抢运出大量人员。

(二)中越运输

1937 年 10 月,西南运输处在越南河内设立办事处,办理由海防进口物资的业务,经铁路到河内,北转滇越铁路直达昆明;或自河内东北沿铁路支线,运至靠近广西边境的同登。滇越交通线自昆明迤南,经蒙自、蛮耗(今曼耗),到越南的河内、海防,是云南南部的一条重要国际贸易交通线。在滇越铁路未通车以前,运输以驮马为主。抗战初期,曾使用这条线路运输战时所需物资。

桂越交通线在广西至越南之间,先后有龙南(龙州至镇南关,长 55 千米)、龙水(龙州至水口,长 33 千米)、邕镇(南宁至镇南关,长 247.8 千米)、河岳(车河至岳墟,长 487 千米)四条国际公路。其中,龙南路建成最早,为桂越间的主要交通线。龙水路次之,河岳路则为抗日战争时修建。

广州国际运输线阻断以后,西南进出口物资只有从越南的海防转口最为经济。1938 年5 月,西南运输处将河内办事处移设海防,采取三条运输路线:一由海防用铁路经河内直至昆明;二由海防用铁路至同登,转桂越公路至镇南关到南宁;三由同登经桂越公路至龙州,转水运至南宁。

1938 年 11 月,南宁失陷,立即赶修桂越新线河岳路。这条路线自越南东北铁路终点那岑,经高平、崇庆进入中国岳墟,过靖西、田东至车河与黔桂公路相接。1930 年 2 月,该线路通车。

（三）中缅运输

1938 年 3 月，西南运输处设置缅甸分处，筹办中国进出口物资在缅甸的过境运输事宜。同年 9 月，西南运输处从广州迁至昆明，重点任务就放到中缅国际运输线的建设与维护上。

中缅运输有三条路线。中缅国际运输线，以缅甸港口仰光为起点，以中国云南的昆明为终点。三条运输线分别为：①仰光经铁路至腊戍，转公路至中国国境畹町，接滇缅公路至昆明；②仰光沿伊洛瓦底江至八莫(Bhamo)，转公路至畹町入国境，接滇缅公路；③仰光循公路直至畹町，接滇缅公路。其中，第一条线路为主要线路。

案例 9-3

滇缅公路(今昆畹公路)原为云南省道"滇西路"。畹町至昆明长 959 千米，汽车行程 6 天。沿途海拔起伏，高处升至 2605 米，低处降至 661 米。其中，东端昆明至下关有 411.6 千米，1936 年年初由云南省建成通车，由于路面较差，平均月运约 3000 吨。1938 年 11 月，滇缅公路建成，昆明至畹町间全线通车，并升格为国道。

伊洛瓦底江纵贯缅甸，仰光经瓦城至八莫的航道长 1404 千米，水运行程 14 天。其中，瓦城至八莫旱季只通小船。英缅政府以各种借口，限用伊江水运，月运量仅约 2000 吨。

八莫至畹町的公路，较腊戍至畹町的公路短，有南北两线：南线由八莫经南坎、木姐，至九谷入中国国境，全段均在缅境，雨季须领特别通行证才能行车。北线则自南坎北进中国境内，至垒允，东达畹町。缅甸要求中方赶修这条路线。垒畹段经交通部派工修筑，于 1940 年 5 月土路通车。

滇缅公路情况如图 9-5 所示。滇缅公路上的运输车队如图 9-6 所示。

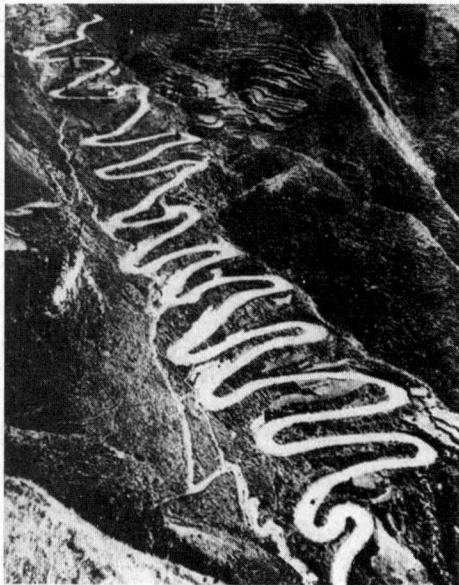

图 9-5 滇缅公路

图 9-6 滇缅公路上的运输车队

（四）中印运输

中印运输主要表现为以下四个方面。

（1）中印空运物资的汽车接转。1942 年 2 月仰光失陷后，中国出海通道全被阻塞，外援物资无法运入。于是，确立了航线以原印度东北铁路终点萨地亚（Sadiya）附近的丁江为起点，以缅甸的密支那、八莫、垒允或中国的云南驿等处为终点，并由英方在密支那、丁江赶筑机场 3 所、在八莫赶筑机场 1 所。空运物资主要由中方装卸，并备车承担机场内飞机到仓库之间的短途接运或机场外长途转运任务。这一陆空联运业务是中国战时运输的一种创新方式，最初承担这项任务的是中缅运输总局。当时飞跃驼峰航线的运输机如图 9-7 所示。

图 9-7　飞越驼峰航线的运输机

1945 年 1 月，军事委员会战事运输管理局成立。原本由滇缅公路运输局承担的机场空运接转任务改由新成立的云南分局承办。随着战局进展，其他公路管理局也都承担起空运接转任务。如川滇东路管理局有泸县、沾益、陆良、新津、广汉、彭山、邛崃、九龙坡、凤凰山、白市驿等处转运点；西北公路管理局有西安转运点；西南公路管理局有柳州转运点；川湘公路管理局则设万县至梁山及巴东至恩施两个空运接转段等。

（2）中印公路运输。中印公路有南北两线。北线即原线，自印度阿萨姆（Assam）邦东北铁路终点列多（Ledo，当时或译雷多）经缅甸新背洋、密支那东越中缅国境至腾冲、保山接滇缅公路至昆明；南线则由密支那南向八莫、南坎进入中国畹町，沿滇缅公路至昆明。北线长1568 千米；南线长 1731.3 千米。

中印公路自 1933 年 1 月开工，至 1945 年 1 月 16 日公路全线通车。通车时的照片如图 9-8 所示。

（3）中印油管运输。抗日战争两年后，战局西移，铁路、港口大多沦陷。此时，后方城市之间的交通，进出口军品物资的接运，工矿产品的流通，主要依靠汽车。而汽车行驶的关键则在汽油。

中印油管是自印度的加尔各答起，通过阿萨姆邦的布拉马普特拉流域（Brahmaputra River）及帕特卡山脊（Paitkai Mountains）越缅甸喜马拉雅山的驼峰，进入中国。在中国境内的线路大致与中印公路相同。油管直径约 10 厘米，每节长约 6.1 米。自 1944 年 3 月，全线

图 9-8　中印公路顺利通车

动工铺设,于次年 4 月将油管通至昆明。自加尔各答经丁江、列多、密支那、八莫至昆明,全线约 3000 千米。畹町沿滇缅公路铺至昆明的这段管线,裁弯取直,比公路里程缩短 1/3,总计长 690 千米。管路运输与公路运输互相配合,无论是工程、运输、管理或使用都取得了良好的效果。1945 年 4 月,油管延伸至曲靖、沾益、呈贡、陆良等地,管路延长 280 千米。

(4)中印驿运。1942 年,越南、缅甸相继被日军占领,中国对外运输几将断绝。交通部驿运总管理处设中印驿运分处,筹办保山至八莫、腾冲至密支那和自印度噶伦堡(Kalimpong)经亚东、江孜转至藏、康、滇的运输。因滇西陷落,这三条驿运线均未实现,中印驿运分处遂又撤销。1943 年年初,新疆成立驿运分处。原兰(兰州)猩(星星峡)驿运干线主任顾耕野任分处处长,办理新疆境内及新苏、新印国际路线的车驮运输。新苏线自星星峡经哈密、迪化至霍尔果斯。新印线则以南疆叶城为起点,到印度的列城(Leh)或吉尔吉特(现属巴基斯坦实际控制区)。

(五)中苏运输

1937 年 10 月,南部沿海地区相继沦陷,海上交通线全被切断。苏联援华物资及贸易运输也由香港海运转向甘新公路,经新疆进出。1937 年下半年,开辟了自兰州经迪化至霍尔果斯的公路线,以转运甘肃、青海、宁夏等省出口至苏联的皮毛。同年冬,苏联派汽车经霍尔果斯、迪化到达兰州,运送军用物资。当时有一部分出口苏联物资,仍由香港海运。1938 年,进出口物资全由此线运输。

霍尔果斯至兰州的路线长 2700 余公里,苏方在沿途设置储油站、转运站及仓库,并整修路面。中方由全国经济委员会在新疆设立中央运输委员会,下设 10 个接待站,接待苏联过往车辆、人员。运输由苏方外贸机构汽车与中方西北公路运输管理局汽车承担。西北公路运输管理局在星星峡以东的甘肃境内也与中国新生活运动委员会服务处共同在公路沿线设置接待站,接待苏方经星星峡至兰州的车辆、人员。1940 年 3 月,中苏双方改在星星峡交接。中方仍由西北公路运输管理局接运。1940 年起,因太平洋战争、苏德战争爆发,国际关系发生变化,中苏贸易逐渐衰退。至同年末,中国政府与苏联通过新疆的易货贸易几乎完全停顿,甘新国际运输线也随之衰落。

三、抗战胜利后的交通发展

抗战胜利初期,铁路一时不易修复,水运又缺船只,因而公路运输仍占主要地位。官办公路运输单位的主要任务是复员运输。不久,内战再起,又转入军事公路运输。各地的公路运输任务有所不同:长江以北,着重军事运输;长江以南,着重公、商运输;西北地区,军、公、商运并重。各省公路运输的车辆不够,除经营若干主要路线外,其他次要路线交由商营。商营有专营、特约、公管商营等多种方式。省道运输主要是依赖商营汽车运输业维持。

这一时期,全国的公路运输初步恢复,管理体制调整恢复完善,商车运输也有所发展。但因国民党政府发动内战,通货膨胀严重,物价如脱缰之马不断暴涨,国民经济严重恶化,致使公路运输事业又一次遭受灾难。

而在当时中国共产党领导的解放区,公路运输——无论是人畜力运输还是汽车运输,都呈现出另一番景象:千里运输线上,人欢马叫,车轮滚滚,一批批支前物资源源不断运往前线,为中国革命取得全国性胜利做出了贡献。

(一)尝试汽车制造

过去由于中国汽车完全依赖进口,抗战结束后,开始了自办汽车制造工业的尝试。

民国以来,中国汽车数量迅速增加,民用汽车保有量从1911年的294辆到1948年增至7.33万辆,36年间增加248倍。这些汽车都来自外国,所用燃料、轮胎和维修零件也都依靠进口。这不仅使中国财富源源外流,而且会给中国造成严重影响——在外敌入侵情况下,一旦进口受阻,汽车运输就会陷于瘫痪。一些有识之士和汽车科技工作者早就认识到了这个危机,所以他们为创建中国自己的汽车工业奔走呼号,艰苦努力,并以实际行动在抗日战争前试制过几种载重汽车。比如,1929年6月,辽宁民生试制成功了75型民生牌载重汽车,如图9-9所示,载重量约为1814千克,自重为2041千克,汽车总重为3855千克。汽车装用6缸

图9-9 中国第一辆国产汽车

注:这辆世界唯一的"民生号",自主设计,70%的零件为自主生产,载重1.82吨,使用六缸水冷汽油发动机,峰值马力达65。这些数据可能放在今天看来很弱,但是我们再看一下1931年传奇跑车BENZ-E170的数据:峰值马力为32,极速90千米/时。在一个工业刚刚发展的年代,"民生号"绝对是当年的"擎天柱"。

汽油发动机,功率为 65 马力,轴距约 3.6 米,最高时速为 64 千米,平均时速 40 千米/时。这个车型虽然是仿美国的万国牌汽车,但除发动机曲轴、电器装置及轮胎等少数部件是委托国外代制外,整车结构是根据中国的具体情况来设计和制造的。

1936 年,以中国银行为主的几家机构筹集资金 160 万元,组成了中国汽车制造公司,为官商合办。公司计划先从国外进口零件、总成进行装配,再逐步由部分自制过渡到整车自制。公司与德国奔驰(Benz)汽车厂签订了技术合同,购买了全套图纸和设备,聘请了德国技师指导。按合同规定,每年从德国进口 1000 辆柴油车的零件、总成,由中国装配,以后再逐年增加中国自制零件的比例,5 年内达到完全自制柴油车的目的,同时为培养中国技术人才打下基础。中国汽车制造公司建厂后,经多次试验,费时年余,制成一种以柴油与植物油能同时并用的汽车,定名为"中国号柴油汽车"。

1945 年 10 月,战时运输管理局把从日伪接收的 17 个修配单位归并在一起,成立了平津区汽车修配总厂,厂址设在天津。平津区汽车修配总厂除承担汽车整修任务外,还仿制进口配件和日本"大发牌"三轮汽车。1946 年 6 月,第一辆三轮汽车试制完成,如图 9-10 所示,发动机功率为 10 马力,定名为"飞鹰牌"。飞鹰牌三轮汽车分客货两种:客车连驾驶室共 6 个座位;货车载重量为 600 千克。到 1946 年 10 月制成 10 辆三轮汽车。这种三轮汽车先后共生产了 60 辆。为了扩大平津区汽车修配总厂的生产,行政院长宋子文批准从国库拨款50 亿元作为制造 300 辆三轮汽车的预算。但当时的物价不断上涨,拨款下达时,仅够工厂发放两个月的工资,批量生产国产三轮汽车的计划成为泡影。

图 9-10 1946 年 10 月天津汽车修配厂制造的第一批国产三轮货车

(二)调整完善交通监理

抗日战争胜利后,战时运输管理局在主要收复地区成立了办事处,配置了交通监理机构或工作人员,负责执行制定的《收复区各种车辆临时登记及领照办法》与《驾驶人及技工临时登记办法》,以便各地区办事处通过这项临时登记工作,为统筹开办全国汽车总检验、驾驶人审考验和推行全国一致的交通监理规章制度奠定基础。各地区办事处设立车辆监理所或登记所来具体执行这项任务。

1946 年 1 月,交通部以公路总局接替战时运输管理局,将原属运务处的监理科恢复为监理处,下分考核、设计、管理三科。在公路总局直辖的 8 个地区公路工程管理局内设置监理科,下设监理所,并厘定了监理所的组织规程,规定监理所分为二等。截至 1946 年 12 月,第一区局设有南京、杭州、苏州、上饶、上海、合肥、徐州、屯溪等监理所;第二区局设有武汉、长沙、南昌等监理所;第三区局设有广州、海口、廉江、曲江、兴宁、深圳、衡阳、福州、柳州、南宁等监理所;第四区局设有昆明、贵阳、毕节、西昌等监理所;第五区局设有重庆、成都等监理所;第六区局设有迪化监理所;第七区局设有兰州、宝鸡、西安、酒泉等监理所;第八区局设有北平、天津、青岛等监理所。1947 年 6 月,公路总局根据行政院批准颁发的《公路汽车监理实施办法》规定,将各地区公路工程管理局所属监理所交给各省市地方政府,由地方政府按照中央统一规章制度办理业务,从此交通监理工作又由中央下放地方管理。

　　各省市地方政府自行设立的监理机构,一般省级由建设厅在省会设立机构;大城市的监理机构有的归公用局(如上海),有的归工务局(如南京)。交通管理任务,在大城市由警察部门执行,在其他地方由公路监理机构自行管理。无交通管理力量的地方发生行车事故时,在大城市一般归治安(军警宪机关)部门处理,其他地方归监理机构处理。重大事故由治安、司法、军管部门和监理机构共同处理。军用汽车的交通监理业务,由军方自行规定;有关交通管理与安全行车,则依照交通监理机构的规章制度执行。此外,在交通监理机构的职责范围内,对各类型的非机动车也进行了必要的管理,制定了相应的规章制度。

案例 9-4

　　自 1835 年,英国以法令形式确立了车辆靠左行驶的交通规则。到目前为止,全世界大约有 34% 的国家仍在执行这个规定,有约 66% 的国家执行靠右行驶的规定。从靠左行驶改为靠右行驶,主要是从驾驶员行车安全的角度来考虑的。中国自实行交通管理之后,至抗日战争爆发前,执行的是英系交通法规,即车辆一律靠左行驶。抗日战争爆发后,进口汽车主要来自美国。美国汽车系靠右行驶,方向盘安装在左侧,以便会车。如仍靠左行,容易肇事。如将方向盘改装到右侧,当时测算,购 100 辆车的款项,改装后仅能购置 90 辆。为了节省不必要的改装费用和顺乎世界上大多数国家的习惯,国民政府决定行车改为靠右行驶。国民政府军事委员会于 1945 年 7 月 7 日下令责成战时运输管理局着手筹办改向之事。战时运输管理局召集有关机关团体共同会商研讨,首先编订了《汽车行车手册》《改进市区及公路交通管理办法》《有关公路行车章则修正办法》,同时印制了各种宣传刊物、标语等,向全国发布;交通运输单位积极着手做好行车改向的准备工作。1936 年 1 月 1 日零时起,在全国范围内实施车马靠右行的变革。由于宣传教育及准备工作开展得较好,行车改向工作进行得较为顺利。

　　1945 年,战时运输管理局主管公路运输期间,将原交通部公路总管理处于 1939 年 9 月公布实施的《汽车管理规则》《汽车驾驶人管理规则》及《汽车技工管理规则》三大法规合为《汽车管理规则》,于同年 10 月经行政院核准,自 1946 年元旦起实施。

案例 9-5

　　《汽车管理规则》分 11 章,共 80 条。与前公布的三个法规相比,该规则在汽车管理部分规定,汽车牌照均由中央公路主管机关统一制发,各地监理所发给牌照单位;在汽车分类方面,增加了邮车;在驾驶人、技工管理部分,规定考验执照由中央公路主管机关认可的汽车检考人员执行;对职业驾驶人规定,除驾驶自用客车外,其年龄最高不得超过50岁;取消了对职业驾驶人就业后驾驶车辆的限制;标志号志另列一章,改变了对原有号志的规定,号志定为在行车或指挥上所用的手势、光色、声响三项,用以加强交通指挥的效能。此外,还依据这一规则制定了有关实施细则或补充规定,以完善和促进业务管理。

《汽车管理规则》在报请行政院核准过程中,抗日战争业已胜利,因而在抗战胜利初期,战时运输管理局决定将"国"字汽车号牌、行车执照、驾驶人及技工执照推行至收复地区。于是,在收复区举办汽车及驾驶人、技工临时登记,核发"国"字汽车统一牌照及驾驶人、技工统一执照。车辆分类、号牌颜色、质料、尺寸等同抗战时后方一样,仅将号牌后地名简字取消,并将自用客车、营业客车、货车增加编号为五位数。号牌号码规定:自用客车为00001~29999号,营业客车为30000~39999号,货车为40000~99999号,其余各类车仍为四位数编号。行车执照亦如抗日战争时期,按车辆性质分为9种,形式也是卡片式。1946年1月,交通部公路总局成立。鉴于号牌编号虽已增加至五位数,但实际常用的自用客车、营业客车、货车数量与以前按地域划分四位数时相比却相对减少了,不能适应收复以后汽车数量激增的需要;同时收复区汽车管理混乱也亟待整顿,于是开始设计新的统一号牌式样。

抗战胜利后,由于收复区在沦陷时期管理松弛,各地交通秩序混乱,行车事故不断发生。交通部于1945年冬邀约国防部、内务部等举行全国汽车管理联系执行会,商订有关促进公路交通安全实施章则和行车肇事处理办法。经过多次会议共同研究,制定出一系列交通管理办法,于1947年6月公布施行。

案例9-6

(1)《全国汽车管理联系执行办法》,规定军用车由国防部管,民用车由交通部管。在管理上有一致性的,如汽车检验标准,驾驶人考试标准,行驶装载,标志、号志的使用等,均执行相同的规定。对于行车秩序的维持和违章肇事的处理,则规定在市区由最高治安机关会同监理机构等单位执行;在公路上由监理机构会同军运、治安机关执行。

(2)《公路交通安全措施》,分为5个方面。在路政方面,要按照公路工程标准修建公路,并经常养好公路;在交通指挥方面,交通标志应普遍设立,交通警察及汽车驾驶人应熟练使用交通号志;在车辆管理方面,要严格登记检验,注意车辆保养,限制超载;在驾驶人方面,要严格技术考验,遵守行车规则,整饬驾驶纪律;在行人及乘客方面,要遵守交通秩序,注意交通安全;其他还有认真执行稽查、取缔违章及慎重处理肇事等。

(3)《公路交通安全须知》,对行人、乘客、驾驶、修理人员及交通管理人员均提出了注意交通安全的要求。

(4)《汽车交通巡查执行办法》,规定在各大城市及重要国道路线上,应由公路交通监理机构、军运机关及治安机关设置巡查车担任巡查任务,对违章案件分别由军运或监理所管理站处理。

(5)《汽车出入过境联合登记办法》,规定汽车驶出原登记管理地区及驶入目的地区,应向出入境管理站办理登记。民用汽车由各区公路工程管理局所属管理站,或省市公路主管机关所属管理站办理登记;军车由国防部指定机关或人员办理登记。军警宪及财税机关检查时,应参加管理站联合执行任务。管理站执行登记工作应与监理所取得联系。

(6)《行车肇事责任鉴定委员会组织规程》,规定由所在地治安、监理、军运、工务、运输机关或单位派员组成委员会,其职权是勘查肇事地点,并分析鉴定事故原因与责任。处理事故的单位为当地车站、检查所(站)与警察局。

此外,交通部另行制定《行车事变处理实施细则》,内容较原有的详尽。

1947年10月,交通部还公布了《汽车装载行驶实施细则》,对客货汽车载客人数、载货重量、载货尺寸限界,行车速度、行车间隔,车辆交会、超车、让车,行经岔道、坡道、渡口、夜间和雨雾风雪天气行车,以及倒车、停车等都做了详细规定。《汽车装载行驶实施细则》对维护交通安全、鉴定行车事故起到有章可循的作用。

交通部公路总局鉴于复员以后,公路交通运输频繁,行车肇事不断发生,交通安全问题日益严重,决定在1948年1月成立全国公路交通安全促进委员会,各省(市)成立分会,并定每年11月11日举行"双十一"安全周。此后,又制定了《各省市公路交通安全运动推行纲要》,刊行了《公路交通安全手册》,以便有组织有计划地推行。

拓展阅读:
用生命打通
抗战交通线

🐎 专题小结

本专题主要从抗日战争时期以及战后交通的发展进行概述,了解抗日战争时期国内交通管理体制和战时运输任务、运输方式。讲述了战时国际交通运输路线,同时论述了在抗日战争胜利后我国交通的进一步发展,如尝试汽车制造,不断调整完善交通监理机制等方面。从整体来看,我国抗日战争时期的交通发展虽然受到了条件限制,但也在一定程度上得到了发展。

学习思考

1. 如何看待抗日战争时期交通发展的变化?
2. 战时重要交通运输线路有哪些?

红色交通的创建与发展

1921年7月1日，中国共产党诞生了。1924年1月，中国国民党召开了第一次全国代表大会。会议根据孙中山先生提出的"三民主义"，制订了"联俄、联共、扶助农工"的三大政策，建立了第一次国共两党合作。1927年，国民党突然发动了"四一二"反革命政变，对共产党进行大逮捕、大屠杀，使蓬勃开展的大革命陷入低谷，国共两党合作破裂。同年8月，中国共产党通过发动南昌起义、秋收起义、广州起义和其他地区起义先后约200次，建立了自己的革命军队——工农红军，开创了农村革命根据地。从1927年10月毛泽东率领部队在井冈山建立第一个革命根据地开始，到1930年，武装起义地区覆盖了13个省的300多个县，创建了15个革命根据地。其中主要有中央苏区、鄂豫皖苏区，湘鄂西苏区（包括洪湖区），广西左、右江苏区等。中央苏区包括湘赣、赣南、闽西、湘鄂赣和闽浙赣（赣东北）等区域。随着革命根据地的迅速发展和壮大，中华苏维埃共和国临时中央政府（即中央工农民主政府）于1931年11月7日成立，到1933年中央苏区约有人口300万，中央红军和地方武装约有10万人，还有赤卫队（民兵）20万人。为了保持各革命根据地之间的联系和消息联络，中央苏区各级党和政府把建立红色交通放在了重要地位。随着革命斗争的发展和需要，逐步进行规划和建设，动员和组织群众使用简单的运输工具，承担了浩繁的战勤、粮食、食盐、钨砂以及其他军需民用必需品和苏区进出口物资的运输任务，为苏区的军事、政治、经济发展发挥了十分重要的作用。从此以后，共产党领导下的交通运输经历了从无到有、从小到大、从弱到强的过程，在艰难困苦的条件下逐步发展起来。

红色交通的
创建与发展

一、中央苏区时期红色交通的创建

（一）交通运输机构

中央苏区时期的交通运输机构，分为交通行政机构和军事运输组织两个系统，两者密切配合、相互支持。

（1）交通行政机构：原始的交通联络是为了传递信息。革命根据地因地制宜，在一些县设置传山哨、递步哨等交通联络组织。革命政权建立后，又在此基础上普遍建立起红色交通通站。当时在湘鄂边界还设有边界防务委员会，负责物资运输。1931年11月，中央工农民主政府成立，交通行政机构逐步健全。交通运输工作在中央归内务人民委员部领导，下设交通管理局、邮电管理局等机构。在省县两级则称内务部。在区一级，交通运输工作归区苏维埃军事部管理。据福建宁都县博物馆史料记载，区苏维埃军事部设有交通队、运输队、担架队等。

1933年2月，中央工农民主政府成立国民经济人民委员部，原由内务人民委员部管辖的运输部分划出来，归国民经济人民委员部领导，邮电路政仍归内务人民委员部领导。国民经济人民委员部下设运输管理局，它的职责是"保证革命战争时期国家运输的需要，管理国家的货物运输"。在陆上运输方面，运输管理局在适当地点设立分局、运输站和分站进行管理。运输站都有固定的站点，有的运输站又叫转运站或联络站，不仅在苏区境内公开设立，还在游击区和白区秘密设置，例如在赣州的永源生染坊、萍乡的陈春和生记药铺，都是设在白区的秘密运输站。通过运输管理局和分局，以及各地的运输站，全面管理政府的货物运输任务，保证革命战争时期运输的需要。由于中央一级交通行政和运输工作有所分工，县级单位也进行了相应的分工。县内务部设的交通科负责管理道路、桥梁、渡船、河道、茶亭的建筑和修理；县国民经济部设的运输管理科负责公营企业和合作社的货物运输。

（2）军事运输组织：井冈山时期，工农红军设有采购委员会，负责军需物资的供应和运输。1930年，中央军委设立总兵站，下设兵站。兵站主要设在后方与前线之间。作战时，从前线到后方沿途都有兵站。战线转移时，兵站跟着转移。每隔30～40千米设立一个兵站。兵站的主要任务是为前线打仗服务，既要保证前方粮食、弹药的供应，又要把伤病员、战利品转运下来。兵站设有运输队。运输队分三种：一种是长期的，叫作长伕；一种是临时的，叫作短伕；还有一种是苦工队。兵站有大站、小站之分。大的兵站里除设有运输队外，还设有兵站医院。

（二）交通运输路线

井冈山时期，根据地以湘赣边境的宁冈（砻市）为中心，建有6条交通运输路线。这6条路线可西通湖南鄳县（今炎陵县）和茶陵附近，东北达永新和东南的茨坪，沟通了赤白区间的经济贸易和交通往来。1929年，红军力量壮大，进军赣南、闽西，根据地得到日益扩大和巩固。1930年10月，红军攻克吉安，江西省工农民主政府提出建立以吉安为总站的9条主要交通运输干线。这9条干线，东南经于都、瑞金进入闽西长汀，东到永丰、安乐，南到赣县、信丰，西北到安福、萍乡，北到分宜、新余，可达赣南的大部分地区。

中央工农民主政府成立后，苏区的交通路线主要是以瑞金为中心，其次是长汀。瑞金是中央工农民主政府所在地,有"赤都瑞金"之称;长汀则是闽西苏区政府所在地,也有"红色小上海"的比喻。1933 年 11 月,中央工农民主政府布置修建改善 22 条干路,为中央苏区陆上的主要交通运输路线。此外,还有贯通区、乡、村的支路。后来,由于战争影响,劳动力不足,计划未能全部实现,但不少地区的交通运输事业有了较大的发展。

中央苏区初创时,运输时主要是走陆路。后来,苏区大规模进出口物资组织运输时,才主要走水路。当时,白区没有公路通往苏区,苏区内部也没有公路,从陆上进出苏区有 5 条小路:一是从福建汀州到瑞金,50 多千米山路;二是广昌经宁都到瑞金,这是从抚州来的路线;三是高兴圩经兴国到瑞金,这是从吉安来的路线;四是筠门岭经会昌到瑞金,这是从广东来的路线;五是赣州经于都到瑞金。走这 5 条小路,都靠人肩挑手提,把苏区物资运向外面,或是把白区物资运来苏区。其中主要的路线是赣州到瑞金这条路线。

1930 年以前,上海到中央苏区有 3 条路线:①经香港、韶关、赣州到瑞金。②经香港、梅县、会昌到瑞金。这两条路线开通不久即被破坏中断。江西苏区同外界的联系,就靠后一条秘密交通线。③在上海乘船到汕头,换乘火车到潮安,再乘船到大埔,然后步行进入福建省境,经桃坑、永定、上杭、长汀到瑞金。第三次反"围剿"斗争之后,福建桃坑以后的路线不再经过永定,改道经古木督、丰稔、白沙、长汀到瑞金。

秘密交通线归中央交通局组建,设有闽西交通大站,对外称"工农通讯社第一分社"。开始时设在永定虎冈,后改设永定古木督。大站下设有十几个站点,大站有 20 多人,中站10 多人,小站 3 或 4 人。周恩来等负责干部和国际友人就是通过这条秘密交通线护送进入中央苏区的。通讯社工作人员在护送干部过境时,还及时传递了党内、军内的重要文件。特急件是日夜兼程,一站一站地接力传递,只要三天三夜就可从长汀送到永定。通讯社在维持苏区和白区交通、保持党的联系、护送来往负责干部等方面发挥了很大的作用。此外,还从这条秘密交通线武装护送从白区买来的重要物资。

(三) 交通运输任务

中央苏区处在边远山区,交通落后,加上国民党军队的包围封锁,交通运输极为不便。陆上交通往来只能步行,货物运输主要是靠肩挑人扛,以及少量的独轮车和骡马。运输方式简单而又原始,可以概括为驮、抬、背、挑、提五个字。其中,以用扁担运输最为普遍。就是这样极为简单的运输方式,在苏区完成了繁重的军事运输、重点物资运输、粮食运输任务。

(1) 军事运输。红军的军事运输,一是靠部队自己,二是靠苏区群众。在前三次反"围剿"斗争中,交通运输任务十分繁重,不仅要把大批支前物资送上前线,还要从前方把大量战利品和后方需要的物资运回来。当时的供应方式是前方供应后方,由战斗部队到边缘地区和白区去活动,把打土豪和缴获的粮食、布匹、食盐、药品、钱财等向后方运送。红军用缴获的武器弹药来装备、补充自己,多余的部分运回后方。那时的战利品都是用肩挑人抬运回后方的。在这三次反"围剿"斗争中,根据地人民群众为军事运输做出了很大的贡献。例如,瑞金长年保持 8000 多人参加运输队、担架队。跟着部队的群众,时间最长的有 1 年,最短的也有 6 个月。宁都有 2.1 万多人参加运输队,7000 多人参加担架队。长汀县三平区各乡都建立了担架队,由 45 岁以上的人组成。这些根据地的人民群众靠两只脚翻山越岭。在崎岖曲折的山路上,在弹雨纷飞的战场上,他们把弹药给养送上去,把伤员抬下来。

（2）重点物资运输。中央苏区的物资运输主要是在苏区与白区之间和苏区各地之间进行。苏区的物资供给，一部分来自战场缴获的战利品，一部分来自打土豪所得，而相当大的一部分要从苏区和白区间的商品流通中取得。商品流通就要运输。当时大量物资的陆上运输，都需要运输人员在崎岖的山间小道上肩挑背负，而且是在四周布满封锁网络的白色恐怖包围中穿行。这样，苏区的物资运输就成为流血的和不流血的、公开的和秘密的艰苦而复杂的斗争。据当时中央苏区对外贸易局局长钱之光回忆："我们出口的东西，粮、钨、豆、樟脑、纸张、木材、香菇，这些都是大宗大宗的出口。进口的东西主要有食盐、布匹、军工材料（医药器材、无线电器材）……主要从广东、福建买进。"这些进出口物资的运输量是相当可观的。"盐每年买进苏区达900万元，布每年买进苏区达600万元。"

案例 10-1

公营经济的进口物资运输，大多用武装护送。例如1932年前后，红八军有个采购委员会，经常到白区去买盐，每次都有部队护送。短枪队员也挑盐，每人挑60斤左右，路程为50～100千米，分两天走。盐是靠白区地下党组织农民采购后集中运走。又如1933年11月，国民党第十九路军在福州成立抗日人民政府，同中央工农民主政府、工农红军签订了抗日作战协定。苏区的钨砂就从江西经长汀运到新泉，再经古田运往龙岩，进入十九路军管区。苏区急需的食盐、布匹、棉花、药品就从十九路军管区运来，双方以货易货，白区、苏区商人公开贸易，货物可以安全运输。1934年初夏，军委总部还从各部队挑选了300多名精壮的战士，秘密通过100多公里的白区进入粤、赣、闽三省交界的山区——小苏区，去挑运西药、电池、电缆、机油、特种纸张等重要物资，在黑夜运回苏区。

此外，各地商运结合的合作组织、苦力运输工会的广大群众及苏区内外的中小商人，在反封锁的物资运输中都起到了重要作用。

（3）粮食运输。中央苏区以盛产稻米著称，山区农村处于自给自足的自然经济。粮食运输主要是供应前线红军，苏区内部调剂部分粮食输出。1932年年初，中央苏区已发展成为拥有300万人口的区域，红军赤卫队迅速壮大。这时，中央工农民主政府已把粮食问题提到重要议事日程。国民经济人民委员部决定立即建立万太、公略到瑞金，赣州到瑞金，汀州到宁化的三条运输线，向存粮比较多的公略、万太、赣县等地采购粮食，运输到缺粮地点进行调剂，由此开始了大规模的粮食运输。

1933年秋收后，苏区粮食有了富余，于是政府决定有计划地组织粮食出口。当时估计"中央苏区的粮食共有300万担可以出口"，其中政府出口的多余粮食约120万担。当时粮食出口主要是水运，向赣州和吉安方向出口。为了加强粮食出口工作，要求在陆路上也发展独轮车和马车运输。

案例 10-2

在中央苏区后期，粮食运输任务十分繁重。为了加强粮食工作的统筹管理，政府于1933年12月成立了粮食人民委员部。自1933年起，为了收集、调运粮食，委员会开展了一系列运动，要求群众借谷捐米，用粮食买公债和交土地税。1934年6月，中共中央和中央工农民主政府联合发出《为紧急动员 24 万担粮食供给红军致各级党部及苏维埃的信》。7 月间,又联合发出《关于在今年秋收中借谷 60 万担及征收土地税的决定》。从这些文件可以看出,当时粮食的运输是何等浩繁紧急,而这样大的运输任务都是苏区的群众和运输工人靠肩挑、车推、木船、竹筏来完成的,随时集中,随时搬运。运输沿线上的各重要地点均组织运输委员会,共同完成粮食集中工作。这时,红军在第五次反"围剿"中一再失利,中央苏区逐渐缩小,但扩大红军的突击运动继续迅猛发展,粮食需要量激增。中央粮食人民委员部为做好秋收中的粮食征收、集中、运输与保管工作,于 1934 年 7 月 29 日又发出指示,提出"……收集与征收地点必须设在运输站附近,以便随收随运……"中央的决定和粮食人民委员部的指示下达后,进一步激发了干部和群众的热情,各地出现了快集快运、星夜赶运、超额提前完成集运任务等动人事迹。

1934 年,根据地的粮食收集和运输工作取得了巨大成绩。中央粮食人民委员部部长陈潭秋在总结中宣布:"24 万担粮食的动员已经基本完成,而且多数县超过了。"另外,"我们对于秋收粮食动员的要求是借谷 60 万担,而……成绩是 68.8 万担。……"苏区收集粮食运动所取得的成绩,表现了苏区广大人民群众艰苦奋斗、节衣缩食、支援革命战争的高度热忱和政治觉悟,也表现了运输机构以及有关方面艰苦卓绝的工作和英勇奋斗的精神。

二、抗战时期的红色交通

1937 年 7 月 7 日本发动了卢沟桥事件,中国守军奋起抵抗。在中共中央和毛泽东的直接领导下,建立了多个抗日根据地。

在根据地内,实行了抗日民族统一战线的政策,建立起地方性的联合政府,积极开展"自己动手,丰衣足食"的大生产运动,努力做到"发展经济,保障供给",使根据地得以不断巩固和发展。在加速根据地经济建设的过程中,各级地方政府十分关心和重视交通事业的建设和发展,筹建各级管理机构,颁布了有关文件和政策,有效促进了各根据地之间交通运输网的形成和发展。尽管当时交通运输的方式简单、工具落后,但在支援战争、保障军民生活、恢复和发展生产、巩固抗日根据地的过程中发挥了先行作用。

抗战时期的
红色交通 1

(一) 抗日根据地交通运输的发展

1. 交通管理机构

根据地的交通行政管理机构有一个演变过程。1937 年年初,军委总参谋部设军事交通运输局。同年 9 月 6 日,陕甘宁边区政府正式成立,公路交通运输归建设厅领导。公路工程(包括水利、市政)归第四科掌管,运输归第五科负责。1938 年年初,军委军事交通运输局改为公路局,统由边区建设厅领导。1941 年 12 月建设厅四、五两科和公路局合并为交通运输局,下设三科一室及各运输分局、公路管理局,并另设工程处和水利管理所。1942 年 7 月,交通运输局撤销,缩编为建设厅第四科。晋冀鲁豫边区政府于 1941 年 9 月成立后,下设建设厅,厅下设交通局,各行署设建设处(或实业处),各县设建设科,统管交通运输工作。1943 年,晋冀鲁豫边区政府机关合并为一室、一处、两厅,原建设厅并入第二厅;同时将交通局改为交通总局。1945 年以后,随着战争形势变化,根据地不断发展扩大,交通运输机构也渐趋完善。

2. 根据地的运输方式

抗日根据地的运输方式主要靠人背肩挑、车推和畜力驮运。平原地区一般是用牛车、马车、手推车;山区多用驴驮和人力运输。当时,马车运输和畜驮运输很普遍,汽车运输几乎没有,只在陕甘宁边区有各方赠送的几辆汽车,商营汽车也极少。可以说,这些运输方式在当时的时代背景下显得十分原始。

(1) 畜力驮运

抗战时期,驮运遍及长江以北各根据地,其中驮运做得比较好的是陕甘宁边区。陕甘宁边区的驮运以运盐为主,运货次之。

边区政府为使运输事业能适应并推动边区经济的发展和根据地内外贸易的需要,组织了民间的人畜运输力,建立互助合作组织。1941年10月,晋冀鲁豫边区和陕甘宁边区分别颁布了《边区合作社条例》和《陕甘宁边区人民运输合作社组织办法大纲》。根据这些条例,各地普遍组织了互助运输组和合作运输社。陕甘宁边区在1943年逐步发展了互助合作组织和运输合作社。他们的组织形式多种多样,主要有群众运输队、合作社运输队、公营运输队(或部队、机关运输队)。

(2) 马车运输

马车运输一般适合在平原地区,而且要有一定的道路条件。根据地早期多建立在山区,因此马车运输开展得较晚。1938年4月,陕甘宁边区政府建设厅增设运销处。8月,运销处购大车3辆、骡子5头,建立了运销处运输队。这是根据地的第一个公营专业运输机构。

晋冀交界处的北岳区抗日根据地,1939年先后组建了5个运输队。四分区组建的平山运输大队,有胶轮、铁轮大车40多辆,驮骡100多头;五分区在唐县组建的运输队,有大车40多辆。运输队的任务是运送武器弹药、粮食被服、战利品等,主要为战争服务,支援前线。运输队由专署财政科管辖,一切开支由专署财政负担,队员待遇实行供给制。1945年后,随着根据地不断向平原地区发展和交通条件的改变,各解放区开始成立运输公司,马车运输有了较大的发展。

(3) 汽车运输

1937年10月,八路军第一支汽车队——七贤庄汽车队建立。第二次国共合作开始后,八路军设在西安尚德路七贤庄15号的秘密采办处对外公开为第八集团军驻西安办事处,简称"西安八路军办事处""西安八办"。七贤庄汽车队到1939年共有汽车22辆,包括自购和阎锡山在平型关大捷后送给八路军驻山西省兵站的部分汽车(大部分是道奇车)。汽车队设有队长、指导员;每车配正副司机,并配有押车副官10余人,总称"押车排"。汽车队的任务是运送国民政府发给八路军的给养、被服和西安八路军采办委员会采购的物资,以及前往边区的人员。运输任务十分繁忙、艰巨。汽车队的汽车难以完成运输任务时,采办委员会就雇用西安市内的商营汽车。据统计,1937年9月至1938年2月,为完成这些物资的集散运输,除马车和小平车外,仅汽车就经常需用百辆左右。那时,西安已成为边区和八路军物资供应的集散地,也是延安党中央领导下的运输中转枢纽。汽车队除北去延安、东去渑池前线外,经常行驶西荆线(西安至紫荆关)、川陕线(宝鸡经广元至成都)、西兰线(西安至兰州)等地。1941年皖南事变后,八路军"采办"被迫中止采购任务,七贤庄汽车队于同年撤回延安。

陕甘宁边区除七贤庄汽车队外,曾有商营汽车于1937年年初在绥德组成"交通"和"正军"两个汽车公司,购有汽车7辆,拟开行绥(德)榆(林)、绥(德)宋(家川,今吴堡)两线长途班车。1941年2月,又拟开行延(安)绥(德)线长途客运汽车。但是,除绥榆班车曾短时营运外,其他两线班车均未开行。

3. 根据地的支前运输

在十四年抗战中,中国人民不惜任何代价,从人力物力上全力支援战争,最终打败了日本侵略军,赢得了抗日战争的胜利。在八路军、新四军活跃的敌后抗日根据地,广大人民的支前更是踊跃。根据地的支前运动是在各级抗日民主政权组织下展开的。边区的县、区、乡、村各级抗日政权,普遍建有战地动员委员会,支前运输任务就由他们根据边区政府有关战勤支差的条令和办法,统一组织领导。1941年7月,晋冀鲁豫边区政府公布《晋冀鲁豫边区军事支差条令》。同时为了使边区人民合理负担战勤运输任务,边区政府还制定了不少办法和规定,如《陕甘宁边区战时动员壮丁、牲口条例》《陕甘宁边区战时动员物资办法》《陕甘宁边区战时各级动员委员会组织规程》等。这些条例充分照顾了农民在支前运输中的利益,进一步激发了广大人民群众支前运输的热情。

苏北根据地根据战勤运输的需要,在各地建有"车抗会",统一领导、指挥、承接和分配运输任务。1941年秋,东台县组织的弶港牛车车抗会,有牛车50辆,每年至少为新四军运物资四十趟,每次用车20~30辆。弶港是苏北的沿海港口,苏北等抗日根据地急需的军工材料、电讯器材、机器设备、药材、纸张、五金等军需物资,从上海水运到弶港,再由牛车和小车陆运到根据地。另外,新四军同敌占区上海进行贸易的物资也由弶港进出;弶港的海上运输线还可直达青岛,得以沟通山东抗日根据地的物资运输。群众支援了战争,战争赢得了胜利。曾参与为苏区采办了物资的大埔县青溪镇裕兴京果店旧照如图10-1所示。

图10-1 曾参与为苏区采办了物资的大埔县青溪镇裕兴京果店旧照

抗日战争时期,八路军、新四军等部队深入敌后根据地和游击区,作战频繁。因此交通运输工作只能因地因时灵活多样。一般是分散的、小范围的,甚至是破坏性的。"破路"和"地道"运输就是当时一种特殊的交通运输。

平原地区的军民开展了"破路"交通,这是根据地人民为适应战争环境而创造的另一种特殊的交通运输方式,即把平原地区大部分公路都挖成宽4～8尺(约1.3～2.7米)、深7～10尺(约2.3～3.3米)的壕沟,完全改变了地形。这既破坏了日军利用公路调动机械化快速部队的行动;又为掩护根据地军民的出击、转移提供了便利。壕沟村村相通、镇镇相连,在沟内可走大车,送弹药、运粮食,行军作战,成为隐蔽的地下交通线。以后又发展了地道战,使地道和"破路"结合起来,更有效地打击敌人,保存自己,开展游击战争,直到取得胜利。

(二)同仇敌忾,全民抗战

抗日战争是一场中华民族同仇敌忾、抵抗日本侵略的全民战争。因此,在这场战争中,全国人民——不分阶层、不分地域、不分男女老幼,全都投入这场为争取民族独立与自由、反对法西斯的正义战争中来,谱写了一曲又一曲可歌可泣、激越悲壮的战歌。

1. 长江船业大抢运

战前,长江航业除招商局、三北公司、民生公司数家外,大都资本薄弱,平时各自经营,不相谋合。为使长江航运转入战时运输的轨道,1937年9月1日,交通部令各家轮船公司在南京组成长江航业联合办事处,凡属航商均须加入联运,所有轮船悉由联合办事处调度,供应军民运输。复令各地轮船同业公会,组织内河航业联合办事处,上海、镇江、芜湖、九江、汉口、长沙等处先后成立了办事处。1937年9月12日,招商局长江业务管理处在南京成立,由该局副总经理沈仲毅兼任处长,代表总局指挥沿江各分局及撤入长江的江海轮船,负责承担军民运输业务。1938年1月1日,民生公司总经理卢作孚受委担任交通部次长,负责组织公私轮船公司投入撤退抢运任务。自此,长江中下游运输以招商局轮船为主,长江上游运输以民生公司轮船为主,协同其他航业公司,担起抗战运输的重任。

> **案例 10-3**

抗战军兴,重兵待运。当时,我国中部地区东西方向的运输要依靠长江轮运。民生公司地处抗战后方,船舶保全较多,成为战时我国长江运输的主力。抗战一开始,该公司便旗帜鲜明地提出,"民生公司应该首先动员起来参加战争",并说"国家对外的战争开始了,民生公司的任务也就开始了"。该公司动员起全体职工,调派了全部船舶,投入紧张而艰险的抗战运输。1937年9月,刘湘率领川军出川抗日,民生公司全力以赴,抢运集中在川东的四个师、两个旅,分别由重庆和万县乘轮出川,奔赴抗日前线。这批运到下游的部队参加了南京保卫战。1938年3月,民生公司运送出川的第22集团军125师部队进入山东战场,配合友军作战,夺得台儿庄大捷。同年5月,第29集团军和第30集团军奉命出川抗日,民生公司派出甲等船4艘、乙等船5艘,从重庆、涪陵、万县分三路轮番抢运出川,共运出将士7.9万多人,参加了保卫武汉的战斗。这一年,民生公司抢运到前线的作战部队共30余万人,弹药4600多吨。1939年和1940年,又运出部队110余万人,弹药、辎重、马匹近10万吨。1941年,民生公司调派30艘船舶,运送出川杀敌的官兵约29万人,先后参加了第二次、第三次长沙会战,常德会战,衡阳会战等。到1945年抗战胜利为止,民生公司轮船运送出川的部队共达270.5万人,弹药武器等30余万吨。这些来自长江上游各地的部队,转战于晋东、鲁南、皖南、豫、苏、浙、赣、鄂、闽、湘10个省区,协同友军,累挫敌锋,坚持抗战,直到最后胜利。抗战时期,以民生公司为主的长江船队,实际上成为没有武装但却极其英勇、效率极高的"运输舰队"。民生公司的广大职工冒着敌机轰炸的危险,战胜川江天险,为坚持支前运输做出了巨大贡献。

2. 爱国华侨支援抗战运输

1937年"七七"事变发生,中华民族开始全面抗战。南洋华侨在侨领陈嘉庚先生等人的发起下,成立了南洋华侨筹赈祖国难民总会(简称南侨总会)。南侨总会由陈嘉庚任主席,庄西言、李清泉任副主席,总部设新加坡。南侨总会所展开的筹赈活动,得到了侨界的热烈响应,在人力、物力上都有力地支援了祖国的抗日战争。

1939年年初,南侨总会先后两次发出通告,致函各属会,号召侨工共赴国难、回国服务。在南侨总会的积极号召下,各地华侨踊跃应募。数月之间,应募侨工达3000余人,先后分九批回国。其中,有300余人经仰光回国,其余均由越南到昆明。第一批回国侨工的总领队为白清泉,于1939年2月28日乘法国邮轮到海防,转乘滇越铁路火车进入中国国境,3月2日抵达昆明。英姿勃发的南洋机工们如图10-2所示。

图10-2 英姿勃发的南洋机工们

在南侨总会号召侨工回国支援抗战运输之后,其他各地也有侨工应募回国服务。1942年2月,为抢运美国租借法案中运抵仰光的大批汽车,中缅运输总局仰光分局(负责接办西南运输处业务的运输机构)又在仰光招募旅居缅甸、印度的华侨司机729名。至此,回国服务的侨工总共近4000名。

归国侨工编入西南运输处各大队之后,随即担负滇缅路的抢运任务。后又特别组建华侨运输先锋第一大队及华侨运输第二大队,继续在滇缅路担负抢运任务。战时的物资运输任务非常紧急,侨工们每天清晨就要开车赶路,800～1000千米长的公路至少要三四天才能走完。在滇缅告急之际,上级规定,从昆明至下关的双程824千米仅限36小时往返,装卸时间也计算在内,由此可见时间的紧迫。

抗战时期的红色交通2

滇缅公路地势险恶(见图10-3),从缅甸的腊戍起,要翻越高黎贡山和大王山两座大山,穿过怒江、澜沧江、漾濞江三条大河,途经畹町、龙陵、保山、盐田坎、旧寨、瓦窑、永平、下关、楚雄、昆明10个城镇。途中遍布深山老林,野兽出没,毒蚊伤人。这条新开的公路当时还是土路,雨后泥泞,坑洼不平。满载军火物资的货车在山高谷深的险道上行驶,稍有不慎,就可能车毁人亡。所以,侨工们把在滇缅运输称为"闯三关":第一关是"疟疾关",第二关是"路险关",第三关是"雨季关"。当时的机工中,有人因感染疟疾而去世,也有人因雨季道路塌方或遇敌机轰炸而不幸牺牲。

图10-3 滇缅公路地势

案例 10-4

侨工的抢运任务是在毫无安全保障下完成的。据南侨复员侨工互助会名誉会长刘牡丹在《沉痛的回忆》一文中记载,侨工奔驰在各个战区,沐雨栉风,出入在敌人的枪林弹雨之下,前后牺牲者数以百计。侨工们虽然出生入死,生活艰苦,但以支援祖国抗战而自豪。在侨工队伍中曾流行着一首振奋人心的《运输救国歌》,其中有"运输能救国,安全第一条","听啊!哪怕到处飞机大炮,宁愿死,不屈挠","唤醒着同胞,团结着华侨;不怕山高,不怕路遥;收复失地,赶走强盗"等豪言壮语,表达了侨工的爱国精神和高尚情操。侨工们这种热爱祖国英勇抗日的精神和贡献,深为侨界赞许和欣慰。同是炎黄子孙,这些海外赤子对祖国抗日战争所做出的牺牲和贡献应该被永久记入史册。

三、红色交通在解放战争中发展壮大

1945 年 8 月 15 日,日本政府宣布无条件投降,中国人民取得了抗日战争的彻底胜利。在十四年抗战中,中国共产党领导的人民军队英勇作战,到抗日战争末期,已建立了 19 个解放区,共 1 亿多人口。在解放战争进程中,中国共产党所领导的解放区日益发展壮大,解放区的民主政府逐步发展和健全各级运输管理机构,建立起自己的运输公司和汽车队,并迅速成长。解放区军民组织和利用各种运输力量,积极支援解放战争,为解放全中国贡献了巨大的力量。

(一)建立公路运输管理机构

1. 华北公路运输管理机构

1945 年 10 月,晋察冀边区政府成立交通管理局,下设铁路、公路、电讯三局。公路局设在张家口市东山坡。1946 年 6 月,国民党军队向解放区发动全面进攻。同年 10 月,公路局迁至河北省唐县贤表村。年底公路局撤销,人员并入交通管理局。

1947 年 11 月,华北重镇石家庄解放,晋察冀和晋冀鲁豫两大解放区连成一片。1948 年 5 月,两边区政府在石家庄成立华北行政委员会,下设交通厅,由两区交通运输主管机关组成。9 月 26 日,华北人民政府成立,设立交通部,部下设公路局和运输处,朱田顺任运输处长。

1949 年 2 月,华北人民政府迁至北平。3 月,华北交通会议在北平召开,确定对战时交通管理体制进行调整与改革,决定将公路工程与运输机构合并,成立华北公路运输总局,总局下设立直属运输公司和省、区运输公司,对各公司的业务范围和经营路线进行了分工。4 月 8 日,华北人民政府以交行字第 1 号文,决定在北平、天津、石家庄、邯郸、翼城(侯马)五地设立总局直属运输公司;合并长治晋丰运输公司和涉县裕顺货栈,设立太行运输公司;将大通公司改为冀南运输公司;在张家口设立察哈尔运输公司;菏泽设立冀鲁豫运输公司等。通令还规定了各省、区运输公司归总局及地方政府双重领导。9 月,华北公路运输总局领导的公营运输公司、修理厂及材料库等单位增至 19 个。中华人民共和国成立前夕,全国行政区划进行了调整划分。除华北人民政府华北公路运输总局继续保留外,还先后成立了河北、山西、山东、河南省人民政府,并在省人民政府下建立了交通厅(局),主管交通运输事业。

2. 中原、东北等公路运输管理机构

1948年6月1日,为适应战争形势需要,豫陕鄂解放区的陕鄂部分成立陕南行政主任公署,豫西部分成立豫西行政主任公署。豫西行署下设交通局。各区、县设立交通科,统一管理交通运输和邮电事业。同年12月,交通局与豫西支前司令部合并组成豫西公路管理局,驻宝丰县。1949年1月,豫西公路管理局与豫皖苏公路管理局合并,成立中原公路管理局,局址设郑州。1949年3月,中原临时人民政府成立;5月,河南省人民政府成立。中原临时人民政府及所属单位迁武汉。由中原交通部留在郑州人员组设河南省交通厅。6月中旬,交通厅同省府机关一起迁往开封。7月27日,中原公路管理局奉命改为河南省公路管理局。

1948年7月,东北解放区成立行政委员会,下设交通部。同年11月,东北全境解放,东北行政委员会交通部于沈阳接管国民政府的"东北公路管理处",设立了部属公路总局。1949年4月,划分行政区,分别成立了辽东、辽西、吉林、松江、黑龙江、热河等六省公路局。1949年9月,东北人民政府成立,撤销了东北行政委员会交通部,改公路总局为东北人民政府公路总局。

其余各解放区的公路交通运输管理机构也是随着解放战争的胜利推进而先后建立的,与上述解放区的情况基本相似。

(二) 组建华北各地马车运输公司

1. 公营马车运输队伍

1945年年初,晋冀鲁豫边区政府财经运输处在涉县索堡成立太行运输总公司。抗日战争胜利后,1945年10月间,邯郸、邢台等地相继解放,太行运输总公司分别在邯郸、邢台成立了太行运输公司;冀中行署建立了马车运输队;冀东行署建立了鸿达运输队;北岳行署改组了财政厅运输队等。各解放区的公营运输业,在历时三年多的解放战争中,都经历了从无到有、从小到大、从分散到集中的发展过程。干部和职工经受了战争的锻炼和各种困难的考验,积累了一些企业管理经验,企业内部的组织机构、人员配备和营运网点的设置日趋合理,管理水平和经济效益不断提高。从晋冀鲁豫和晋察冀边区几个比较大而活跃的马车运输公司(大队)的发展和站点设置,就可看出华北解放区已形成一个以马车运输为主的公路运输网。

案例 10-5

邯郸裕通运输公司。原称邯郸太行运输公司,1946年4月改名为邯郸裕通运输公司。公司成立初期,仅有太行运输公司移交来的铁轮大车30辆。1947年,从曹州(今菏泽)部队辎重营接收和购置了一批马车,至年底已有马车150辆,并逐步将铁轮大车更新为胶轮马车。1949年4月,裕通公司已发展成为有马车300辆并拥有部分汽车的运输企业。1946—1947年,先后开辟了邯郸至高邑、临清、泊镇、武安、大名等客货运输路线。1948—1949年初,又增开了邯郸至石家庄、德州、长治等客货运输路线,设置了部分站点,发展较快。公司的主要任务是做好支前运输工作。当时经营方针是:"以商养运,以运支前。"这一时期,公司为各地输送了大批干部,并支援了其他公司马车近500辆,成为华北地区人民运输事业建立和发展的基地之一。1949年4月,华北公路运输总局成立后,更名为邯郸运输公司,直属华北公路运输总局,共有职工500名。

邢台裕华运输公司。1946年4月,由邢台太行运输公司更名改组成立,以经营马车货运为主。1947年,由裕通运输公司调来铁轮大车50辆;至年底,共有胶轮马车10辆,铁轮大车60辆,大牲畜近100头。该公司先后开通了邢台至临清、德州、衡水、泊镇、邯郸等货运路线。1949年4月,华北公路运输总局成立后归属邯郸,更名为邯郸运输公司邢台支公司,当时共有职工180名。

冀中运输公司。1947年12月,在冀中行署马车运输队基础上改建而成。公司建立之初,接管行署马车45辆,次年初又陆续接收了各分区常备运输队马车212辆,到4月已发展到320辆。另外,又先后向政府专营科贷款3500万元,添置和更新工具。至1949年初,已拥有胶轮马车201辆,铁轮大车200辆,牲畜883头。全部车辆分为5个中队,分驻饶阳、晋县(晋州)、河间、安国、伍仁桥。冀中运输公司的规模在解放区各公营运输单位中居于首位。公司除经营马车运输外,还经营汽车及木船运输。公司共有职工1200名(其中,马车大队550名、汽车及航运大队各300名)。1949年,公司迁往保定,同年8月撤销建制。公司的一部分人员输送到河北省交通局,其余人员和车辆陆续调往新组建的保定、衡水运输公司。

冀东运输公司。这个公司的前身是冀东行署运输队,建于解放战争初,一度起名"鸿达",是行署机关的公务车队。1948年1月,该公司正式改建为"冀东运输公司",接收胶轮马车91辆,铁轮大车40余辆。1948年12月12日唐山解放,公司由遵化县(今遵化市)迁入唐山市。至1949年4月,已有胶轮马车240辆,骡马450头;后发展到马车393辆,骡马735头、车工500人。该公司的主要任务为运输军粮、武器、弹药、被服等支前物资。公司的马车队属军事编制,每90辆为1个大队,每个大队设3个中队。1949年6月,该公司归属华北公路运输总局领导,同年9月更名为唐山运输公司。

晋察冀边区运输大队。1946年11月,晋察冀边区粮食局为供应部队军粮弹药,在河北蔚县西合营建立"边区粮食局运输队"。当时,全队共有50辆大车、70多人。运输队平时组织民间大车,往石门(今石家庄)运粮;战时担负军需物资和战利品的运输。同年年底,运输队撤到涞源县,与从张家口转移至涞源的裕民运输公司、边区公路管理局部分干部,以及通通运输公司大部分马车和人员,在河北唐县大洋店重新组建为"晋察冀边区运输大队"。大队下设7个分队,有人员200余名、大车200余辆、骡马400余头。1948年11月,晋察冀边区运输大队被并入北岳运输大队。

北岳运输大队。北岳运输大队成立于1948年7月,是以北岳行署财政厅运输队为基础,将各专署所辖运输队合并组成。大队下设8个中队。全大队共有铁轮、胶轮大车300多辆,驮骡500余头,主要担负武器、弹药、粮食、被服、煤炭、战利品及伤病员等运输和转移任务。运输队曾参加石家庄、北平、张家口、大同、集宁、绥远、包头等地的解放战役。1949年年初,运输大队进入张家口,部分人员随军去太原和大西北,部分南下移交部队,其余车辆人员与冀热察运输公司合并。1949年3月1日,该大队在张家口改建为国营察哈尔运输公司。

此外,在晋冀鲁豫和晋察冀解放区还建有裕民运输公司、衡水永祥货栈、临清广华运输公司、长治晋丰运输公司、济宁兴华运输公司等,均以经营马车运输为主。

2. 促进民间人畜力运输发展

1947 年土改后，一部分农民分得了车辆、牲畜，利用农闲季节做起了副业运输；城镇的一些专业运输户也日趋活跃。解放区各级政府指示，各地公营运输机构要担负起组织民间人畜力运输工具参加副业运输的责任。这不仅是为了解决运力不足，重要的是增加农民收入，保畜过冬，保护农村生产力。1948 年下半年至 1949 年上半年，冀中运输公司在各地建立了 15 个运输站点，统一组织货源，使民间人畜力运输有所发展。

案例 10-6

各运输站掌握大车总数经常保持在 4000 辆左右，联系货源单位 200 余家，月运量 1 万～1.2 万吨，平均运距 150 千米。每辆大车往返一次，可得运费小米 90 千克；遇有回程捎脚，每次可得小米 150 千克。比如，泊镇地处运粮河畔，是联系冀、鲁两省的通道，又是河北东部的水旱码头。这里有公私营货栈、商业粮库 30 余家，年转运量 2 万吨左右，其中以食盐为大宗。泊镇共有车马店、停车场 43 家，可容大车 169 辆。每天在这里装货外运的大车有 400 辆，最多时达 800 辆。这些车辆中的一部分是私营专业户的胶轮马车，另一部分则是农村个人经营的牛拉铁轮大车。他们来自附近各县，来时拉煤、铁器、山货、棉麻、火石，返程时拉盐和工业品。

运输站建立后，取代了各私营货栈和车马店对运输市场的垄断。当地政府规定：所有车辆一律要经运输站介绍到各货方装货；各公营单位用车，不得找私营车马店，必须由运输站调配车辆，计算运费；各车马店组织的大车，由车马店代向运输站揽货。在建站的一个月内，各车马店向运输站介绍马车 1007 辆，运输站只收取少量手续费，减少了中间盘剥，促进了民间人畜力运输的发展。

（三）壮大汽车运输队伍

解放区的汽车运输是从无到有、从小到大逐渐发展壮大的。抗战初期，只有少量的汽车；抗战胜利后，为了恢复和发展生产、支援解放战争，解放区的公营运输机构相继经营汽车运输。同时，解放军各部除大力加强兵站工作外，也着手筹建自己的汽车运输部队。

1. 公营运输公司开办汽车运输

1945 年 10 月，晋冀鲁豫边区的太行运输总公司分别接收了邯郸、邢台日伪汽车营业所，后由裕通（邯郸）、裕华（邢台）运输公司分别经营。裕通公司接收的车辆，经拼凑能行驶的仅5 辆。裕华公司接收了七八辆车，因车况差、技术力量薄弱而无法经营，于 1947 年将人员设备调给裕通公司。1949 年 4 月，裕通公司已有汽车 46 辆，连同 300 辆马车，在边区形成了一支运输力量。

案例 10-7

1946 年 5 月，冀南行政公署在威县成立了大通汽车运输公司。组建初期，有人员 20 人。公司的车辆是战争中缴获和日军遗弃的破旧汽车，厂牌复杂，配件奇缺，设备又极简陋，车辆完好率很低。后来，冀南军区汽车队并入，再加上 1949 年年初新购 2 辆大客车，至 4 月已拥有各种汽车 29 辆。从 1946 年至 1947 年年底,该公司先后开辟了南宫—冀县(今冀州)—衡水、南宫—大营—德州、南宫—巨鹿—邢台、南宫—威县—邢台、南宫—临清等客运班车路线。德州建站后,又辟德州—恩县(恩城)—夏津—临清班车路线。石家庄解放后,又辟南宫—宁晋—石家庄线,同时也承揽上述各线整车零担货运。

晋察冀边区的冀中运输公司,除经营马车、木船运输外,也经营汽车运输。公司经营的汽车班车路线有石家庄至沧州、泊镇线,任丘至河间线。平汉铁路通车前,还担负了北平—保定、保定—石家庄间的旅客运输。晋察冀边区的承德同兴运输公司,初建时有汽车 10 辆,参加承德—赤峰间长途运输,后陆续发展到汽车 50 多辆。1946 年 8 月改为部队建制。晋察冀边区政府交通局下的公路局,还有通远运输公司、市内公共汽车营业所和汽车修理厂等,共有客货汽车 50 余辆,除固定路线运输外,还担负边区政府紧急运输和支前运输任务。

在 1945 年后,东北解放区用从战争中缴获的和接收日伪的汽车发展了汽车运输事业。如大连市在抗战胜利当时有货车 248 辆,公共汽车能开动的仅 5 辆,至 1949 年各种机动车已发展到 1241 辆,其中公共汽车 45 辆,载重汽车 695 辆,客车 284 辆,特种车 208 辆,三轮机动车 3 辆,其他机动车 6 辆。大连市长途公共汽车的固定路线也由 1946 年的 1 条仅33 千米路线,到 1949 年恢复到 11 条路线,全长 290.7 千米。

苏皖边区政府成立后,为了使边区货畅其流,组织群众修路,并拨资金 200 万元,用以采购和修复各种车辆。政府还将一批缴获的车辆廉价卖给商民,在各行政区开办运输公司。1946 年 4 月,边区政府所在地清江市成立了永丰运输公司,有汽车 20 辆、马车 24 辆、汽艇11 艘、大拖船 4 艘。汽车每日开行 3 班,行驶淮阴—淮安线。此外,还在清江、益林间试办客运,方便了商旅。

2. 军区汽车队逐步成长壮大

在抗日战争胜利前夕,中国共产党领导的各军区遵照党中央指示,迅速挺进敌占地区,收缴日伪交通器材,用缴获的汽车筹划建立了自己的汽车运输部队,先后装备了一批军运汽车队。抗战胜利后,接受了联合国善后救济总署的汽车,以及在解放战争中缴获的汽车,使各军区汽车部队逐步壮大。如晋冀鲁豫军区汽车大队、晋察冀兵站部汽车大队、冀热察兵站部汽车大队、冀中军区汽车大队等,都是从初建时的几辆汽车发展到后来的几十辆,甚至百余辆汽车。

1945 年 6—7 月,冀鲁豫军区在河南省濮阳成立了冀鲁豫汽车队。初建时,只有汽车七八辆;同年 11 月,车队迁往山东曹州(菏泽),又先后缴获汽车 100 余辆。至此,冀鲁豫汽车队具备了一定的运输力量。1946 年年初,冀鲁豫汽车队从曹州东迁到济宁,移交给冀鲁豫行署管理,改名为兴华运输公司。公司的主要任务仍然是军事运输。1946 年 6 月,晋冀鲁豫军区从兴华运输公司抽调人员和车辆,在山东曹州组成晋冀鲁豫汽车大队,后来在解放战争中缴获新型汽车 70 余辆,按军队编制组成了 3 个中队。后来,部分人员和车辆调至别处执行任务,留下的车辆和人员被改编为两个中队,并于 1947 年 9 月转移河南武安县(现属河北)交地方代管。1947 年 10 月,汽车大队改称晋冀鲁豫汽车一大队。

1947 年 5—6 月,军区成立了晋冀鲁豫汽车二大队。二大队的汽车是联合国善后救济总署拨给的 40 余辆和从裕通运输公司抽调来的部分汽车,按军队编制组成两个中队。当时,晋冀鲁豫军区的两个汽车大队(计 4 个中队),共有汽车 200 多辆,干部和职工约 400 人。

1948年年初,晋冀鲁豫汽车大队移防邯郸,划归地方领导,隶属于晋冀鲁豫边区政府交通厅。3月,成立公路局汽车大队。同年秋,汽车大队抽调汽车124辆去石家庄,移交华北人民政府交通部,改为部属公路总局汽车队;其余车辆被部队接收或调往太原。

上述各军区汽车队是在战争中逐渐成长起来的。在极端困难的条件下,他们不仅为解放战争的胜利,也为解放区的经济恢复和发展做出了贡献。随着解放战争的发展,各军区的汽车队有一部分汽车和人员转归地方领导,成为发展地方汽车运输事业的重要力量。

3. 举办训练队,培训汽车运输技术人员

为了发展解放区的交通运输事业,各级政府机关非常重视交通运输人才的培养——除在实际工作中进行学习外,还举办了一些比较正规的学校和训练班(队)。

(1)晋察冀和晋冀鲁豫边区汽车训练队。1946年年底,晋察冀边区政府交通局下设交通工厂和汽车训练队。汽车训练队驻唐县贤表村,队长王化民,下设3个分队,学员百余人。训练队的主要课程有汽车构造原理、汽车驾驶和保修技术,学习时间为半年。这些学员毕业后,成为晋察冀边区第一批懂政治、能独立驾驶和修理汽车的技术骨干。1947年9月,晋冀鲁豫汽车大队在武安成立了汽车训练大队,学员130人,6个月毕业。这是冀南解放区培训的第一批汽车司机。

(2)华北交通部汽车训练队。1948年,华北人民政府交通部根据解放战争迅猛发展的形势需要,建立了部属汽车训练队,训练队设于石家庄北郊桃园村。当时抽调晋察冀交通局和晋冀鲁豫边区交通运输部门有培训汽车司机经验的干部、教师、技术人员,开展教学工作。学生由河北解放区部分县政府选送,要求学生身体健康并具有初中文化程度,经考试合格后入学。训练队下设4个分队,共有学员120余名,学习期限为半年。这是华北解放区第一所比较正规的汽车训练学校,于1948年7月正式开课,实施"团结、紧张、严肃、活泼"的抗大(中国人民抗日军政大学,简称"抗大")校风。课程设置除汽车构造原理、驾驶与修理技术外,还设有政治课,并结合教学进行战备教育。技术课贯彻"边学习、边操作、理论与实践相结合、以实践为主"的方针,并开展驾驶防空和战备演习等实习,以适应战争环境的需要。训练队的大部分干部也要参加课程的学习和技术训练。同年年底,训练班教学计划全面完成,这批学员和队长、指导员一起被分派去天津、北平军管会工作,汽车训练队即告解散。

(3)胶东军区汽车大队训练队。1946—1947年,胶东军区举办了两期汽车司机训练队,第一期是军区交通部汽车大队训练队,学员从中国人民抗日军政大学学生中抽调;第二期是军区后勤部兵站处汽车大队训练队,学员从地方初高中学生中招收。每期学员100人左右。这些学员经过约半年培训后,即投入解放战争,从事汽车运输工作。全国解放后,这些学员成为山东各地公路运输单位的骨干力量。

(四)解放战争中的支前运输

1947年,各解放区的范围日益扩大,相互之间连成一片。解放战争进入战略进攻阶段,在支前组织的统一安排下,解放区人民把大批粮食、被服和各种军用物资源源不断地运往前线;并抽出大量人力、畜力组成运输队、担架队,随军出征,担负战时勤务。民间人畜力运输队在各公营运输机构和军用汽车队的带动下,出色地完成了支前任务,涌现出许多支前模范和可歌可泣的英雄事迹,载入了人民革命斗争的史册。

1. 大战役中的支前运输

解放区人民的支前运输,贯穿于解放战争的始终。在辽沈、淮海、平津战役前,不少地区进行过多次著名战役。在这些战役中,军用汽车队、公营运输机构和大批民间运输队参加了支前运输。淮海战役中人民群众用小推车保障支前运输如图10-4所示。

图10-4   淮海战役中人民群众用小推车保障支前运输

案例 10-8

山东解放区人民省吃俭用,千方百计地保障部队用粮。仅滨海区妇女就在一个半月中磨粮近2万吨,运往前线1.5万余吨。全区有40万民工投入支前运输。在整个战役期间,山东解放区每天平均运出粮食1500吨。渤海3个分区组织大车3000余辆、小推车(见图10-5)5万余辆,用以转运军粮。在运送粮、弹的过程中,他们遇到风雪,就脱下棉衣或蓑衣盖在粮、弹上;遇到山高坡陡、道路泥泞的情况,不便推车,他们就卸下粮食,改用肩扛。在1948年12月22日至25日,莒南小车团冒雪运粮。全团——自政委到炊事员以及随队木工——都参加了运粮。在15千米的运粮线上,有时一天要往返5次。鲁中南一分区给前线运粮,途经5个县,共用了小车、大车、木船、汽车、挑子5种运输工具,历尽艰辛,征途千里。

图10-5   淮海战役中民工支前用的小推车

由于淮海战役规模大,兵力多,地区广,时间长,运输任务紧急繁重,还组织动员了各公营汽车运输公司和商车参加支前运输。

在这次战役中,晋冀鲁豫军区第一、二汽车大队和邯郸裕通公司的汽车奉令全力支前,200余辆汽车分别担负把弹药和军用物资运往黄河北岸或接运到南岸商丘前线的任务。当时恰逢大雪纷飞、天寒地冻,给行车造成了极大的困难。中共冀鲁豫军区党委紧急动员沿线数万民工,日夜不停地修路、扫雪、架桥,使通往前线的各条运输线路畅通无阻。

案例 10-9

在淮海战役中,数十万人民参加支前,涌现出许许多多的英雄人物和模范事迹。山东支前英雄唐和恩从淮海战役一开始,就推着小车离开家乡莱阳,投入支前工作。他给部队运送粮食、弹药,辗转行军 3 个多月,直到战役胜利才重返故乡。他每到一地,就在随身带的一根小竹竿上刻下地名,作为纪念。照着竹竿上的地名,他的足迹已踏遍山东、江苏、安徽 3 省的23 个城市和许多村镇。在淮海战役中,江苏滨海县六套区四分区乡支前运输中队的 85 名民工,从农历十月十五至十二月二十五,历时 70 天,共运军粮约 40 吨,保证了前线部队的需要,被评为"一等模范中队",中队长孙振民被评为"一等支前模范"。广大妇女也参加了支前工作,抬担架,运弹药,送军粮,还赶制了大量的军衣、军鞋。江苏赣榆县的妇女董力生推着独轮小车,给部队运送给养、弹药。白天有敌机轰炸封锁,她就夜里送去。她还经常深入前沿阵地,抢救伤员;遇到陡坡,她便跪着走。有一次,她抬着伤员爬山,小腿扭伤,疼痛钻心,但她咬着牙,坚持爬过山岭,将伤员送到后方。为此,她荣立"支前司令部特等功"。

辽沈、淮海、平津三大战役从 1948 年 9 月 12 日始,至 1949 年 1 月 31 日止,共进行了4 个月 19 天,歼敌 154 万余人,基本上消灭了国民党军队的主力。三大战役的胜利是和各解放区人民的无私支援分不开的。据不完全统计,在三大战役中,各地支前民工达 540 万人,担架 10 多万副,大车 38 万辆,牲口 100 多万头,粮食 475 万吨。

三大战役胜利结束后,解放区人民又开始了支援大军南下渡江的支前准备工作。

2. 渡江战役中的支前船工

渡江战役,从 1949 年 4 月开始是中国人民解放军通过兵民结合,以传统的木帆船为运载工具,突破国民党海、陆、空三军封锁,一举完成强渡长江的伟大壮举。在渡江战役中,长江航运工人焕发出空前高涨的革命热情,发挥出精湛娴熟的驾船技术。他们冒着枪林弹雨,巧妙地冲破敌人火网,支援百万大军渡江,为人民解放战争的胜利和长江航运事业的新生作出了巨大的牺牲和贡献。渡江战役的经典画面《我送亲人过大江》如图 10-6 所示。

图 10-6　渡江战役的经典画面《我送亲人过大江》

　　有两个实际问题摆在解放军渡江部队面前：一是指战员大多属北方籍，不习水性，领导干部也缺乏组织强渡江河的经验；二是长江轮船已被国民党军队撤走，木船也被敌军击沉殆尽，无现成的运输工具可用。为了解决这些问题，各部队全面而紧张地展开了强渡江河和水网地区的战术训练。在党和地方政府的大力支持下，渡江部队积极筹集和修理船只，并自制了部分机帆船，共筹集到各型木船9400余只；动员了万余民工随军参战，同时培训了数千名部队选调的水手，以确保满足渡江需要。同时，还动员和组织广大人民进行规模巨大的支前工作，仅筹集与运送到前线的粮食就达数亿千克，动员的临时民工达300余万人，做到了"要粮有粮，要人有人，要船有船"。

　　为了做好渡江船只的集中、编队、修补和训练船工的工作，野战军的各军抽调了大批干部，专门成立了船舶管理处。在安徽地段筹集的5000多条大小船只，按照吨位大小分为三个梯队：10~25吨为第一梯队，25~35吨为第二梯队，35吨以上为第三梯队。船舶管理处在江边挖了道道深沟，深度可放下桅杆，宽度可容纳船身，上面使用竹木支架，以芦席覆盖，表层铺土，再移植麦苗作为伪装。另有部分船只利用沿江的自然沟渠和芦苇滩作隐藏，使敌人难以发现目标。

　　解放军战士用各种方式爱护并尊敬船工，虚心地向他们学习，军民相助，鱼水情深。船工们也都尽自己的一切努力帮助解放军渡江，并为胜利渡江想出了各种办法。船工关树高、纪得胜研究出船舵改装，可以在激烈的战斗中驶进；船工胡协优、陈息山研究出使船体巩固的办法。船工们豪迈地说："叫开到哪里，我们就开到哪里。"渡江战役中的场景如图10-7所示。

图10-7　渡江战役中的场景

　　在解放战争中，长城内外，黄淮两岸，长江流域，支前大军千车竞发，万民出动。各供应点线和转运站场堆集了大批源源运来的支前物资。千里运输线上，车轮滚滚，牛马嘶鸣；运输大军延绵数十里，一望无际；军民团结战斗的宏伟场面和壮丽图景，亘古未有。人民支援了战争，战争保卫了人民。在中国人民解放战争夺取胜利的进程中，广大人民群众在支前运输中做出的巨大牺牲和立下的丰功伟绩将永载史册。

（五）两航起义的爱国壮举

　　"两航起义"是指中国航空公司（简称"中航"）和中央航空公司（简称"央航"）于1949年

10 月在香港宣布起义,并将全部资产运回内地。这两家航空公司当时的爱国壮举不仅震动了中国交通界,而且在国内外也产生了很大的影响。"两航"回归祖国,为中国航空事业的发展奠定了良好的基础。

抗日战争胜利后,"两航"的运输业务有了很大的发展。到 1948 年年底,"两航"共拥有C-46 型、C-47 型、DC-3 型、DC-4 型和 CV-240 型飞机近百架,空地勤人员 6780 人,成为国民政府掌控的重要空中交通工具。

1949 年春,三大战役胜利后,国共双方的军事政治实力发生了根本性变化。紧接着,人民解放军打过长江,解放了南京、上海;国民党政权依托西南,伺机反扑,做垂死挣扎。此时,曾经以上海为基地的两航公司于 1948 年年底起陆续迁离。中航总公司的一部分迁往台南,总经理率主要部门机航组等则迁到香港。央航发动机检修股迁往香港,总公司先迁往广州,至 1949 年 8 月又迁到香港。此时,"两航"的航线急剧萎缩,运输业务比 1948 年下降了 60%。

"两航"迁到香港后,与英国资本的航空运输企业之间的竞争与矛盾更加尖锐。1949 年 6 月 10 日,港英民航处通知中航公司,须于一个月内将中航飞机大修厂与发动机修理厂迁出启德机场。7 月 29 日和 8 月 11 日,港英当局又先后下令征用中航两处厂房,并限于 8 月 15 日移交港英当局。此时的"两航"——尤其是中航,已到了山穷水尽的境地。

1949 年 11 月 9 日晨 4 时半,中航陆维森、华祝,央航楼阅秉、徐文良等到机场担任现场指挥送飞机,并妥善地避开局外人,使机组和随行人员顺利办完起飞前的各种手续,登上飞机。6 时,12 架飞机陆续从香港启德机场起飞。中国航空公司 10 架,中央航空公司 2 架。刘敬宜、陈卓林、吕明、查夷平等人乘央航潘国定驾驶的 CV-240 型(空中行宫)XT-610 号飞机,于当日 12 时 15 分到达北京。到北京西郊机场欢迎的有空军司令刘亚楼、外交部副部长李克农、空军参谋长王秉璋、周总理办公室副主任罗青长等有关人员。其他 11 架飞机,由陈达礼领队,飞抵天津。同日,香港中国航空公司、中央航空公司 2000 多名员工通电起义。当晚,中央人民政府政务院总理周恩来在北京饭店宴请刘敬宜、陈卓林一行。1949 年 11 月 9 日抵达天津的"两航"起义北飞人员签名如图 10-8 所示。

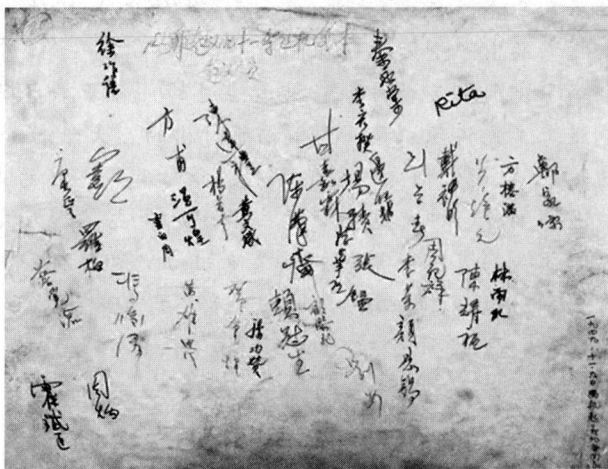

图 10-8　1949 年 11 月 9 日抵达天津的"两航"起义北飞人员签名

两航公司在起义北飞成功后,立即通电国内外各办事处、航站,电令保护好财产,号召尚待解放地区和海外员工策应来归。中航澳门电讯课、工厂、材料库员工积极响应,庄重签名加入起义行列。央航曼谷办事处员工致函，绝对拥护起义。中航、央航昆明办事处员工在中共地下党领导下，秘密响应起义，进行护产斗争，迎接解放。台湾、海口的部分两航员工闻讯后，冲破国民党的阻挠，赶赴香港报到加入起义行列。中航曼谷、仰光、海防、加尔各答、旧金山等办事处和航站员工，纷纷响应起义，相继策应归附人民祖国。

起义后，中央人民政府民航局即着手"两航"留港、澳人员复员事宜。从 1950 年 1 月 16 日起，央航复员广州，中航复员天津、上海。

两航起义北飞的 12 架飞机和后来由"两航"机务人员修复的国民党遗留在大陆的 16 架（C-46 型 14 架、C-47 型 2 架）飞机，构成了新中国民航初期的机群主体。飞机内运回的器材设备，成为新中国民航初期维修飞机所需的主要航空器材来源，并组建了太原飞机修理厂、天津电讯修理厂，而后成为发展我国航空工业和电讯研制工业的技术物质基础。

两航起义人员在发展运输生产、保证飞行安全、改善基础设施、加快人才培养、发展科学技术和增进国际交流合作等方面，做出了不可磨灭的贡献。他们遍布全国各个岗位，在国防、航空、航天、电子、机械工业、科研、文教等部门为社会主义现代化建设和祖国统一大业都做出了积极的奉献。这也充分体现了周恩来总理当年关于"争取人是最主要的"指示的重大和深远意义。

两航起义是一次爱国行动，是中国共产党直接领导下的一次爱国壮举，是震惊中外的一件大事。毛泽东主席称其为"一个有重大意义的爱国举动"。周恩来总理称它是"具有无限前途的中国人民民航事业的起点"。两航起义是中国民航交通史上的一个转折点，将永载入史册。

专题小结

中国共产党领导下的交通运输是历经了从无到有、从小到大、从弱到强的过程，在极为艰难困苦的条件下逐步发展起来，是中国革命的重要历史见证。这些交通线不仅为党中央与苏区之间传递了重要文件，还运送了苏区急需的物资和经费。更重要的是，它们完成了党的中央机关由上海到中央苏区的重大转移，护送了众多党中央领导和党、政、军负责同志到达中央苏区。在白色恐怖下，这些红色交通线的建立，为打破敌人的封锁、输送领导干部和运送革命物资做出了重大贡献。

红色交通线也弘扬了爱国主义精神。它沿途经过的许多革命圣地和遗址，让人们能够深刻感受到革命先烈为了民族独立和人民幸福所付出的巨大牺牲和艰辛努力。这不仅激发了人们对祖国的热爱，也使他们更加敬仰那些为革命英勇奋斗的先烈们。

红色交通线还传承了革命精神。这些交通线沿途的历史遗址和纪念馆等，都是革命精神的重要载体。它们让人们有机会深入了解革命的历史和精神，从而激发人们热爱祖国、勇往直前的精神。总的来说，近代红色交通的发展不仅是中国交通发展史中的重要组成部分，也是激发爱国情感和传承革命精神的重要载体。

拓展阅读：近百年前的红色"快递"，承担绝密使命

中央红色交通线的绝密使命

学习思考

（1）列举红色交通创建的路线及任务。

（2）如何看待红色交通背后的爱国壮举？

中国现代交通

交通是一个国家现代化的标志之一。当下,放眼全国,一个干支衔接、四通八达的公路网已经形成。回望三四十年代,听闻高寿长者言说小时候赤脚走过泥巴路,甚至柏油路都很少看见。事实上,在当时的中国大地上,没有高速公路,铁路线路也极少,火车速度迟缓,民营航空公司更屈指可数,人们的生活有很大的不便。因此,百姓很少外出,外出之后也难得归家,这对各地之间的交流与联系非常不利。交通运输的严重落后成为经济发展的阻碍。

在没有路的地方,探出一条新路;在历史的考卷上,写下奋进的答案。伴随着开国大典的隆隆礼炮,新中国开始了大规模的交通建设。1949年11月,民航局成立,揭开了中国民航事业发展的新篇章。当时,中国民航拥有7条国内航线。1950年6月15日,新中国自行修建的第一条铁路挖下第一锹土。公路、水路、港口的建设工程也在各地全面铺开。新中国成立之初,11万筑路大军在平均海拔4000米的世界屋脊,跨怒江天险,攀横断山脉,渡通天激流,越巍峨昆仑,五易寒暑,修筑了青藏、川藏公路,创造了世界公路史上的奇迹。到1978年,我国铁路营业里程达到4.86万千米,比解放初期增长了两倍多;公路通车里程达到89万千米,搭起了铁路、公路、水路、航空行业的骨架,实现了从无到有的跨越。

七十余载沧桑巨变,弹指一挥间。在党的领导下,伴随着新中国的成长,我国的交通建设取得了举世瞩目的成就。一条条公路、铁路,一座座桥梁,一条条隧道,一个个机场、码头……它们见证着神州大地上的历史变迁,诠释着中国交通的发展历程。

模块三 中国现代交通

专题 11　新中国的公路建设与发展
- 新中国成立之初公路的状况
- 新中国成立后公路的抢修和恢复
- 新中国成立后重要公路的建设
- 中国公路技术和运输装备的发展
- 华侨对公路建设的贡献

专题 12　新中国的铁路建设与发展
- 新中国成立初期我国铁路的状况
- 新中国成立初期铁路的抢修和恢复
- 中国铁路网络骨架的基本形成
- 我国铁路技术和运输装备的发展
- 抗美援朝中的铁路运输保障

专题 13　新中国的水路建设与发展
- 新中国成立初期水路的状况与发展
- 新中国成立后航道的治理
- 新中国成立后水路的建设
- 中国水路运输装备的发展

专题 14　新中国的航空运输建设与发展
- 新中国成立初期航空运输的现状
- 新中国成立后我国航空运输的发展
- 中国航空运输装备的研制发展

专题 15　新中国的交通运输相关法律法规的建立
- 新中国成立前的车辆与驾驶人管理
- 新中国成立后我国交通运输相关法律法规的建立与发展

新中国的公路建设与发展

学习导入：
两路精神
熠熠生辉

学习目标

(1) 了解新中国成立后的公路概况。

(2) 明确新中国成立后的公路技术和运输装备状况。

(3) 了解新中国成立后公路的抢修、恢复以及重要公路的建设。

(4) 了解中国公路技术和运输装备的发展。

(5) 了解华侨对公路建设的贡献。

(6) 能够在学习中养成刻苦钻研、精益求精、勇于创新的工匠精神。

　　交通是一个国家现代化的标志之一。新中国成立时，交通运输业可谓一穷二白，比西方发达国家落后了近一个世纪。那时，全国公路通车里程仅为 80700 千米，有路面里程只有 30000 千米。新中国成立后，开始了大规模的公路交通建设。到 1978 年，我国公路通车里程达到 890000 千米。改革开放后，为了实现大国腾飞的梦想，奋进的号角再度吹响，"要想富，先修路"的口号在 20 世纪 80 年代初响彻大江南北。自此，我国交通开始实现从"有路可走"走向"走得顺畅"的再次跨越。

一、新中国成立之初公路的状况

　　新中国成立之初，摆在国人眼前的交通是一个千疮百孔、基本处于半瘫痪状态的烂摊子。受前期战事影响，全国公路网破坏严重，肩扛、担挑、人畜力车拉运等运输方式依然占据主导地位，道路的全面改进、重铺、修复迫在眉睫。当时，全国公路通车里程仅 75000 千米。至 20 世纪五六十年代，我国遭遇霸权主义大国的封锁和威胁，国家从加强战备需要出发，进行了大规模的交通建设。而且，恢复国民经济以及面对即将到来的经济建设，也都离不开交通的恢复和重点工程的启动，公路建设是重中之重。

新中国成立后公路

(一)新中国成立后公路概况

新中国成立之初,交通设施破坏严重,全国性的交通系统尚未形成,修复和改善交通成为国民经济恢复时期首先需要着手解决的问题。1949年11月,交通部部长主持召开了第一届全国航务公路工作会议,讨论了新中国成立初期的交通工作任务。1950年3月,政务院作出《关于1950年公路工作的决定》(以下简称《决定》)。《决定》指出,公路工作的方针是继续支援解放战争,恢复生产,要求各地组织力量,修复原有公路,提高运输能力。《决定》对公路交通管理体制、民工建勤、用路者养路等问题都作了规定,为新中国的公路交通工作指明了方向。1953年我国进入大规模的经济建设阶段,"一五"计划成为国民经济建设的指导方针,交通在"一五"计划中也占有一定的分量。由于"一五"计划是在苏联提供大规模援助的基础上进行设计的,其对交通发展战略的重视,在一定程度上反映了苏联工业化的经验和成功实践。苏联地大物博,开展现代化经济建设,交通工作的重要性不容忽视。苏联的经验是把优先发展重工业作为重中之重,交通产业则是其重要的配套产业。1954年9月,在一届人大一次会议中第一次提出了要"建设起强大的现代化工业、现代化农业、现代化的交通运输业和现代化的国防"的宏伟目标。交通运输是建设中的先行部分,不发展交通运输业,工业也就无法有大的发展。因此,要集中主要力量发展工业,建立国家工业化和国防现代化的基础,相应地发展交通运输业、轻工业、农业和商业。

交通运输的蓬勃发展是西藏经济提升的前提、社会和谐稳定的保障、国防安全的基础、民族团结的桥梁。60多年来,在改造、整治和养护"两路"的过程中,一代代交通人继承传统、以路为家,不断丰富和发展了"两路"精神,也推动西藏交通运输事业发生了翻天覆地的变化。

"十三五"时期,拉萨至林芝、泽当至贡嘎机场、日喀则机场至日喀则市等高等级公路相继通车运行,西藏自治区公路总里程增至11.88万千米。随着"四好农村路"建设深入推进,西藏乡镇、建制村通畅率大幅提升,并且实现了所有县(区)和具备条件的乡镇、建制村通客车的目标。一张巨大的公路网,将雪域高原上星星点点的村庄、牧场、雪山、湖泊紧紧相连,被人们亲切地称为"天路"。一条条"天路",为西藏经济发展打通了瓶颈。2013年10月,波密至墨脱的公路全线通车。从此,全国唯一不通公路的墨脱县也通了公路,步入发展快车道。"十三五"时期,墨脱县旅游业各项发展指标大幅上升,年游客量最高时达22.75万人次。2021年5月,第二条通往墨脱的交通要道——派墨公路全线贯通,墨脱旅游产业有望再上新台阶。一条条"天路",带动各族群众脱贫致富奔小康。距拉萨市区40千米的堆龙德庆区南巴村掩映在绿水青山中。以前,出村的土路晴天扬尘、雨天泥泞,糌粑、酥油等特产只能用马车、拖拉机运出村售卖。自打村里通了水泥路,特产外销顺畅多了。许多人家还买了车,看病就医、外出办事十分方便。

一条条"天路"凝聚着交通人筑路养路的艰辛付出。"两路"通车60多年来,以驻守在海拔5230米的"天下第一道班"109道班、全国劳模玛尔灯等为代表的一代代养路工人坚守在青藏高原,承受着恶劣气候、高寒缺氧的严峻考验,以养路为业、以道班为家,为西藏公路的保通保畅做出了巨大贡献。"十三五"时期,西藏公路养护工程累计完成投资98.54亿元,较"十二五"时期增长262.1%。

今日之中国,公路成网,铁路密布,高铁飞驰,巨轮远航,飞机翱翔,邮路畅通,高速铁路、高速公路、城市轨道交通、港口万吨级泊位等规模均跃居世界第一,交通运输实现了从小到大、从大向强的历史性转变，实现了从"整体滞后""瓶颈制约"到"初步缓解"再到"基本适应"的历史性跨越。在全面建设社会主义现代化国家的新征程上，历久弥新的"两路"精神将激励全体交通人艰苦奋斗、开拓进取，迈出加快建设交通强国的铿锵步伐。

（二）新中国成立后公路技术和运输装备状况

公路运输具有机动灵活、能实现门到门运输的优势，是在空间和时间利用上自由度最大的一种运输方式。新中国成立以来，我国公路通车里程增长很快，从 1949 年的 81000 千米到 1993 年已增加到 1080000 千米，并在 1988 年建成了我国第一条高速公路——沪嘉高速公路。虽然我国公路运输有了飞速发展，但是，无论与世界上发达国家相比，还是从满足我国经济发展需求的角度出发，都处于初级发展阶段。这主要表现在以下三个方面。

（1）我国公路基础设施的双重作用还远未实现。发达国家的公路网兼有毛细血管和大动脉的作用。我国的公路网数量少、技术等级低、交通混合、通行能力低，人均公路网密度低。另外，我国公路上汽车、拖拉机、兽力车、自行车等混合行驶，互相干扰，不仅影响到行驶速度，而且导致车祸屡有发生。

新中国成立后公路技术和运输装备状况

（2）我国的公路货运优势领域发展迟缓，零担集装箱、快件、鲜活及危险品等货物运输所占比重甚微。在发达国家里，公路运输不仅是短途运输的主力，而且还是客运和高价值、高时效货物的中长途运输的主力或重要力量。

（3）我国公路运输结构中客货车的比重低，这进一步反映了我国经济社会的发展还处于初级阶段。

二、新中国成立后公路的抢修和恢复

交通业的统筹发展初步形成了合理的产业布局，使得东部、中部、西部三大区域具有一定的产业基础，而各种交通方式的完善对其起到了有效的串联作用。当然，这些政策的设计也体现了利于国防的初衷。新中国成立后，修复了包括西安经兰州到塔城等 6 条主要干线公路外，还修建了以福州为中心的 12 条华东支前公路和康藏公路，在西南修建了成都至阿坝、黑河至阿里等线路，在中南地区建成了海口至榆林等 10 条干线公路，在东北修建了沈丹线、盖平至新河等公路。到 1952 年年底，公路通车里程达 12.6 万千米。恢复、整顿、修建交通基础设施，逐步完成对私营运输业的改造，实现国有化，这些举措为交通现代化的发展打下了良好的基础。

新中国成立初期铁路的抢修和恢复

案例 11-1

60 多年前，雪域高原，晴空万里。拉萨河畔，高大的川藏青藏公路纪念碑巍然耸立，碑上写道："十一万藏汉军民筑路员工，含辛茹苦，餐风卧雪，齐心协力，征服重重天险，挖填土石三千多万立方，造桥四百余座。五易寒暑，艰苦卓绝，三千志士英勇捐躯，一代业绩永垂青史。"令人心潮澎湃的碑文，将人们的思绪拉回 60 多年前那场气壮山河的"大会战"。西藏和平解放后，在"一面进军、一面修路"的号召下，由人民解放军官兵，四川、青海等地的各族群众及工程技术人员组成了一支 11 万人的筑路大军，于 1954 年建成了总长 4360 千米的川藏公路（原称"康藏公路"）、青藏公路，结束了西藏没有公路的历史。

60年来,在建设和养护公路的过程中,筑路人形成和发扬了一不怕苦、二不怕死,顽强拼搏、甘当路石,军民一家、民族团结的"两路"精神。新中国成立之初,为维护多民族国家的团结统一,改变西藏地区贫穷落后的面貌,促进地区的繁荣发展,我国决定在青藏高原修筑康藏公路和青藏公路。修筑"两路"的意义重大,难度也举世罕见。由原西康省省会雅安至西藏拉萨的康藏公路,要翻越二郎山、雀儿山等14座大山,横跨大渡河、金沙江、怒江等10多条大河激流,横穿龙门山、通麦等8条大断裂带。由青海西宁至西藏拉萨的青藏公路,平均海拔在4000米以上,最高处达5231米,施工时最低气温达—40℃,空气中含氧量不到内地的一半。在极端艰苦的条件下,筑路大军拿着简易工具,以血肉之躯战天斗地,书写下一段段感人肺腑的英雄故事。1950年8月,抢修康藏公路道孚县一座桥梁时,战士们不顾个人安危,英勇地扑进河中,站在漂流的木料上用长钩、撬棍拆散木垛。不料,木垛突然散开,横冲直撞,11名战士被撞落水、英勇牺牲。后来,这座桥被命名为"忠烈桥",桥头建起纪念碑亭,永久镌刻英雄事迹。

(一)国际联运相互协作促发展

"一五"时期,为了开展国际联运工作,我国同相关社会主义国家先后签订了一系列协定,并参加了相关国际交流。1954年1月1日,中国同苏联、朝鲜、蒙古国、德国、波兰、捷克斯洛伐克、罗马尼亚、匈牙利、保加利亚、阿尔巴尼亚10国开办国际联运业务。

(二)充分利用和发挥现有一切运输工具与设备的潜在能力

1953年11月,中共中央在批转交通部的文件时指出,在第一个五年计划建设时期内,国家需要集中主要力量发展重工业,对交通部门运输企业的基本建设投资不可能太多。因此,在一定时期内,交通部门应充分利用和发挥现有一切运输工具与设备的潜在能力,加强经营管理,努力增加运输数量,提高运输质量,降低运输成本,加速船舶、车辆周转,为国家提供量大、质好、价廉、迅速、安全的运输力。在中央统一计划的指导下,有效利用民间运输工具(大车、木船、牲畜等)成为发展交通业的又一个政策选项。1957年,主管交通工作的负责人提出,国营现代化的运输工具和畜力车、木帆船的运输应统筹兼顾、合理安排,干线干流和支线支流的建设应统筹规划、互相结合,充分利用旧式运输工具。当时,全国有各种木帆船292万吨,畜力车14多万辆,人力车30多万辆,农村畜力车约500万辆。这些运输工具能深入支流小河、山区小道,为广大农村人民的生产和生活提供交通服务。

三、新中国成立后重要公路的建设

为了实现交通战略的发展目标,中共中央进行了一系列的部署,并取得了显著的成效。首先,在中央层面成立两级重要机构,地方上按照行政区划分成立相应部门管理交通,加强交通运输的计划管理。交通运输部设公路总局,公路总局下设大行政区公路局及运输公司,交通部公路总局与大区人民政府交通部对区公路局是双重领导关系。各省设公路局,兼有公路及内河航运者,设交通厅,掌管公路建设及汽车运输事宜。除由各省政府领导外,还接受各大行政区公路局领导。华北五省由中央交通部公路总局直接领导。1950年,交通运输部在各大行政区交通部、各省(区)交通厅(局)成立企业经营的联运公司,并领导与改进私营转运公司；交通部还成立运输管理局，执行对联运业务、群众运输、汽车运输的计划与领导。全国性的联运网络自此形成，并逐渐走向计划管理。公路建设主要打通几个重要交通线，建成了康藏公路、青藏公路、新藏公路，翻越横断山脉的东俄洛巴塘公路，以及滇西南公路、海南公路、柴达木沙漠公路等。在广大农村和中小城市之间，还修筑了大量不同等级的公路。

以川藏公路为例，川藏公路原名康藏公路，东起雅安，西至拉萨。1955 年 10 月，因西康省建制撤销，交通部决定将川康、康藏公路合并，改用川藏公路之名，以成都为起点。康藏线是内地入藏的交通干线，历史上为入藏官道，供人员和物资往来通过。清末时开始筹议改建公路，北洋政府时期进行了初步测量。刘文辉主政西康时，修建了雅州至康定的公路，时称"新路"，但是"春雨一发，土随水去，路面复坏，积年愈甚。"民国政府为改善道路通行状况，拨专款拓宽和加固雅康公路，"然以工程艰巨，劳力缺乏，虽合中央地方全力为之，亦至民三十一年方得粗竣通行车辆，计完成雅康段全长二百一十八公里半。"内地与西藏之间的交通运输仍然只能主要依靠传统的人背畜驮方式。1950 年年初，中国人民解放军进军西藏。为了保障进藏部队的补给，中共西南局、西南军区于 2 月 9 日指示十八军必须"克服一切困难，不惜任何代价修路"。中央领导为此特地指示："为了帮助各兄弟民族，不怕困难，努力筑路。"西南军政委员会交通部随即开始了康藏公路的勘测与施工。康藏公路修建司令部是指挥公路建设的领导机构，由负责进藏部队补给工作的十八军后方部队司令部与西南公路工程局共同组建。后方部队司令部司令员陈明义兼任康藏公路修建司令部司令员，西南军政委员会交通部长穰明德兼政委。康藏公路的修建过程可大致划分为四个阶段：第一阶段为雅安至马尼干戈段改建阶段，此段以民国时期已有的路基为基础进行升级改造；第二阶段为马尼干戈至昌都段新建阶段；第三阶段为昌都至然拉根段及拉萨至敏拉段新建阶段，大量的藏工和藏族运输队参与了这一阶段的筑路工程建设；第四阶段为然拉根至敏拉段新建阶段。康藏公路的走向，在顾及地质条件、施工难度等技术性问题的同时，更多考量国家战略的需要和途经地方的各种社会因素。以昌都以西的选线方案为例，工程技术人员根据踏勘测量结果提出了南北两条线路。南线方案的施工难度大，但所经的工布地区人口相对稠密，在西南边防上更有战略价值。1953 年元旦，《关于康藏公路定线的报告》提出"公路走南线"方针，即公路从昌都取道邦达、波密、太昭等地抵达拉萨，同时还提出了 1954 年全线通车的要求。确定南线方案后，康藏公路昌都以西的工程被分为西线东段和西线西段两部分，分别从拉萨和昌都两地相向施工，向太昭（即现在的工布江达县）巴河方向推进。工布地区成为筑路工程的核心地带，公路全线在这里实现最后桥接。为了实现 1954 年通车的目标，不仅需要筑路部队艰苦奋战，而且需要动员刚刚获得和平解放的藏族各界人士参与支援。由大量藏工和藏族民众组成的运输队，与筑路部队一起投入了工程建设。在西线工程正式开工前，1800 名藏族民工已经协助施工部队完成了拉萨至太昭间部分路基工程。1953 年 2 月 17 日，西线东段昌都至太昭巴河方向建设工程正式开工，由第二施工局具体实施；西线西段随即于 4 月 20 日动工，由中国人民解放西藏军区和西藏地方政府联合成立筑路委员会负责领导，第一施工局负责具体实施。在西线的修建过程中，先后有 16000 名藏工参与了筑路工程。在康藏公路的施工过程中，共作土、石方工程 2900 多万立方米，架设桥梁总长 6000 多米，修筑涵洞 3700 多道，越过了 14 座海拔 3000 到 5000 米以上的大山，跨过了大渡河、雅砻江、金沙江、澜沧江、怒江和拉萨河等 10 多条有名的河流。1954 年 11 月 27 日，西线东西两段筑路大军于巴河桥会师,康藏公路全线贯通,创造了世界公路修筑史上的奇迹。随着康藏公路的分段通车,内地的工业产品和群众所需的各种生活必需品源源不断地运到西藏,为发展生产、改善人民生活创造了有利条件。

修川藏公路实景如图 11-1 所示,修筑后美丽的川藏公路如图 11-2 所示。

图 11-1   修川藏公路实景

图 11-2   美丽的川藏公路

案例 11-2

1951 年 12 月,海拔 5000 多米的雀儿山已是天寒地冻、白雪皑皑。曾屡建战功的战士张福林,又和战友们一道投身筑路工程。一天中午,张福林去检查炮坑时,突被一块巨石击中,献出了宝贵生命。解放军某部追认他为"模范共产党员",命名他生前所在的班为"张福林班"。此后,"张福林班"的战士们以顽强的斗志与兄弟部队一道把康藏公路修到了拉萨。1954 年 12 月 25 日,康藏、青藏公路全线通车。解放军某师的筑路英雄发出感慨:"公路每前进一步,都印着我们的汗水和血迹! 每前进一程,都是我们的光荣和幸福! 没有足够的奉献牺牲精神,就没有'两路'的贯通。"

修筑"两路",不仅在"世界屋脊"上创造了公路建设的伟大奇迹,也铸就了一座彪炳史册的丰碑——"两路"精神。交通运输部有关负责人表示,修筑"两路"是我国乃至世界公路修筑史上罕见的壮举,开启了西藏交通发展新纪元,成为西藏走向进步和发展的重要里程碑,对维护国家统一、巩固国防、促进民族团结发挥了极为重要的作用。

案例 11-3

2021 年 8 月 21 日,全长 295 千米的 G6 京藏高速公路那曲至拉萨段(那拉高速)全线通车,使拉萨市与那曲县之间的车程由 6 小时缩短至 3 小时,也使西藏高等级公路通车总里程增至 1105 千米。在平均海拔 4500 米的高原施工,条件非常艰苦。各民族同事为把工程建成精品工程,同舟共济、互帮互助。在那拉高速某项目部工作 3 年来,25 岁的藏族大学生嘎玛洛卓在汉族、满族师傅帮助下,顺利完成了桩基灌注等工作,成长为一名能够独当一面的技术主管。他说:"民族团结,就像雪域高原上的茶与盐巴。"

四、中国公路技术和运输装备的发展

随着社会主义现代化建设的推进,我国的公路建设领域迎来了大好发展前景。同时,科技的不断发展和创新,也为我国的公路建设带来了一些新的技术和材料。新技术和新材料的出现,彻底改变了我国传统的施工技术,大大提升了我国的公路建设效率和质量,增加了公路的使用年限,还能够为工程施工单位节约大量的人力、物力和资源。

(一)柏油沥青路大放异彩

随着中国自产路用沥青材料工业的发展,沥青路面已广泛应用于城市道路和公路干线,成为目前中国铺筑面积最多的一种高级路面。沥青路面是将沥青混凝土加以摊铺、碾压成型而形成的各种类型的路面。沥青混凝土是用具有一定黏度和适当用量的沥青材料与一定级配的矿物集料,经过充分拌合形成的混合物。沥青混凝土作为沥青路面材料,在使用过程中要承受行驶车辆荷载的反复作用,以及环境因素的长期影响。所以,沥青混凝土在具备一定的承受能力的同时,还必须具备良好的抵抗自然因素作用的耐久性。其中,泡沫沥青冷再生技术的原理就是:在热沥青中加入一定量的常温水,等到热沥青膨胀后,会生成很多沥青的泡沫,这些沥青泡沫最后会破裂。当泡沫沥青接触到集料时,就会转化成无数的小颗粒,这些小颗粒会均匀地散布在集料表面,进而形成很多粘有沥青小颗粒的细料填缝料。在充分搅拌后,这些细料就能够良好地填补粗料之间的空隙,大大提高混合料的化学特性。这种方式生成的混合料具有很广的应用范围和优点,具体表现为:能够使公路基层以及基层下面的材料厚度再次增加,而且还省略了对集料的加热和烘干过程。这就极大地节约了资源和成本,可以说非常符合绿色环保的概念,同时在旧公路材料的循环再利用方面也有着不错的应用。

(二)运输业的发展

公路作为最基础、最广泛的交通基础设施,是衔接其他各种运输方式和发挥综合交通网络整体效率的主要支撑,在综合交通运输体系中具有不可替代的作用。新中国成立之初,我国的交通运输条件十分落后,民用汽车 5.1 万辆,可通车公路仅 8.08 万千米。虽然那时已有汽车,但汽车总数少,公路基础建设落后,人背畜驮曾在很长一段时间里被作为主要的交通运输方式,普通民众很少有机会可以离开住处去到外面的世界。改革开放初期,很多地方的公路运输仍然不畅,严重影响了物资运输。“晴天一身灰,雨天一身泥”是那时居民出行的真实写照。

汽车运输兴起后,加速了物资交流,促进了生产发展,工商业各个环节的运转大大加快。形势进一步要求汽车运输从城市向外辐射和延伸,借以沟通城际和城乡之间的工农业产品交流和人民交通往来。中国汽车运输的发展是“商营在前,官办在后”,官办运输大多是在商营的基础上发展起来的。

案例 11-4

1956 年 7 月 13 日是一个不同寻常的日子。因为在这一天,第一辆解放卡车诞生(见图 11-3),我国不能制造汽车的历史被画上了句号。也正是从这一天起,解放卡车开始驰骋神州,肩负起新中国建设的大任。1958年年初，国产东风牌轿车开始进入零部件试制阶段。据记载，为了按时完成这次任务，几乎所有的一汽人都参与进来，迸发出了前所未有的力量，涌现出了很多战天斗地的感人事迹。60多年来，解放卡车从老10到141、从长头到平头、从汽油到柴油、从中型到重型，历经七代车型更迭，为国人打造出一辆又一辆的经典卡车。

图 11-3　第一辆解放卡车

五、华侨对公路建设的贡献

在祖国为争取民族独立斗争中，很多爱国华侨从政治、经济、科技、文化等各个方面给予了很大的支持和支援，做出了极大的贡献。在经济建设中，交通运输事业是华侨投资的重要方面，这在以侨乡著称的福建、广东两省较为普遍。

福建省的公路运输事业，始于1919年闽南华侨创办的始兴汽车公司（修筑漳州至石码的汽车道，于1920年通车）和泉安汽车公司（修筑泉州至安海的汽车道，于1921年通车）。从那时起，华侨对公路运输事业的投资，从公路建设到开办企业都占有很大的比重。至1931年前后，在闽南的泉州、晋江、南安、惠安、同安、安溪、永春、厦门、漳州、龙溪、海澄等地，由华侨投资兴办的公路运输事业如雨后春笋。据1930年闽南汽车公司联合会的报告记载，泉、漳两属地区已有23个公司，私人投资共计300万元（银圆），经营路线共计845.5千米，再加上历年来的设备投资，总额达400万元。泉州汽车路的资本，华侨拥有七成；漳州汽车路的资本，华侨拥有一半。可见，福建的公路运输事业是从闽南先发展起来的；而闽南的公路运输事业，是以华侨投资为基础的。

在发展福建公路运输事业当中，旅日华侨陈清机和南洋爱国侨领陈嘉庚起着积极的倡导作用。1913年，陈清机抱着振兴乡土、发展交通的愿望回到泉州，发起并筹办闽南摩托车路股份有限公司，后因受到地方封建势力的阻挠而使计划落空。1919年，陈清机回国，就任晋江路政局长，再次发起筹组泉安民办汽车路股份有限公司，极力排除地方封建势力的干扰，加紧兴工筑路。1920年4月，他亲赴菲律宾等地劝募股金，征得2000户华侨的支持，资助了巨款，加速了筑路工程的进展。他采取"完工一段、通车一段"的办法，不断扩大公路运输的影响。至1922年夏，泉安路全线通车。

爱国侨领陈嘉庚，在1921年创办集美学校。同安至集美是福、厦陆上交通干线南段的

华侨对公路
建设的贡献

组成部分,应该加以沟通。于是,他发起创办同美汽车路公司,兴筑由同安大西桥至集美龙王宫长达 20 千米的汽车路。公司总资本为 25 万银圆,陈嘉庚本人认股 1/4,并将股金作为集美学校的财产,以股息、盈利的 20% 作为学校的经费,起到了发展交通和资助教育的双重作用。

广东省的侨办运输,始于新会县华侨黄伟如等人。1919 年,黄伟如等倡议兴筑江门至杜阮的公路。1923 年,全线路程由联益汽车公司承包营业。转年,台山县侨商李金照投资修筑公路,承办台山全县行车公司,经营台山县城至园山的运输。1925 年,澳洲回国华侨郑泗泉,创办东镇民办车路公司,投资 15 万元,筑路和经营中山东镇的公路运输,置备汽车 6 辆,于 12 月通车。

后来,侨办公路运输的规模越来越大。1927 年,由中山县(今中山市)归侨黄昌垣发起组织士绅及港澳同胞集资百余万元,修筑了广东省当时规模最大的民办公路——岐关公路,创办岐关车路有限公司,由关闸起筑,东西两线共长 95.45 千米,采取“边修路、边行车”的办法。到 1933 年,该公司已拥有大小客运汽车 97 辆;1936 年,公路全线竣工,在东西两线共设 38 个客运站,还开办了石岐至澳门的直达班车。

华侨经营公路运输事业的范围极为广泛,不仅经营公路长途运输,也经营城市交通。1921 年,南洋华侨集资 5 万元,在广州创设加拿大汽车公司,首办市区公共交通,行驶城隍庙至西濠口以及广九车站至普济桥等路线。1932 年,侨商又在广州投资设立通行汽车公司,有车两组(每组 5 辆),在市区行驶。1928 年,华侨雷兆鹏、黄中文等集资 10 万元,在上海创立华商公共汽车股份有限公司。公司拥有汽车 45 辆,在市区开辟 6 条路线;并与市公用局订立合同,取得在全市区内经营公共汽车的优先权,期限 12 年。这个合同打破了外商垄断上海公共交通的局面。民国 20 年,华侨集资 10 万元,组设兴华汽车公司,经营南京市区的公共交通。兴华公司初有汽车 10 辆,后来发展到 20 余辆。

此外,华侨还兴办国际公路运输。据史料记载,早在 1913 年就有华侨在广西龙州至越南谅山的公路上经营汽车运输业务。当时,越南高平华侨富商陈监波、陈监培兄弟,在谅山开设成和隆商号,并在龙州南岸设立德利汽车公司,经营谅山与龙州之间的汽车运输,便利了边民的交往。谅山华侨帮长(侨领)魏炳木认为这条公路的汽车运输大有发展前途,也在龙州南岸设立了华利汽车公司经营客货运输业务。华利公司还参加了当时修建龙州铁路的木材运输,并于 1927 年前后正式行驶客运班车。

中国南方各省在公路运输出现之前,除水运外,主要是依赖肩挑人背和步行坐轿。闽南曾流传着这样一首歌谣:“山岭高,山岭长,爬山越岭喊爹娘,件件东西用肩挑,半世功夫路上跑。”可见当时闽南交通运输的艰难。自从华侨投资兴办各运输公司以后,有些地区的交通运输状况得到了改善。如闽南一带的华侨取道厦门出国或回国,过去步行或坐轿需 3～5 天,沿途还很不安全。自从公路通车后,当天就可以从家乡到达厦门。

闽南盛产粮食、水果、糖、茶叶、甘蔗等,这些产品都必须及时运销外地,否则经济收益就会落空。据记载,当时仅同安一县每年外运的龙眼干就达 6 万担,龙眼肉 600 担,此外还有大量的甘蔗。公路运输的兴起,促进了城乡物资交流。这些产品除水运外,大都是通过同美汽车路公司运往厦门,再转运外省或南洋各地。

1931 年前后,福建漳州地区除出产稻谷外,每年还出产砂糖 30 万～60 万担,龙眼、荔枝、甘蔗、香蕉、菠萝、柑橘等水果,每日输出量在 200 担以上。全年出入的贸易额约达 2200 万元,重 30 万吨。这些货物除水运和肩挑之外,侨办的汽车公司在运输上发挥了积极作用。

　　侨乡每年有大量的外汇收入,有很高的购买力。但当时的侨乡工业落后,纺织品、日用百货及建筑材料等必须依靠外地和进口。这些商品经由厦门运至泉州和漳州后,也依赖公路再运往侨乡。

　　厦门是闽南的最大商埠,是华侨出入祖国的主要港口,也是闽南的文化中心,学校、报馆、图书馆,大部分都集中在这里。在公路运输未通之前,报纸由厦门至同安(水道约 30 千米)需时 1 天;由厦门至泉州(水道约 150 千米)需时 2～3 天。公路通车后,闽南各地(如泉州、晋江、南安、安溪、同安以及漳州等地)当天就可以看到厦门的报纸。由于公路运输的发展,这些地方增加了与外界的接触机会,开阔了眼界,促进了文化交流。

　　华侨在兴办公路运输中,不仅投入了巨额资金,而且也带来了技术。如泉安公司开办时的工程师和技术员工,多数是归国华侨。他们的工作和影响,起到了培训、普及汽车驾驶和修理技术的作用。

　　华侨之所以兴办公路运输事业,是为了改善祖国和家乡的交通落后状况,发展社会经济,达到振兴乡土的目的。而兴办公路运输,也能够在短时期内收回投资。所以,具有经济技术条件的旅外华侨,纷纷投资公路运输事业。北洋政府末期,中国虽然已有公路通行汽车,但由于国家经济技术落后,政局动乱不定,政府无力统筹公路建设。迫于改善地区交通的需要,政府允许民办公路运输,因而侨办公路运输和其他民办运输弥补了这政府投资不足的空白。1930 年以后,华侨投资公路运输的势头逐渐走向停滞和衰落,主要原因有三个:一是在同业竞争中逐渐被淘汰;二是政局动荡,战争频仍,侨办公路运输事业遭到破坏或被侵夺;三是侨办公路运输事业逐渐为地方封建势力所渗透,或被政府收归官办,改变了侨办公路运输事业的性质和目的。抗日战争爆发后,侨办公路运输遭受严重破坏。到 1940 年,福建的侨办汽车运输公司只剩泉安、泉永德、漳龙以及漳嵩四个公司了。

🚗 专题小结

　　新中国成立之初,公路等交通设施破坏严重,全国性的交通系统尚未形成,全国公路通车里程仅 7.5 万千米,修复和改善交通成为国民经济恢复时期亟需解决的问题。在中国共产党的领导下,除修复了包括西安经兰州到塔城等 6 条主要干线公路外,还修建了以福州为中心的 12 条华东支前公路和康藏公路,在西南修建了成都至阿坝、黑河至阿里等线路,在中南地区建成了海口至榆林等 10 条干线公路,在东北修建了沈丹线、盖平至新河等公路。经过多年的公路建设,我国从无路到有路,再到走得顺畅、便捷,实现了跨越式的发展。到 1978 年,我国公路通车里程达到 890000 千米。

拓展阅读:
一首团结奋
进的时代
颂歌

学习思考

1. 新中国成立后抢修和恢复了哪些公路?
2. 新中国成立后建设的重要公路有哪些?
3. 新中国成立后发展的运输装备有哪些?

新中国的铁路建设与发展

🏇 学习目标

（1）了解新中国成立初期我国铁路的状况。

（2）了解新中国成立后铁路的抢修和恢复状况。

（3）在铁路的抢修和恢复、抗美援朝中的铁路运输保障中，体会中国人民不怕困难、不怕牺牲的奋斗精神和团结精神。

铁路一般指铁路运输，是一种交通运输方式，通常是指一种以具有轮对的车辆沿铁路轨道运行，以达到运送旅客或货物目的。铁路运输具有运输能力大、运行速度快、运输成本低、能耗低等优点。中国铁路是国家的重要基础设施、大众化的交通工具，在中国综合交通运输体系中处于骨干地位。

中国铁路的早期发展，可谓艰难曲折。新中国成立后，面对的是旧中国留下的支离破碎的铁路线。在中国共产党的领导下，当家作主的中国铁路人坚持以服务人民为根本利益，组织大规模线路抢修和新线建设，为推动我国工业体系建立和促进国民经济发展提供了有力保障。

一、新中国成立初期我国铁路的状况

（一）新中国成立初期的铁路概况

数量少、布局偏、标准杂、质量差，总里程仅 2.18 万千米，其中还有一半处于瘫痪状态，偌大的西北、西南几乎为空白……这是新中国成立时面临的铁路"烂摊子"。

百废待兴，唯有奋发图强。新中国成立后，在党中央的高度重视和多次规划下，中国铁路克服重重困难，在恢复旧线的基础上，开始了大规模的新线建设和既有线改造，诞生了一批"中国第一"。到 1978 年，铁路营业里程超过 5.17 万千米，路网框架基本形成，技术装备取得了很大的发展，铁路年客货运量分别达到 8.1 亿人和 11 亿吨，是 1949 年的 7.9 倍和 19.7 倍，

学习导入：
中华人民
共和国建立
以前的铁路

为推动我国工业体系建立和促进国民经济发展提供了有力保障。

(二) 新中国成立初期铁路技术和运输装备状况

旧中国时期,我国铁路设备几乎全部从国外进口,国内缺乏铁路设备制造能力;因我国在进口贸易中缺少话语权,进口的设备质量差、类型纷繁复杂。而且,铁路技术又大多是按照列强要求来执行,车站和机务、工务、电务等设置重复。新中国成立后,我国开始自行研制机车车辆等重大设备,制定并统一铁路技术标准。面对艰巨的任务,新中国铁路人在艰苦和困难的条件下持续推进技术更新和装备研发,并取得了一系列成果。

二、新中国成立初期铁路的抢修和恢复

新中国成立后,原军委铁道部改组为中央人民政府铁道部,任命滕代远为部长,统一管理全国铁路的运输生产、基本建设和机车车辆工业。当时的主要任务是接管新解放的铁路,进行民主改革,继续抢修、抢通全国铁路,修复机车车辆、通信信号设施,支援解放战争和恢复国民经济。

1949 年,整年共抢修恢复了 8278 千米铁路。到 1949 年年底,全国铁路营业里程共达21810 千米,客货换算周转量达 314.01 亿吨公里。1950 年开始,国家进入三年经济恢复时期。在这期间,全国对战时临时修复通车的线路、桥梁、隧道进行了大规模的复旧工程。

案例 12-1

陇海铁路是 1912 年北洋政府与比利时签订《陇秦豫海铁路借款合同》,在汴洛铁路的基础上向东西方向延伸修筑的。断断续续,历经几十年时间,终建成一条横贯东西的铁路干线。陇海铁路 8 号桥,横跨洛阳至潼关段观音堂以西的两山之间,长 150 米,高 45 米,两边是高山,中间是山涧,是当时全国第一高桥。在国民党军队撤离大陆时,把 1、2、4 号桥墩下部炸坏,并烧毁所有施工设施,剩下 5 座遍体鳞伤、高低不平的桥墩,如图 12-1 所示。

图 12-1　被国民党破坏的陇海铁路 8 号桥

1949年8月，中央军委命令铁道兵团在3个月内修复陇海铁路8号桥，恢复通车。陇海铁路8号桥在当时堪称"全国第一高桥"。由于遭到战争破坏，这座桥只剩下了5座孤零零的桥墩，施工难度极大，先前的工程队耗费较长时间也未能修复。时间紧，任务重。铁道兵工程部迅速制订了抢修方案，但由于山区交通不便，抢修施工需要的大量器材又一时难以运到。如何让施工人员迅速、安全地登上墩顶？这个问题难倒了众人。

面对无法攀爬的桥墩，刚从天津北仓参军入伍的新战士杨连弟多次到大桥下仔细观察，随后，他大胆提出"利用墩面的铁夹板搭单面脚手架"的办法强登。条件艰苦，徒手攀登成了唯一的选择。杨连弟带领着18名战士，在没有任何安全防护措施的条件下冒险登高，最终成功登上墩顶。为了将桥墩顶面炸平，他又自告奋勇地扛下了"空中爆破"的任务，冒着生命危险连续爆破了一百多次。杨连弟创造的"单面云梯"施工法，为大桥的提前修复奠定了基础。1949年10月18日，8号桥顺利通车，比预定的计划提早了20天。杨连弟荣立大功一次，并被授予"登高英雄"称号。陇海铁路8号桥的修复，有力地支援了我军解放大西北的胜利进军。

1952年5月15日，杨连弟带领战士们在清川江桥上检修时，发现新修的第三孔钢梁移动了5厘米，立即派人抬来压机准备移正钢梁。正当他指挥部队起重钢梁时，一枚定时炸弹爆炸，弹片击中了他的头部。杨连弟不幸壮烈牺牲，时年33岁。杨连弟牺牲后，被授予"一级英雄"称号，其生前所在连队被命名为"杨连弟连"。原铁道部将陇海铁路8号桥命名为"杨连弟大桥"，并在桥头西南侧修建杨连弟烈士纪念碑，如图12-2所示。

图12-2 陇海铁路8号桥命名为杨连弟大桥

案例12-2

粤汉铁路从1900年动工到1936年筑成，历经张之洞、詹天佑等出任督办，由广州通往武昌，全长1059.6千米。粤汉铁路通车后，作为交通大动脉之一，在抗日战争、解放战争中发挥了军事和战略物资调配的重要作用。

1949年国民党撤离时，严重破坏粤汉铁路，先后在重要路段和险工险段炸毁了多座桥梁，拆毁道轨30多千米，致使铁路完全中断。中国人民解放军铁道兵团和湖北、湖南、广东三省的铁路管理局立即组织抢修队,进行线、桥、隧道的恢复施工。

时任中共中央华南局书记的叶剑英十分重视粤汉铁路的抢修工作,向负责广州交通运输恢复工作的雷铁鸣提出:"一定要尽快组织最大的力量,尽快抢通粤汉铁路,要说什么事情是当务之急的话,这就是急上加急的大事!"为了加快抢修进程,除了原来负责修路的施工队之外,还有各地调来的铁路工人和技术人员,不分昼夜地抢修铁路。一个多月后,广东省境内的几座重要桥梁都恢复了正常使用。

在湖南郴州铁路段的抢修中曾遇到一个难题,就是缺乏铺设铁路枕木需要的木材。廖家湾村村民主动砍伐了族人数百年祖遗的 3000 多棵古松树,自愿捐献到铁路。村民廖发运回忆时提到,他当时十三岁,每天都跟村里人去运树,四个人一起推车,一截树干 160 多斤,来回大概 15 千米,要推上两个小时。早上一趟,中午一趟,下午一趟,持续了一个月。铁道兵团前进指挥所副司令员郭维城听闻后,亲笔题写了"功在人民"匾额赠予廖家湾村群众,体现出党和人民之间的鱼水深情,使"爱国爱路"精神代代传承。

粤汉铁路的武昌至长沙段于 1949 年 10 月修复完毕,岳阳至长沙段和长沙至衡阳段11 月修复,全线于 1949 年 12 月 28 日修通。1949 年 12 月 29 日,在广州、汉口分别举行了隆重的通车典礼,叶剑英为第一辆从广州开往汉口的火车主持剪彩仪式。粤汉铁路的抢修,折射出新中国上下一心、团结一致、不屈不挠的精神。

三、中国铁路网络骨架的基本形成

为了发展经济,巩固国防和改变旧铁路的落后面貌,逐步完善路网建设,新中国成立初期即着手有计划的、大规模的铁路新线建设。1953—1980 年,共新建干线、支线 100 多条。主要有以下路线:①为开发西南、西北地区修建的成渝、宝成、黔桂、川黔、昆贵、成昆、湘黔、湘渝、阳安、天兰、兰新、包兰、兰青、青藏(西格段)及南疆等铁路;②为增强中部及东部地区运输能力而修建的京原、京通、通让、京承、太焦、焦柳、汉丹、皖赣等铁路;③为通往沿海港口修建的黎湛、篮烟、鹰厦、外福、萧穿等铁路;④为通往邻国修建的来宾至友谊关、集宁至二连等铁路。此外,还在长江、黄河等大江大河上修建了不少铁路桥梁,连接了各条干线,基本上形成了全国铁路网的骨架。

中国幅员辽阔,地形、地质复杂,不少新建铁路穿越山岭河谷,桥隧相连,高填深挖,平均每公里线路的土石方工程在 10 万立方米以上。兰新铁路通过戈壁、风区;包兰、京通等铁路穿越沙漠;青藏铁路在盐湖上筑路;牙林、嫩林等铁路地处高寒冻土地带;鹰厦铁路填海筑堤、穿越海峡等,其工程之大,技术难度之高,为世界筑路史所罕见。

中国铁路
网络骨架

案例 12-3

成渝铁路是中国西南地区第一条铁路干线,联通了成都至重庆沿线地区。最早提出修建成渝铁路,可以追溯到 1903 年,但一直未正式推进。新中国成立后,成渝铁路的修筑被提上日程。在党中央大力发展西部铁路建设的方针指导下,在以邓小平为第一书记的中共中央西南局直接领导下,于 1950 年 6 月 15 日举行开工典礼,经过 10 万多军民的奋力苦战,在1952 年 7 月 1 日全线通车。毛泽东亲笔题词"庆祝成渝铁路通车,继续努力修筑天成路",如

图 12-3 和图 12-4 所示。贺龙在成都站为成渝铁路通车剪彩时提到："成渝铁路今天的全线通车在我们西南来说，是更加值得欢庆的一件大事情。因为它即将在我们的经济生活中引起重大的变化。"从通车至当年年底，铁路客运人次达到 180 万，货运量为 98 万吨，在促进经济社会发展方面发挥出了前所未有的作用。成渝铁路的开通，圆了巴蜀人民的铁路梦，带动了西南地区经济的恢复和发展。

图 12-3　1952 年 7 月 1 日成渝铁路全线通车

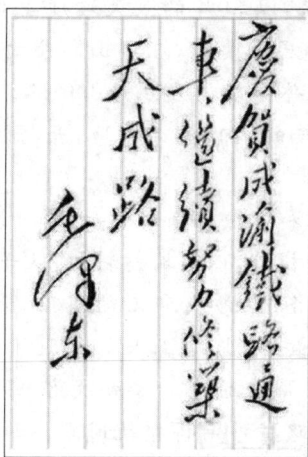

图 12-4　毛泽东为成渝铁路通车题词

　　当时为了推进成渝铁路的建设，西南局调出 3 万战士参加修筑，还积极培养了 2 万多民工队伍。但正当工程全力推进时，抗美援朝战争爆发，战士们需立刻转战至朝鲜战场。在这种情况下，成渝铁路的修筑只能依靠动员更多的民工队伍参加。1950 年 11 月，成渝铁路民工筑路指挥部成立，专门指挥民工筑路工作。经过广泛的动员，截至 1951 年 1 月，到达工地的民工已有近 10 万人。"人民铁路人民修"，沿线老百姓有力出力，为成渝铁路的修建奠定了坚实的人力基础。

　　在修路过程中，不仅有广泛的群众直接参与，还有很多老百姓有什么出什么。修路所需的 129 万根枕木，全由老百姓捐赠，不少群众甚至把家里的上等木材都捐献出来。铁厂的工人们为了轧钢轨，把满清王朝六十多年前买来的古老轧钢机修理完后，轧出最新式的钢轨。为了减少雨季用于填方的稀泥粘在撮箕上，西南军区筑路部队师长罗崇福想出用谷糠皮撒在撮箕上防止粘连，老百姓听闻这糠皮还能出力，几乎所有米店夜以继日打谷子，成都大街小巷都回荡着打谷子的声音。这条铁路的修筑，聚集了沿线群众的智慧和力量。他们团结一心，不惜倾尽所能，克服一切困难，虽然没有留下名字，但是留下了对祖国发展建设的一汪深情。

案例 12-4

宝成铁路北起陕西宝鸡市，向南穿越秦岭到达四川成都市，是新中国首条连接西北与西南的战略之路，也是跨越秦岭天堑的蜀道通途。在成渝铁路通车的次日，按照毛泽东"继续修筑天成路"的指示，宝成铁路（原名天成铁路，1953 年更名）于 1952 年 7 月 2 日在成都动工，1958 年元旦全线正式通车。全线长 668 千米，共有隧道 304 座。该工程异常庞大复杂，曾在民国政府时期就多次勘测，但因其难度之大一直搁置；直到新中国成立后，该工程才作为我国第一个五年计划铁路建设的重点工程之一，将其修筑任务提上日程。

要跨越秦岭并非易事，修建难度最大的路段就是杨家湾到秦岭主峰这一段。虽然两站间的直线距离只有短短 6 千米，但海拔却升高了 680 米，也就是平均每千米上升 110 米，这在世界铁路建设史上也是十分少见的。修路时，只能选择盘旋建造线路，缓慢上升和下降。从杨家湾站到青石崖站，连续延展了 3 个马蹄形和 1 个螺旋 8 字形，虽然直线距离只有短短 6 千米，但延展后线路达到 27 千米，以 30‰ 的最大坡度步步登高，成为我国铁路坡度之最。这段线路形成了上、中、下 3 层线路，层层叠叠，在群山环绕之中峰回路转，蔚为壮观。在一些线路和车站的修筑中，还采用了山体爆破的方法开山修路。其中，青石崖车站就是 300 余吨炸药炸出来的，一炮将高达 15 层楼的山顶夷为平地；而将爆破出的土石又填平了旁边的深沟，不仅缩短了工期，还节约了投资。

在人与自然的较量中，在技术和方法创新的背后，是筑路工人的智慧和付出。工人们充分发挥创造力，在悬崖峭壁上修建栈道，以运输材料；列队千百米，手手相传，搬运出渣；拴在树木和石头上，悬在半空，执行任务；在沙夹卵石的路段，无须打桩，即能修桥；以青年突击队、竞赛等方式，激发战斗力……最终，筑路工人们征服了数百座大山，千百里桥隧蜿蜒其中。他们凭借着血肉之躯，筑起了蜀道通途。宝成铁路工人在紧张地铺轨的场景如图 12-5 所示。1956 年 7 月 12 日，宝成铁路黄沙河桥接轨通车，如图 12-6 所示。

图 12-5　1955 年宝成铁路工人在紧张地铺轨

图 12-6　1956 年 7 月 12 日宝成铁路黄沙河桥接轨通车

　　1958 年 1 月 1 日，宝成铁路宣告建成通车，时任国务院副总理贺龙元帅亲自剪彩，聂荣臻元帅和原铁道部第一任部长滕代远出席通车仪式。宝成铁路成为四川与全国路网相连的第一条干线，对沿线工业、农业经济的发展起到了积极作用，为西南地区人民享受全国各地的商品和货物起到了重要作用。但是，由于坡度大、弯道繁多以及频发的恶劣天气，与日俱增的运输需求和运力矛盾逐渐凸显出来。1966 年，宝成铁路（凤州至成都段）电气化改造正式拉开序幕，到 1975 年实现了全线电气化改造，运量提高到上行 1280 万吨，下行 1210 万吨，运力提高了 1 倍多，铸就了新中国第一条电气化之路。

案例 12-5

　　成昆铁路起于四川省成都市，止于云南省昆明市，是当之无愧的"奇迹之路"。它开创了 18 项中国铁路之最、13 项世界铁路之最，是在崇山峻岭、高原河谷之间"生挖硬凿"出来的，桥隧总长度占全线长度超过 40%，有 427 座隧道、991 座桥梁、7 处展线，跨越大渡河、金沙江、龙川河等主要河流 98 次，42 个车站建在桥梁上或隧道内，有 500 千米处于 7～9 度地震区……即使在筑路技术成果斐然的今天，回看这一系列数据，依然让人不禁感叹和敬佩修筑成昆铁路的英勇气魄。

　　经过 6 年的线路勘测与方案决策，周恩来总理召集各部门专家反复研究，最终选定"政治意义和经济意义最优但是建设难度最大"的西线方案。1958 年，成昆铁路开工仪式在全线最长、海拔最高的沙木拉打隧道举行。1964 年，毛泽东发出号令："成昆铁路要快修，铁路修不好，我睡不好觉。没有钱，把我的工资拿出来。没有铁轨，把沿海铁路拆下来。没有路，我骑着毛驴下西昌。一定要把成昆铁路打通！"30 余万筑路大军逢山开路、遇水架桥，在悬崖峭壁上、在奔腾河谷旁，仅靠着简单的铁锤、炸药等工具，凿开一座座险峰，跨越一条条河流，在"筑路禁区"屡创中国奇迹。筑路大军修筑成昆铁路的场景如图 12-7 所示。

图 12-7　以举国之力修筑成昆铁路

　　惊人的奇迹背后，正是有铁道兵们炽热的家国情怀和舍命拼搏的精神。在龙骨甸大桥第七号桥墩，每辆列车经过时都会遵循惯例拉响汽笛，为的是告慰以身筑桥的熊汉俊班长。当时，他在连续奋战了三天三夜后，疲惫不堪，不慎跌入正在浇筑水泥的桥墩里，被"速凝"水泥迅速包裹、吞没。战友们想尽办法但都失败了，向上级报告并获同意后，战士们含泪将这位年轻的班长浇筑在了桥墩里。正是有以熊汉俊为代表的 2000 多名筑路烈士，以及将拼搏奋斗献给成昆铁路的 30 余万筑路大军们，才能有这条铁路大动脉的如期建成，让曾经闭塞的大西南实现经济腾飞。成昆铁路建设纪念碑如图 12-8 所示。

图 12-8　成昆铁路建设纪念碑

　　成昆铁路通车后，联通了沿线老百姓的幸福路、希望路，架起了川云地区经济发展的致富路、腾飞路。月华中学距离月华站不到 1 千米，这里 1/3 的孩子们需要搭乘火车上下学，学校专门根据列车时刻表调整了上课时间。所以，这条路也成了大凉山孩子们点亮希望的求学之路。车轮滚滚，成昆铁路也把品质优良的攀钢带向了更广阔的市场，将土豆、烟叶等沿线特产源源不断地发往各地，直接拉动了沿线经济的大发展。

案例 12-6

　　包兰铁路修筑于1954—1958年,联通了内蒙古、宁夏、甘肃,连接包头、银川、兰州,在三盛公、三道坎和东岗镇三跨黄河,并在中卫和干塘之间经过腾格里沙漠边缘。包兰铁路全线长990千米,而其中140千米都在沙漠穿行,是我国第一条沙漠铁路。

　　1952年经国务院批准,铁道部开始对包兰铁路进行实地勘探设计,特别是对火车穿越腾格里沙漠段。在没有可借鉴经验的情况下,铁道部完成了勘测任务,并确定为我国一五计划修建的1级铁路干线。在修筑过程中,施工和生活用水要靠汽车到十几里乃至几十里以外去运输;修建中偶有十级大风袭来,黄沙弥漫,刚修建的路基就被流动的沙丘覆盖。但是,军民同心,坚持与风沙抗争到底,克服了大风、缺水、吃土等困难,建成了对于西北地区意义非凡的第一条干线。包兰铁路的开通,结束了宁夏不通火车的历史,使宁夏丰富的资源得以运往全国各地,对支援国家工业建设和国防建设、促进经济发展和商品流通、构建工业体系都起到了巨大作用。

　　如何保证修好的铁路不被流沙掩埋,这是铁路运营必须解决的重要难题。包兰铁路要穿越中卫境内从迎水桥至甘塘55千米的沙坡头沙漠地段。在该地段,沙尘暴频繁发生,每年风沙天数多达200天,最大风力11级,天然植被覆盖率仅为1‰左右。包兰铁路曾饱受质疑,很多人认为"活不过30年",但它却成为世界铁路的防沙楷模。科研人员和铁路职工经过反复试验,克服重重困难,终于试验出了治沙宝典——麦草方格,如图12-9所示。麦草方格是将麦草铺成1×1的方格,并在草方格上栽种沙蒿、花棒、籽蒿、柠条等沙生植物,建立起旱生植物带,营造挡沙树林,使流沙不易被风吹起,达到阻沙、固沙的目的。这种治沙方法使得包兰线自通车至今,从没有因沙害引起任何行车事故,创造了治沙的"世界奇迹"。

图 12-9　包兰铁路及麦草方格

四、我国铁路技术和运输装备的发展

　　新中国成立后,在党的领导下,我国铁路顽强拼搏、自力更生、奋发图强,彻底改变了铁路技术和运输装备落后的局面,桥梁、隧道、机车、车辆、通信信号等技术取得了飞速发展,初步建立了较为完善的铁路工业体系,提高了铁路运输能力和效率,在广袤的祖国大地谱写出壮丽宏伟的诗篇。

（一）铁路桥梁技术的发展

随着新线铁路的修建，新中国第一批铁路桥梁相继建成。

成渝铁路之上的王二溪大桥位于四川省资阳市雁江区忠义镇，于 1950 年建成、2 年后投入使用，荣登中国邮政发行的《伟大的祖国（2 组）》邮票封面，是全国最长的铁路石拱桥，至今依旧完好。建造时，由于物资匮乏，钢材供应不足，只能就地取材，用石材建造。整座桥长 316 米，从高空俯瞰，造型优美独特。22 孔桥拱的首末两孔和中间第八到十四孔为石拱，其余均为钢筋混凝土拱，石材用料占比超九成，大大节约了材料费用。该桥建成后，促进沿线城镇农产品、矿产、建筑材料等走向了全国的广阔市场。

武汉长江大桥是京广线上的重要桥梁，也是万里长江第一桥，连接了武汉的汉阳区与武昌区。该桥于 1950 年着手筹备，进行了反复论证和试验，仅大桥选址工作就经历了 8 个方案。该桥于 1955 年开工，于 1957 年通车，结束了千百年来长江无大桥的局面，以其宏伟的建设规模和艰巨的工程技术成为新中国建桥史上的第一个里程碑，被毛泽东主席称赞为"一桥飞架南北，天堑变通途"。武汉长江大桥是公铁两用桥，长度为 1670 米，上层公路四线，下层铁路双线。桥身为三联连续桥梁，每联三孔，每孔之间跨度为 128 米，形成了桥上公路铁路通、桥下大船过的奇特景观。

南京长江大桥是我国自行设计、自行施工的特大型铁路、公路双层两用桥梁，始建于 1959 年。在全国人民的支援下，经过全体建设者的努力，铁路桥、公路桥于 1968 年先后通车，开创了中国"自力更生"建设大型桥梁的新纪元，被称为"争气桥"。大桥开工后不久，中苏关系恶化，我国不依靠苏联专家、不进口苏联钢材，完全依靠自身力量，改用鞍山钢铁公司试制出来的钢材"16 锰钢"，由铁道部山海关桥梁厂承制钢梁，克服了来自大自然和外界的困难和干扰，熬过了经济困难时期和一系列技术难点，艰苦奋斗、忘我劳动，只为追求桥梁建设的精益求精。当时的修筑技术和规模达到了世界先进水平，是中华人民共和国建桥史上的第二个里程碑。

从王二溪大桥到武汉长江大桥、丰沙铁路永定河桥、成昆铁路迎水河桥、南京长江大桥的发展，展示了新中国在桥梁建造方面取得的瞩目成就，从勘测设计、工程材料、施工工艺及技术装备等诸多方面都体现出了中国铁路桥梁建造技术的进步。

（二）铁路隧道技术的发展

随着新中国铁路新线的建设，我国铁路隧道也取得了长足进展，成果丰硕。新中国成立时，全国运营的标准轨距铁路隧道仅有 235 座，长 89 千米。到 20 世纪 70 年代末，我国克服各种复杂的地质条件，成功修建了约 4000 座隧道，长度超 1900 千米。这一时期大概可以分为两个阶段。

第一个阶段是从新中国成立至 20 世纪 50 年代末期。这是新中国隧道施工技术发展的起步阶段，以人工手持钢钎大锤等工具和小型机械凿岩、装载为主，临时支护采用原木支架和扇形支撑，修筑照明用柏油灯。这一时期的挖掘设备简单，挖掘进度缓慢，隧道施工基本无通风设计，事故发生率较高。以成渝铁路上的柏树坳隧道、宝成铁路上的秦岭隧道建设为代表。

柏树坳隧道是成渝铁路沿线 43 座隧道中最长的一座。柏树坳隧道修筑在成都往东几十公里的龙泉山区的柏树坳,位于洪安乡站至陈家湾站之间。这座 622 米的隧道将线路缩短了 23.8 千米,而且避开了不良地质地段,大大节省了人力和资金。当时的隧道施工要经过洞外明挖、导坑、扩大、拱部衬砌、挖底、衬砌边墙、挖掘水沟、砌筑洞门及洞顶防水层 9 道工序,全靠手工操作。筑路大军们分工协作,打炮眼、抬石渣、砌砖头、铺枕木……在施工中,各小组相继开展劳动竞赛,克服各种危险环境,终于在 1952 年 6 月贯通了柏树坳隧道,使铁路直接穿越山谷进入成都。

第二个阶段是从 20 世纪 50 年代末到改革开放前。这一时期的施工设备有了较大的改善,出现了带风动支架的凿岩机、风动或电动装载机、混凝土搅拌机、空压机和通风机等。在隧道支护方面,采用了锚杆喷射混凝土技术,组成了一整套隧道施工技术,也较好地解决了施工安全问题。这一阶段以川黔铁路、贵昆铁路、成昆铁路等隧道建设为代表,迎来了隧道建设的大发展。

岩脚寨隧道位于贵昆铁路安顺至六枝之间,横穿贵州普定郎岱煤田的大煤山,需要穿过 7 层煤层,地理结构异常复杂,东进口为土山夹煤层,西出口为石灰石岩山,时常发生塌方和瓦斯爆炸。这也是我国第一次修筑穿越大量瓦斯的隧道。据统计,在打通岩脚寨隧道的过程中,共牺牲铁道兵战士和民工共 137 名,平均每 20 米的轨道旁,就安息着一位烈士的英魂。

(三) 铁路机车的发展

铁路机车是列车的动力来源。在这一阶段,党中央确立了以"内燃为主、内燃电力并重"的机车工业发展方向,国产蒸汽、内燃、电力机车在较短时间内相继研制成功并形成系列产品,实现了从蒸汽机车为主到内燃、电力机车占比逐步扩展的蜕变。到 1978 年,我国的内燃机车约 1500 台,电力机车约 200 台,占机车总量 21%,并且数量在不断增加。

蒸汽机车是以蒸汽为原动力,借助燃料(一般是煤炭)燃烧带动机车运行。蒸汽机车的结构比较简单,制造成本低,但是热效率过低,而且能源消耗大,容易造成环境污染。1952 年 7 月,四方机车车辆厂制造出中华人民共和国第一台蒸汽机车"八一"号,使我国告别了依靠外国机车的历史,并在 20 世纪 50 年代成为铁路机车的主流。

由于蒸汽机车存在明显缺陷,我国一直致力于新型动力机车的试制和研发。1958 年 9 月,北京长辛店机车厂试制成功新中国第一台内燃电动机车,使用的 3 万多个配件全部都是中国制造。1959 年,我国第一代铁路内燃机车相继在青岛四方机车厂、大连机车厂诞生,这标志着我国铁路进入了内燃机车时代。内燃机车以柴油机为动力来源,热效率能达到 20%~30%,持续工作时间长,便于多机牵引,乘务员的劳动条件较好,但是其制造、维修和运营费用相比较高。到 20 世纪六七十年代,四方机车厂研制的内燃机车走出了国门,飞驰在坦赞铁路上,增进了中国与第三世界国家人民的深厚友谊。

电力机车是从铁路沿线的接触网或第三轨获取电能产生牵引动力的机车,具有起动快、速度高、善爬坡、无污染、运输能力大等特点;但是这类机车的运行需借助一套完整的供电系统,基建投资成本较高。20 世纪 50 年代末,我国成功试制出第一台电力机车。1961 年,宝成铁路(宝鸡至凤州段)建成了我国第一条电气化铁路。1969 年 1 月,中国第一代电力机车——韶山 1 型电力机车小批量生产,这是 20 世纪 70 年代至 80 年代中国电气化铁路干线的主型电力机车,大大提高了铁路运输能力。

五、抗美援朝中的铁路运输保障

（一）抗美援朝中的物资运输概况

1950年10月，中国人民志愿军（以下简称志愿军）入朝参战，全力保家卫国。在物资运输方面，由于前期战火影响，志愿军在朝鲜就地筹措的物资有限，而美军败退后丢弃的物资又常被其空军炸毁，因此，主要物资只能依靠国内供给。然而由于建国初期，国内百废待兴，空运和海运能力薄弱，重要渠道就是陆路运输（其中以铁路运输为主），而在战争时期这条"生命线"遇到了重重困难。

（1）美军为遏制志愿军力量，利用其空中力量的绝对优势，将轰炸运输线、截断前线供给作为重要战略手段。运输线从国内出发，跨越朝鲜北部的高山密林、河流峡谷，将各种物资运送到前线，但是随着战线延长、战局的扩大，加之铁路运输线隐蔽性不强，美军将志愿军运输线作为空袭重点，甚至将其一半以上的空中力量用于破坏志愿军物资补给线。在1951年8月至1952年6月的"绞杀战"中，美军出动了80%的空中力量，对志愿军运输线进行昼夜轰炸，妄图摧毁我军后方交通运输补给线，破坏我军前后方的联系。

（2）1951年朝鲜北部发生特大洪水，导致我军交通运输线被迫中断，作战物资遭受巨大损失。发生特大洪水后，我军仓库、医院、驻地及高射炮兵阵地均遭水淹，大批库存物资被冲走。铁路桥梁被冲毁94次，铁路线路被冲毁116次，我军抢修物资运输线的难度极大。

（二）打不烂、炸不断的钢铁运输线

运输线是敌我斗争的重要焦点。为了保障运输线的通畅，我军于1951年1月提出了建设"打不断、炸不烂的钢铁运输线"的口号和任务，动员志愿军和铁路部门发扬不怕牺牲、连续作战的精神展开了艰苦卓绝的斗争，创造了令人瞩目的战争奇迹，保障我军击败具有装备优势的"联合国军"，最终取得抗美援朝战争的胜利。

从1950年11月起，铁道兵3个师两个独立团陆续赴朝抢修铁路，在做好本职工作上，还要学会用枪，识别敌军特务，掌握排爆、医疗技能。在环境生疏、材料不全、设备有限的情况下，他们不顾安危、拼尽全力保障钢铁运输线的畅通。铁路线被破坏，铁道兵们用最快的速度将桥梁恢复至能够通车的状态，敌炸我修、随炸随修、白天炸晚上修；面对运输力量不足的情况，就人挑肩扛马驮，在各种复杂地形上完成了现代化工具难以完成的保障任务，成功战胜了美国空军的"集中轰炸""重点轰炸"和"绞杀战"等疯狂封锁和洪水带来的灾害。

为了保障铁路线路的畅通，我方军民齐上阵，充分发扬群众力量和智慧，开创了多种解决运输难题的方式。一是利用自然规律隐蔽的"水下桥"。为了避免被敌机侦察发现，我方将临时搭建的铁路便桥桥面略低于水面，涨潮时就隐没在江中，难以被敌机发现。二是通过承载力不足的桥梁时，采用"顶牛过江"法。由于一些桥梁不堪重压，以机车将车皮推上便桥，而机车不上桥。用这种办法，仅东清川江桥通车一夜即抢过340节车皮的物资。三是加快运输物资效率的"续行行车"法。让数列火车在同一时间内向同一方向行驶，发车间隔不超过五分钟。这样的行车方式有效地节省了站内调度列车的时间，让运往前线的物资数量成倍增长。

志愿军们在如此艰苦的作战环境下，就地利用一切能够利用的资源，最大程度地保证运输线的畅通，创造了名副其实的"打不烂、炸不断的钢铁运输线"的奇迹。

专题小结

中国铁路是国家的重要基础设施、大众化的交通工具，在中国综合交通运输体系中处于骨干地位。新中国成立初期，我国铁路数量少、布局偏、标准杂、质量差，总里程仅 2.18 万公里，其中有一半还处于瘫痪状态。新中国成立后，面对旧中国留下的支离破碎的铁路线，在中国共产党的领导下，当家作主的中国铁路人坚持以服务人民为根本利益，组织大规模线路抢修和新线建设，诞生了一批"中国第一"。到 1978 年，铁路营业里程超过 5.17 万千米，路网框架基本形成，技术装备取得了很大发展，铁路年客货运量分别达到 8.1 亿人和 11 亿吨，是 1949 年的 7.9 倍和 19.7 倍，为推动我国工业体系建立和促进国民经济发展提供了有力保障。

学习思考

1. 新中国成立之初的铁路状况是怎样的？
2. 新中国成立后抢修和恢复的铁路有哪些？
3. 抗美援朝铁路运输保障中有哪些可歌可泣的感人事迹？
4. 中国铁路网络的基本骨架是怎样的？
5. 中国在铁路技术和运输装备方面有哪些发展？

新中国的水路建设与发展

🚗 学习目标

（1）了解新中国成立初期的水路状况。

（2）了解新中国成立后航道的治理和水路建设情况。

（3）从新中国的水路建设与发展中，感受中国人民不怕苦不怕累的革命精神，树立为国家交通事业发展贡献力量的理想与信念。

水路运输是以船舶为主要运输工具，以港口或港站为运输基地，以水域（包括海洋、河流和湖泊）为运输活动范围的一种运输方式。根据航行水运性质，水运分为河运和海运两种。它们是以河流和海洋作交通线。

水路运输与其他运输方式相比，具有如下特点。

（1）水路运输运载能力大、成本低、能耗少、投资省，是一些国家国内和国际运输的重要方式之一。

（2）受自然条件的限制与影响大。受海洋与河流的地理分布及其地质、地貌、水文与气象等条件和因素的明显制约与影响，水运航线无法在广大陆地上任意延伸，所以水运要与铁路、公路和管道运输配合，并实行联运。

（3）开发利用的涉及面较广。比如，天然河流涉及通航、灌溉、防洪排涝、水力发电、水产养殖以及生产与生活用水的来源等；海岸带与海湾涉及建港、农业围垦、海产养殖、临海工业和海洋捕捞等。

一、新中国成立初期水路的现状与发展

（一）新中国成立后内河运输现状

内河运输主要以长江航线为主，另外西江航线、京杭运河及淮河水系也是内河运输的主

要航线。新中国成立初期，由于国民党政权对海港及海运设施的大肆破坏，当时只留下23 艘轮船，总吨位 3.4 万吨。

（二）新中国成立后海运现状

中国的航运发展道路崎岖又艰辛。中国近代最大的航运企业是清朝时期成立的轮船招商局，1949 年上海解放后，轮船招商局回到了广大人民的手中，中国的航运业正式步入发展阶段。中国当时的海运吨位在世界的占比极低。新中国成立后，外部势力对中国发展的打压，以及外国航运企业的撤出，严重阻碍了中国航运事业的发展。

1951 年，经过中国政府的努力，波兰和中国政府合资成立了中波轮船股份公司，迈出了中国远洋事业的第一步。1964 年 4 月 27 日，中国最大的国有航运企业——中国远洋运输公司正式成立。次日，第一艘悬挂中华人民共和国国旗的"光华轮"在广州黄埔港举行了隆重典礼。1967 年 5 月，"敦煌轮"从黄埔港开往西欧，标志着中国第一条国际航线的开通。

（三）新中国成立后的水路治理技术和运输装备情况

1. 新中国成立后的水路治理技术

新中国成立之初，运河的治理主要从治理水患方面入手。1950 年，淮河流域发生大洪灾，造成了大面积灾害，中央政府当年发布了《关于治理淮河的决定》。在各级政府的组织下，轰轰烈烈的淮河治理工程开始了。其中，淮河上游以蓄水工程为主，淮河中游以疏导为主，淮河下游以开凿排洪渠为主，最终建成了一条长 168 公里的苏北灌溉总渠，数目众多的水库和堤防。这一举措提高了淮河防洪泄洪能力，为淮河开凿了一条入海的通道，为京杭大运河的疏通治理打下了坚实的基础；同时，也建成了一个庞大的农业灌溉系统，使得苏北地区重新成为全国重要的大粮仓。

2. 新中国成立后水路运输装备情况

船舶是水上运输和工程作业的主要工具。按用途分，有民用船和军用船；按船体材料分，有木船、钢船、水泥船和玻璃钢船等；按航行的区域分，有远洋船、近洋船、沿海船和内河船等；按动力装置分，有蒸汽机船、内燃机船、汽轮船和核动力船等；按推进方式分，有明轮船、螺旋桨船、平旋推进器船和风帆助航船等；按航进方式分，有自航船和非自航船；按航行状态分，有排水型船和非排水型船。

民用船舶通常是按用途进行分类的。因分类方式的不同，同一条船舶可有不同的称呼。按用途的不同，又可细分为：客货船；普通货船；集装箱船、滚装船、载驳船；散粮船、煤船；兼用船（矿石/油船、矿石/散货船/油船）；特种货船（运木船、冷藏船、汽车运输船等）；油船、液化气体船、液体化学品船、木材船、冷藏船、打捞船、海难救助船、破冰船、敷缆船、科学考察船和渔船等。新中国成立初期，我国造船工业处于末端，只能建造简单的铁甲船。

二、新中国成立后航道的治理

新中国成立后，国家相继开展了对淮河、海河、黄河、长江、官厅水库等大江大河大湖的治理。治淮工程、长江荆江分洪工程、官厅水库、三门峡水利枢纽等一批重要水利设施相继兴建,掀开了新中国水利建设事业的新篇章。

案例 13-1

长江是中国第一大河,干流全长 6300 余千米,居世界第三位。长江流经青海、西藏、云南、四川、重庆、湖北、湖南、江西、安徽、江苏和上海 11 省(自治区、直辖市),注入东海。一级支流有 700 多条,流域面积 180.7 万平方千米。和黄河比较,长江河道稳定,水量大,含沙量小。虽然历史上仍有洪灾,但多有灌溉、航运之利。

党在新中国领导长江治理的发展史,是一部带领中华儿女除水患、兴水利、促发展、惠民生的奋斗史。1949 年,新中国成立在即,长江发生严重的洪水灾害。党中央、国务院密切关注影响国计民生的长江防洪问题,于 1950 年 2 月组建长江水利委员会(以下简称"长江委"),负责长江的治理开发保护工作。面对严峻的防洪形势,长江委 1951—1953 年研究提出了《关于治理长江计划基本方案的报告》,制定了治江三阶段计划,即:第一阶段,以培修加固堤防为主,适当扩大长江中下游安全泄量;第二阶段,堤防结合,运用蓄洪垦殖区,蓄纳超过河道安全泄量的超额洪水;第三阶段,兴建山谷水库拦洪,达到降低长江水位为安全水位的目的。1954 年全流域性特大洪水过后,党中央、国务院部署长江流域规划工作;1958 年 3 月,周恩来总理在中央政治局成都会议上作了关于三峡水利枢纽和长江流域规划的报告;按照中央政治局批准的《中共中央关于三峡水利枢纽和长江流域规划的意见》,长江委编制完成 1959 年版《长江流域综合利用规划要点报告》,确定以长江中下游防洪为首要任务,提出以三峡水利枢纽工程为主体的五大开发计划,合理安排了江河治理和水资源综合利用、水土资源保持内容,注意协调了干支流和其他方面的关系,指导了一个时期长江水利建设,构想三峡工程、南水北调等远景规划,谋划长江治理宏伟蓝图。在 1972 年和 1980 年水电部主持召开的两次长江中下游防洪座谈会上,进一步明确了"蓄泄兼筹,以泄为主"的防洪治理方针和部署。其间,还开展了长江中游平原区防洪排涝方案研究,长江中下游防洪、河道整治等专项规划,为长江水利建设的发展做了大量准备工作。

新中国成立初期,主要开展了长江堤防堵口复堤、荆江分洪工程等蓄洪垦殖工程建设,成功战胜 1954 年全流域性大洪水,开展大规模干支流堤防修复。后期又掀起了水利建设高潮,开工兴建了以大量灌溉、供水为主的水库和灌区配套工程;建成了丹江口水利枢纽、鸭河口、白莲河、柘溪、漳河、陆水等一批大型水利水电工程,实施了下荆江裁弯工程。

1976 年 1 月,国务院环境保护领导小组和水利电力部联合批复成立长江流域水资源保护局,自此长江流域水资源保护工作全面启动。

案例 13-2

黄河,波涛滚滚,奔流不息。璀璨的华夏文明在此孕育,伟大的民族精神在此沉淀,人们唤它中华民族的"母亲河"。黄河发源于青藏高原巴颜喀拉山北麓,先后跨越青海、四川、甘肃、宁夏、内蒙古、陕西、山西、河南、山东等九省区,最后注入渤海。泱泱大河蜿蜒东流,世世代代滋润着中国大地,滋养着沿河而居的人们。然而,史上黄河曾决口 1590 次,改道 26 次,造成巨灾,沿岸百姓苦不堪言。历任党和国家领导人都把黄河治理当作事关安民兴邦的大事予以高度重视,并誓言"要把黄河的事情办好"。

1950年,新中国刚刚成立,黄河水利委员会根据下游河道特点和堤防工程状况,建立了以"宽河固堤"为核心的一系列有关措施,开启人民治黄史上第一次黄河大修堤。数年间,沿岸人民节衣缩食,保卫家园,共有约15万受灾农民参与修堤,成为治黄史上首次真正依靠和发动群众的力量。

"在下游继续加强堤防,巩固坝埽,大力组织防汛,在一般情况下保证发生比1949年更大洪水时不溃决……"1951年,黄河水利委员会第一次明确提出了堤防强度要求。1952年、1955年,堤防工程标准又被不断刷新。正是堤防加强、坝埽巩固,黄河下游两百万人民在1958年战胜了自1919年黄河有水文记载以来最大的洪水。

此后,党和政府继续投入大量人力、物力进行大规模的治黄建设。三门峡水利枢纽、陆浑水库、故县水库、小浪底水利枢纽和河口村水库先后矗立在黄河中游干支流,实现五库联合调度;下游两岸总长1371.2千米的临黄大堤,经历了4次加高培厚;开辟了北金堤、东平湖等分滞洪工程,开展了河道整治工程和滩区安全建设,基本形成"上拦下排、两岸分滞"的下游防洪工程体系……

历史上,黄河下游频繁决口改道的险恶局面得到彻底扭转,连续70年伏秋大汛堤防不决口,避免了由于黄河决口造成的12万平方千米保护区内1.3亿人民生命财产损失,为维护社会稳定和经济发展做出了巨大贡献。

案例 13-3

京杭大运河全长1794千米,是仅次于长江的第二条"黄金水道"。它是世界上开凿最早、长度最长的一条人工河道,其长度为苏伊士运河(190千米)的9倍,巴拿马运河(81.3千米)的22倍。

新中国成立后,国家对运河进行了大规模整修,使其重新发挥航运、灌溉、防洪和排涝的多种作用;对部分河段进行了拓宽加深、裁弯取直,新建了许多现代化码头和船闸,航运条件有所改善。季节性的通航里程已超过1100千米。江苏邳县(今邳州市)以南的660多千米航道,500吨的船队可以畅通无阻。

据记载,京杭大运河始建于春秋时期,距今已有2500多年历史。自吴王夫差开凿邗沟开始,大运河历经了数代王朝的疏浚与整修。通过漕运,大运河加深了我国不同区域间的经济与文化交流,所经之处孕育出一座座名城古镇,承载了无数繁华盛景。这些城市的命运,也随着运河水的潮涨潮落而起起伏伏,其中自然也包括天津。

天津境内的京杭大运河,全长约195千米。其中,南运河约99千米,起点为九宣闸以南的静海区梁官屯村;北运河约96千米,起点为武清区河西务镇的木厂闸。南北运河相向而流,分别流经静海、西青、南开、北辰、武清等区,最终在三岔河口汇聚入海。在清朝末年,铁路和海上运输的兴起,再加上清政府疏于河道治理、水流不足,大运河的不少河段都出现了淤塞,并最终失去了漕运功能;但天津境内的运河却因为水量相对充沛,直到新中国成立后还保持着航道畅通。

三、新中国成立后水路的建设

新中国成立初期,我国交通运输十分落后,基础设施数量少、质量差、等级低、布局偏。内河航道里程共 7.36 万千米,泊位 200 多个,以通用件杂货码头泊位为主。水路运输因其利用天然航道,投资省、见效快。20 世纪 50 年代中后期,内河航道建设掀起高潮,重点实施了川江整治、京杭运河扩建等航道整治工程,内河航道里程增长很快。沿海和长江干线主要港口实行中央集中管理,政府直接指挥和组织企业的生产活动,形成了政企合一、高度集中的管理模式。

新中国成立到改革开放以前,我国内河航道里程由 7.36 万千米增加到 13.6 万千米,增加了 84%。沿海基础设施建设成绩斐然,到 1978 年年底,全国沿海的主要港口共拥有生产型码头泊位 311 个,其中万吨级泊位 133 个;内河主要港口生产型码头泊位 424 个。

案例 13-4

新中国
成立后水
路的建设

南京港浦口码头位于长江南京段的北岸,与江南下关港遥遥相望。新中国刚成立时,浦口港因连年战事、年久失修,加上国民党败退时的破坏,造成沿江 1800 米岸线的 6 座码头存在不同程度的坍塌,码头岸壁出现裂纹,直接影响浦口发电厂以及火车经浦口站过长江,给各类物资运输以及长江两岸人民生活带来巨大困难。

1950 年 1 月,在国家统一调度下,成立了南京浦口码头抢修工程委员会(二航局前身),将浦口码头抢修工程列为首批国家重点项目。在短短 20 天内,从全国 19 个单位调集工作人员及工程师 700 多人,在 1950 年 2 月 18 日拉开了"浦口抢修"的序幕。

正月的长江边,寒风呼啸,冰雪交加。以天津新港工程局(一航局前身)人员为主力的筑港队伍,迅速进入施工现场。当时,施工条件非常艰苦,没有现代化的技术手段,完全靠"人拉肩扛"。为了加固码头边坡,技术人员与工人齐上阵,用钢钎凿开冰层,用手推车运输各种材料。他们在 20 多厘米厚的淤泥中,掺进大量干砂,用土夯法对基础进行密实,再将粉煤灰与水泥搅拌在一起,一点点完成边坡作业。

浦口长江段由于泥沙流失严重,不断出现滑坡现象,建好的边坡不时地出现塌方。抢修过程中动用了 1500 多人,人工挖除淤泥近 600 万立方米。当时的码头结构比较简陋,全部为自然斜坡式码头。为了解决码头的承重问题,需要对地质进行深度加固。来自天津的技术人员和工人们一起,在上千米江滩和江心洲上开挖出上千个竖井,填入砂石。同时,通过抛石沉排护岸,抛石 7.6 万立方米,沉笼 4209 个,稳固了江岸的基础。

经过半年多的艰苦奋战,长江江水主流逐步离开浦口岸边,向江心移动;岸边深槽缩小,主航道的水深逐渐刷新,能够保证航道通行安全。

1950 年 8 月 31 日,浦口港一期工程竣工,各类船舶在浦口码头扬帆起航,南京长江两岸的物资运输逐步恢复,有些物资还通过浦口港运送到长江中上游的城市,对当地经济恢复起到了良好作用。

(资料来源:二航局.南京浦口港! 见证历史的变迁.澎湃新闻,2021-5-6.)

案例 13-5

新中国第一个自行改建的万吨级深水港口——天津塘沽新港的建设。

塘沽新港(现称天津新港)自 1939 年开始兴建,历经十载,始终未能完工。新中国成立时,港口航道、码头也被淤浅,枯潮时只能航行拖船或靠泊木船,亟待修建。

1949 年秋,周恩来总理亲临天津塘沽新港视察,召开政务会议专门讨论塘沽新港建设问题,并于 1951 年 8 月 25 日发布了修建塘沽新港的命令。

1951 年 9 月 5 日,时任交通部部长章伯钧任主任委员的塘沽建港委员会成立,确定塘沽新港建设计划分两期实施。其中,一期要在两年内完成新港航道疏浚及码头修建,并适当整修南北防波堤及港岸的交通运输设备,保证 1952 年冬季满足载重万吨轮船驶入港内停泊装卸。接到任务后,新港工程局(一航局前身)加快健全组织机构,充实人员队伍,将设计组提升为设计科(一航院前身),嵇储彬任设计科长。

改建第一码头是塘沽新港第一期建设的关键项目,在技术上比新建码头复杂得多,遇到了许多想象不到的困难。全长 700 米的塘沽新港第一码头为顺岸式、钢板桩结构。由于桩短入土浅,即使疏通航道,也只能停靠 3000 吨级船舶。改建的目的是将其建成能够停靠万吨级船舶的深水码头,需要将码头前沿深挖至 8.5 米,尤其是先将码头前沿混凝土桩顶标高由水下 6.0 米复打至 8.5 米。

建设者遇到的首个困难就是打混凝土桩。由于土质坚硬打不下去,嵇储彬带领的设计团队多次研究讨论后,决定采用长 11 米的"替打"、5 吨双动式蒸汽锤,遇到过硬土质,再加射水。此举顺利破解了打桩难的困境,创造了单日打桩 22 根的纪录。

施工中最为棘手的技术问题是水下穿拉杆,在码头岸壁钢板桩水下 2.5 米处每间隔 1.6 米设置一根直径 5 厘米、长 18 米的圆钢拉杆。按照施工组织设计,要先挖除码头上层泥土,使拉杆依次穿过仓库地基土、码头卸荷平台和仓库墙基木桩,最后将拉杆陆上一端利用锚碇桩固定,水下一端固定在码头钢板桩。

但是,拉杆下穿和水下端固定在钢板上的方式一时得不到解决,严重影响了工程进度,成为塘沽新港第一期建设能否如期完成的关键。为此,项目全员驻扎施工现场,召开 17 次"诸葛亮会"和专题座谈会。工程师索维垣等人和作业工人经过反复研究试验,最终提出"穿针引线"穿拉杆法,即:利用人力绞车,将直径 7.5 厘米、长 18 米钢管从陆上穿向码头岸壁下部钢板桩。当钢管触及钢板后,由陆上从钢管内通入紫铜管,头部装空心焊条,将钢板桩穿通。然后,由潜水员在水下穿通位置切孔,将钢拉杆通向钢板桩切孔,从陆上抽出钢管。潜水员再在水下用垫板螺母将拉杆下端锚固在钢板桩上,上端锚固在锚碇桩上,一根拉杆即为完成。

"穿针引线"穿拉杆的施工方法从无先例,从开始每周只穿 1 根,逐渐提高到每天穿 14 根。最终,第一期工程于 1952 年 10 月提前完工。

1952 年 10 月 17 日,塘沽新港举行开港典礼,万吨级轮船"长春号""北光号"等驶靠码头装卸。周恩来总理赠送了亲笔题词的锦旗:"庆祝新港开港,望继续为建港计划的完成和实施奋斗。"

开港一周后的 10 月 25 日,毛泽东主席亲自视察了塘沽新港。塘沽新港是新中国成立后第一座自行改建的深水港口。至此,塘沽新港成为天津港的一部分,也标志着天津港开始由河港向海港转折。

（资料来源:中国交建.塘沽新港! 新中国第一座自行改建的深水港.澎湃新闻,2021-6-4.)

案例 13-6

华南地区对外贸易的重要口岸——广州港的建设。

1949 年以前,广州港仍是一个规划不全、设施陈旧、设备落后、主要靠人拉肩扛装卸的落后港口。

1949 年 10 月广州解放,广州港百废待兴,港口经过整治和修复,陆续恢复了生产。其中,黄埔港埠经过修复,于 1950 年 10 月设置广州区港务局黄埔办事处对外开放营业。以简陋的港口设施,组织了广州—海口、广州—湛江及广州湾各小港之间的航运,抢运国家经济建设急需的进口物资和支援解放战争,显示了它在华南沿海和远洋运输中的重要地位。

1953 年至 20 世纪 60 年代,广州港的建设开始启动。内港区主要是通过归类改造,把以前杂乱无章的沿海两岸的破旧码头,集中成为河南、芳村、如意坊等几个较规范的货运码头,并新建黄沙货运码头,结束了市区长堤一带三步一堆场,五步一码头,客货混杂,交通拥挤的局面。在黄埔外港区,在旧中国的 400 米码头的基础上,先后续建了中码头和黄埔大码头等几个万吨级泊位。

20 世纪 60 年代中期,广州港的年吞吐量已达到 700 万吨左右。由于广州港历史上就形成了地理优势,社会货物的流向高度集中到广州港出口,所以,广州港已确立华南主枢纽港的地位,成为华南最大的港口。并且,广州港已与 33 个国家和港口有贸易运输往来,成为我国当时最主要的对外贸易口岸之一。

（资料来源:《孙中山当年的"南方大港"构想,今天已经成为现实》）

案例 13-7

湛江港是新中国成立后第一座自行设计建造的深水海港。

1955 年 7 月 4 日,国务院作出《关于建设湛江港的决定》,将湛江港列为新中国第一个五年计划的重点建设项目。7 月 31 日,湛江港建设正式破土动工。此前,为了给码头设计部门提供勘察设计数据,交通部航务工程总局筑港工程局广州区工程处（四航局的前身）将正在广州修建黄埔港码头的打桩力量调往湛江,于 1954 年 9 月在湛江港开始试打桩任务。在不到一个月的时间里,共试打混凝土桩、木桩等 50 余根,满足了设计部门的要求。

1955 年,四航局抽调骨干力量 400 余人参加了湛江港的建设,与当地政府的 230 多名干部和万余民工展开了热火朝天的建港大会战。建设者发扬艰苦奋斗精神,抛石块,打桩孔,苦干巧干。经过半年多努力,到 1955 年底,深水码头主体工程基本竣工。在湛江港开港筹委会 1956 年 5 月 1 日举行的"庆祝'五一'新建湛江港投产（试）使用大会"上,"南海一八二号"等轮船在新建的码头顺利靠泊,整个码头工地一片欢腾,宣告了湛江新港的诞生,结束了我国不能自行建设大型海港的历史,成为我国航务工程建设上的一个创举。

随着当时国际、国内形势的发展,按照周恩来总理"湛江港是个商港,援外物资专用码头不宜同商港连在一块"的指示,国家有关部委决定在湛江调顺岛兴建援外物资专用码头和矿石专用码头,均为万吨级泊位。1966 年 12 月下旬,四航局与湛江港务局共同组建了工程指挥部。四航局第一工程大队除了留守人员外,全部奔赴湛江投入工程建设。为实现 1970 年"五一"节投产,建设团队以大庆为榜样,形成了你追我赶的竞赛局面,职工的决心书、挑战书贴满了会场,干劲高昂。

调顺岛大海堤是主要分项工程,需要土石方量 30 万立方米。建设团队因地制宜、土洋结合,发动当地人民公社近 3000 名社员自办采石场;在航运部门的大力支持下,组织当地民船近 500 艘,利用机械化施工力量,形成土石方产运一条龙,终于在 1968 年年底建成长达2.3 千米的大堤。在航道整治施工中,四航局创新采用链斗式挖泥船施工,仅用两个月时间就攻克了水下开挖岩石难关,完成了航道整治施工任务,保证工程于 1970 年 5 月建成投产,形成了湛江港第三作业区。

1973 年,周恩来总理作出"三年改变港口面貌"的指示,湛江港油码头是计划的重点项目之一。油码头位于湛江港第二作业区,主要用于原油及燃料油装卸。承担该工程设计、施工任务的四航局广大职工发扬团结奋斗精神,勘测人员提前 40 天完成了地质勘察;设计人员仅用 1 个月时间就拿出码头设计初步方案;项目混凝土构件预制厂挖填砂量 3.5 万立方米,1973 年 10 月 14 日成功预制第一根混凝土桩。在施工高潮的 1974 年第二季度,四航局参建职工 160 多人,民工 300 多人,船舶最多时 21 艘,栈桥和码头安装每天赶两个低潮位,码头主体工程完工仅用时 9 个月。

为持续服务湛江港建设,1974 年 3 月,经交通部批准,四航局在湛江地区成立"四航局湛江基地筹建处",同年 7 月 5 日,四航局组建第三工程处,即"交通部第四航务工程局第三工程处"(四航局三公司前身)。人员除了四航局原有在湛江的建设队伍外,还有来自贵州省交通设计建设行业,以及昆明、柳州、武汉和广州等地的建设力量共计 2000 余人搬迁落户湛江,开启湛江港建设新篇章。

(资料来源:四航局:《湛江港! 为新中国设计建设第一座深水港》)

案例 13-8

1961 年 4 月 27 日(农历三月十三),中国远洋运输总公司成立。

我国是一个海域辽阔的国度,中华民族的航海史绩,为世界人民所称道。然而新中国成立时,对外海运几乎是空白。发展中国的航海业,是振兴中华的重要组成部分。因此老一辈领导人对我国的远洋运输事业格外关心和支持。

20 世纪 50 年代中期,毛泽东主席就提出了组建和发展中国远洋运输船队的设想。李富春、李先念、叶剑英以及当时国务院有关领导和三军将领,都为如何组建中国远洋船队做过重要指示。1961 年 4 月 27 日,新中国成立了第一家海洋运输企业——中国远洋运输总公司。第二天,"光华"轮满载着中国人民的深情厚谊起锚出发,揭开了中国远洋运输史上新的一页。陈毅元帅在 1964 年参观"光华"轮时,即兴填词一首《满江红》,其中写道:"待明朝舰艇万千艘,更雄放。"充分表达了他对我国海运事业寄予的无限希望。

然而,中国远洋运输总公司发展的道路并非一帆风顺,它也经历了艰苦创业的年代。公司成立初期只有 4 艘小船,载重量 22 万吨,职工仅 627 人。由于当时国家无力对远洋船队大量投资,因此同意中远公司在国家投资占一定比例的基础上,利用国内外贷款发展远洋运输船队。从那时起,中远公司就逐渐走上自主经营、自我积累、自我改造、自我约束的发展道路。在周总理提出的"坚持买造并举,方利我远洋运输事业"方针指导下,中远公司取得了颇令国际航运界同行所瞩目的成绩。

1964 年 12 月,中远首次按国际惯例利用银行贷款购进"黎明"号货船。这使中远成为中国首家利用银行贷款发展远洋船队的船公司。从此,中远开始按照"贷款买船,赢利还贷"模式,自力更生发展远洋船队。

1967 年 5 月,中远广州分公司"敦煌"轮从黄埔起航,开往西欧,标志着新中国第一条国际班轮航线的开通。20 世纪六七十年代是中远船队规模大发展时期。到 1975 年底,中远公司船队总吨位突破 500 万吨。这期间几乎是每年以近百万吨的巨额数字增长,备受国际航运同行瞩目。

中国第一艘集装箱班轮、中远上海分公司的"平乡城"轮于 1978 年 9 月 26 日从上海港启航,驶往澳大利亚悉尼港,这标志着中国远洋集装箱运输经营从此正式开始。

(资料来源:中国远洋运输总公司成立.https://www.chazidian.com/d/4-27/3934/.)

案例 13-9

大沽灯塔耸立于天津港大沽口锚地的海面上,是我国第一座从海底建起的固定式灯塔,是一座功能齐全、设施良好的海上灯塔,是 20 世纪六七十年代我国自行设计、建造的第一座海上最高灯塔。其实,大沽灯塔的历史可以追溯到一百多年前。在正式建塔引航之前,大沽灯塔的前身"大沽灯船"可谓见证了天津海洋文化近百年的变迁。

滨海新区曾是近代中国人民抗击西方列强侵略的最前沿,也是洋务运动与中国北方近代工业的发祥地,享有"近代中国看天津,天津百年看滨海"的美誉。而以天津港为标志的港口文化,每一次变迁都在天津历史上引发了因港兴城的巨大契机。第二次鸦片战争后,天津塘沽被开辟为通商口岸,进出天津港的船舶日益增多,最初简单的航标早已无法保证船只的航行安全。在这一大背景下,1878 年,天津海关改装了停泊在大沽口外的一艘名为"伊顿"号的旧趸船,它也成为"初代大沽灯船"。但由于灯器来自其他旧灯船拆下来的老旧设备,"伊顿"号的亮度只有 350 烛力,并在使用的第二年就因船体破旧而偏斜沉没。

1880 年,天津海关在上海制造了一艘铁骨木壳新船,并将亮度升级到了 2000 烛力,还配备了警雾号角和多面铜锣,以弥补浓雾天气引导航向的缺陷。这艘仍停泊在原处的灯船总计服役 30 余年,在中日甲午海战期间才暂时撤除。

1911 年,天津港贸易量持续上扬,铁骨木壳灯船也被一艘全新的铜质灯船取代。这艘灯船的船体呈红色,两侧用白色英文写有"TAKU"(大沽)字样,而后来的大沽灯塔也延续了第三艘铜船的配色。设备配置上,TAKU 上安置了四等旋转明灭灯一盏,烛力达到了 4.5 万支,射程随之上升到 11 海里。这艘不断升级硬件的灯船也为出入天津港的船舶提供了重要的引航服务。虽然立下汗马功劳,但在 1948 年,战败的国民党军队从塘沽乘船南逃时,士兵打碎了灯器,使大沽海面陷入了一片漆黑。

　　1958 年 12 月,海河口建立防潮闸后,大沽沙航道被停止使用,灯船移位到新港主航道最南端的进口处。至此,大沽灯船在此锚泊 80 年的历史宣告结束。

　　灯船没有动力,遇到七级以上大风时需要拖进港内避风。每年冬季,由于大沽口海面结冰,灯船从年底至次年 3 月初需撤回,由较大吨位的拖轮装上灯器代替灯船。中、外船舶常因失去标志而走错航路,灯船上值班人员工作条件和生活条件都非常艰苦,并且十分危险。在这一情况下,在天津港主航道口门处选址建设助航设施已经势在必行。

　　从 20 世纪 60 年代起,天津港及有关部门就开始研讨在大沽口建造海上灯塔的问题,随着天津港的发展,建造大沽口灯塔很快被提到议事日程上来。1968 年,大沽灯塔工程交由交通部中交第一航务工程勘察设计院设计,1971 年 10 月,大沽灯塔正式开工建设。交通部第一航务工程设计院承担设计任务,第一航务工程局第一工程处承担塔体施工任务,天津航道局负责基槽挖泥、填砂、灯塔定位等工程。上海航标厂承担航标灯机、灯器和透镜的制作及安装,天津工艺美术设计院和天津家具五厂分别承担室内装饰设计和家具制作装配。灯塔建设历经 6 年半时间,于 1978 年 5 月 1 日正式投入使用。

　　大沽灯塔位置在新港船闸东 13.3 海里处,共 11 层,塔高 38.3 米,塔的水下部分为一个重 1500 吨的锥台式钢筋混凝土沉箱和 54 根 24.5 米长的钢板桩。塔身由钢筋混凝土圆筒组成,塔顶装灯器,灯器高六米多,直径 3 米,重 16 吨,灯高 35.6 米,射程 17 海里。大沽灯塔的设计制造填补了我国在海域地基上建筑的空白,1979 年获得了交通部科技成果奖,而其稳固的结构经受住了唐山大地震和万吨轮船撞击的考验。

　　(资料来源:滨海发布:发现滨海之"最"《我国自行设计、建造的第一座海上灯塔——大沽灯塔》)

四、中国水路运输装备的发展

　　1949 年新中国成立后到 1978 年十一届三中全会召开之前,是我国船舶工业的奠基发展阶段。在这一时期,我国船舶工业主要是为海军建设、航运交通和海洋开发提供主要装备,是关系国家安全和重大国计民生的战略性支柱产业。具体来看,这一时期大致又可以分为外部引进奠基发展(1949—1960 年)和独立自主初步形成造修船工业体系(1961—1978 年)两个阶段。

(一) 新中国成立后的外部引进奠基发展阶段(1949—1960 年)

　　这一时期是从 1949 年新中国成立开始,一直持续到 1960 年左右,核心成就是在苏联的技术援助下奠定了我国现代船舶工业的基础。1953 年 6 月,我国政府与苏联政府签订了海军订货协定(简称"六四协定"),通过"转让制造"方式引进了苏联军用舰艇制造技术,建造了一批当时来看较为先进的战斗舰艇,由此开启了我国船舶工业的现代化奠基发展之路。在"转让制造"这一过程中,我国对当时江南、沪东、求新、芜湖、武昌、广州等船厂进行了技术改造,新建了船用高中速柴油机、仪器仪表、特辅机、水声设备、水中兵器等一批关键配套厂。在这批新建配套厂中,有 6 个属于苏联成套技术援助的 156 项国家重点建设项目。在造船技术方面,焊接普遍替代了传统的铆接工艺,船体分段和总段建造法取代了整船散装法,使船舶工艺流程改进、机械化程度提高、造船周期缩短、造船质量有了保证。到了 1959 年,

116 艘军用舰艇基本完工,其战斗性能相当于国际上 20 世纪 40 年代末 50 年代初的水平。连同其他军用船舶,我国船舶工业 10 年内共生产军船 484 艘。这一时期,船舶科学研究所、上海船舶工业学校和造船学院等船舶科研设计机构和学校从无到有地创建起来,一些大学还设置了造船专业。苏联曾多次派专家前来指导、协助,我国也选派了近 100 名干部工人赴苏联学习,通过请进来、走出去和边干边学的办法,我国船舶技术管理干部和工人队伍也逐步壮大起来。总的来说,在外部援助支持下,新中国船舶工业经过 10 年艰苦创业,初步实现了现代船舶工业的奠基发展。

(二) 独立自主初步形成船舶工业体系阶段(1961—1978 年)

这一时期主要从 1961 年到 1978 年党的十一届三中全会。这是中国船舶工业曲折前进的 18 年,也是中国船舶工业取得突破性进展形成完整工业体系的关键阶段。1960 年,苏联政府单方面毁约中苏第二个海军订货协定(简称"二四协定")。1966 年,我国发生持续十年的"文化大革命"。在此背景下,我国船舶工业克服重重困难,自力更生,艰苦创业,不但使我国跻身于世界上拥有核潜艇和远洋靶场船队的少数国家的行列,而且基本形成了相对完整的船舶工业体系。在这一时期,我国船舶工业主要有以下四个方面的贡献。

(1) 我国船舶工业排除干扰,奋发图强,独立自主地研制出了核动力潜艇、导弹驱逐舰和远洋测量船等第一代战斗舰艇和特种船舶;我国成为当时世界上第五个拥有核潜艇和第三个拥有远洋靶场船队的国家,船舶业的整体技术水平已相当于 20 世纪 60 年代初的国际水平。

(2) 批量建造了适应远洋运输发展需要的民用海洋船舶。大连、沪东、江南等船厂新(扩)建了 9 座万吨级以上的船台,山海关、北海、澄西等船厂新(扩)建了 8 座万吨级以上的船坞,这些船台和船坞形成了以大连、天津、上海、广州为中心的大型船舶造修基地。据统计,我国从 1960 年到 1978 年累计建造了国内万吨级以上船舶 119 艘、197 万吨,其中批量建造的最大船舶为 5 万吨级油轮。

(3) 到 20 世纪 70 年代末,基本形成了比较完整的船舶配套网络体系。船舶工业已经拥有船用动力、船用辅机和特种辅机、精密导航仪表、水声、水中兵器、蓄电池等专业配套设备厂 60 多个;再加上冶金、机械、电子、兵器、化工、核工业等部门和有关省市自治区的船用配套设备厂点,全国共有专业厂 160 多家、生产点 350 多个。

(4) 初步建立了专业比较齐全、试验手段比较完备先进的科研设计体系。我国船舶工业现有的科研设计机构,绝大部分是这一期间创立和建设起来的。比如,中国舰船研究院于 1961 年正式成立,该院所属中国船舶科学研究中心,拥有先进的齐装配套的试验水池群和风洞、水筒、大型试验平台等试验设施,在亚洲位居第一,在全世界也屈指可数,是当时专业配套齐全的综合性舰船工程设计研究机构。上海船舶研究设计院于 1964 年正式成立,目前仍是中国船舶工业集团公司旗下具有国际影响力的民用船舶设计单位。综合来看,在这一时期,我国船舶工业在曲折中前进,整体技术水平保持了基本稳定,基本形成了包括造船、修船、船舶配套以及船舶科研教育等在内的相对完整的船舶工业体系。

专题小结

　　水路运输对经济、文化发展和对外贸易交流起着十分重要的作用。根据航行水运性质,水运分为河运和海运两种。它们是以河流和海洋作交通线。新中国成立之初,由于国民党政权对海港及海运设施的大肆破坏,当时只留下 23 艘轮船,总吨位 3.4 万吨。新中国成立后,国家相继开展了对淮河、海河、黄河、长江等大江大河大湖的治理。20 世纪 50 年代中后期,内河航道建设掀起高潮,重点实施了川江整治、京杭运河扩建等航道整治工程。到改革开放以前,我国内河航道里程由 7.36 万千米增加到 13.6 万千米,增加了 84%。沿海基础设施建设成绩斐然,到 1978 年年底,全国沿海主要港口共拥有生产型码头泊位 311 个,其中万吨级泊位 133 个;内河主要港口生产型码头泊位 424 个。

拓展阅读:
新中国成立
初期怎样
开展大规模
水利建设

学习思考

　　1. 新中国成立初期的水路状况是怎样的?

　　2. 新中国成立后进行的航道治理主要有哪些?

　　3. 新中国成立后进行的水路建设有哪些?

　　4. 中国水路运输装备的发展是怎样的?

新中国的航空运输建设与发展

学习目标

（1）了解新中国成立后的航空运输概况。

（2）明确新中国成立后的航空运输装备现状。

（3）明确两航起义的概念。

（4）了解新中国成立后航空运输装备的研制发展情况。

（5）在学习中养成精益求精、勇于创新的工匠精神，增强民族自豪感。

学习导入：
中国航天
逐梦蓝天

中国航天波澜壮阔的发展史不仅是党史的重要组成部分，也是一部中国工业文化史。在中国共产党的坚强领导下，我国坚持走中国特色新型工业化道路，取得了举世瞩目的伟大成就，极大增强了我国的综合国力、国防实力和国际竞争力，显著提高了人民群众生活质量和水平，为我国实现从站起来、富起来到强起来的历史性飞跃提供了强有力支撑。我国工业发展是一个具有恢宏史诗般的"中国故事"，是中国经济的脊梁，创造了世界工业史上的一个个"中国奇迹"，铭刻了筑梦路上一个个"中国印记"。当前，在我国实施制造强国战略的关键时期，迫切需要创新发展符合时代、与强国建设相协调的工业文化，为推动我国工业高质量发展提供了强大的精神动力和柔性支撑。

党的十九大报告强调，要"弘扬劳模精神和工匠精神，营造劳动光荣的社会风尚和精益求精的敬业风气"。党的十九届四中全会提出，要"弘扬科学精神和工匠精神，加快建设创新型国家"。我们要传承大庆精神、铁人精神、"三线"精神、"两弹一星"精神、载人航天精神、探月精神、载人深潜精神、北斗精神、劳模精神、工匠精神等为代表的中国工业精神，不断彰显道路自信、理论自信、制度自信、文化自信，引领中国特色新型工业化道路建设从强大走向辉煌。

一、新中国成立初期航空运输的现状

交通运输是中国国民经济发展的基础产业，其发展水平的高低直接关系到国民经济发展速度的快慢。在历史上,交通基础设施的建设也是中国产业和城市形成与分布的重要依托,交通网络的延伸和改造,对改善中国区域差异、优化生产力布局和城镇化,起着重要的推动作用。

自新中国建立以来,中国交通基础设施建设就一直落后于经济发展的需求,成为制约经济快速发展的"瓶颈"。改革开放后,中国交通运输体系发展速度加快,基础设施的建设受到重视,但仍基本属于滞后型发展。1950年,中国民用航空局初创,开辟了营业性质的固定航线,并有定期的航班飞行。不过,航线仅12条,其中国内9条、国际3条,航线总里程仅11369千米,运送旅客1.04万人。1953年,中国开始实施国民经济第一个五年计划,在工业领域建设一批重点项目。航空工业作为中央明确的军工重点行业,开展了大规模建设。在"一五"期间苏联援建中国的156个项目中,航空工业占了13项(包括飞机、发动机制造厂4项,机载设备厂5项,飞机、发动机修理厂4项),累计投资10.94亿元,占全国基建总投资的2%,占国防工业基建投资额的30%。截至1978年年底,中国民航机场达77个,国内航线150条,总长度9万千米;国际航线12条,总长度5.53万千米,通达12个国家。

改革开放后,由于中国经济持续稳定发展,航空运输的社会需求急剧增长,极大地促进了航空运输业的发展,机场在各省区中心城市、经济中心、主要旅游城市展开。民航旅客构成多元化,私人出行不断增加;高价值高时效货物运输逐渐增加。旅客和货邮运输量迅猛增长。中国航空向更加开放化、市场化、全球化的方向发展。

案例 14-1

中共中央确立"3~5年出飞机,实现由修理到制造的过渡,形成飞机、发动机制造能力"的目标,国家在财力、物力、人力等方面给予了大力支持。航空工业局确立集中力量打歼灭战、有效利用国家投资、争取提前完成建设任务的原则,积极创造条件,克服种种困难,全力推动项目建设。航空工业建设者们怀着强烈的事业心、责任心、使命感和紧迫感,在艰苦的生活和工作条件下,忘我地投入劳动,为祖国的蓝天事业贡献力量。

哈尔滨飞机制造厂的建造场景如图14-1所示。

图 14-1 哈尔滨飞机制造厂的建造场景

二、新中国成立后我国航空运输的发展

1949 年 11 月 2 日,中共中央政治局作出决定,在人民革命军事委员会下设民用航空局,受空军司令部指导,新中国民用航空局宣告成立。民用航空局成立初期,新中国只有几条短航线,机场狭小,设施简陋,主要执行一些临时性的专包机任务。1950 年 7 月 1 日,中苏民用航空股份公司正式成立,即日开辟北京至赤塔、伊尔库茨克和阿拉木图的三条国际航线。1950 年 8 月 1 日,新中国民航最早的两条国内航线"天津—北京—汉口—重庆"与"天津—北京—汉口—广州"航线开通。此后,新中国民航克服重重困难,把航线伸向祖国大江南北、长城内外。

"两航"起义之后,新中国第一支通用航空飞行队(天津民航发展)在天津组建成功,并于 1950 年 8 月开辟了天津始发经武汉至广州、重庆的两条航线。1952 年 7 月,新中国第一家航空公司——中国人民航空公司在天津成立,并开始训练自己选拔与培养的首批飞行人员。1955 年 3 月,以天津机场为基地组建了第一支专业航空队,担负全国的专业飞行任务。1958 年,天津机场成立了高级航空学校,是中国第一个民航院校;后改为机械专科学校,现为中国民航学院,为民航事业培养了一批又一批的各类专业技术人员。因此,天津素有"中国民航的摇篮"之誉称,在中国的民航发展史上有着极为重要的地位。

天津的民用航空起步较早,但发展较慢。1990 年,天津机场的飞行流量在全国各机场排名榜上只占第 24 位。但是,天津民用航空的科技水平并不落后。它是集大量应用高科技于一身的系统工程,它包括航空器、飞机场、飞行保障、客货和通用航空的服务系统。20 世纪 20 年代至 50 年代初,降落过天津的航空器均为活塞螺旋桨式飞机,几何尺寸小,载量不大,航程较短,巡航速度最快也只是每小时 300 多千米。人工驾驶、所用的仪表不多,主要靠地标领航和后来的无线电领航。20 世纪 50 年代后期,涡轮螺旋桨式、涡轮喷气式飞机先后飞来天津。飞机的几何尺寸、发动机功率、巡航速度、最大航程、续航时间、飞行高度、载客人数和总载量均有了很大发展,最大起飞全重可达 378 吨。此时的飞机由无线电领航发展到惯性导航、多普勒雷达导航,而且还配有盲降仪、次雷达应答机、自动驾驶仪等设备,可以进行自动驾驶飞行。

天津的飞机起降场地最早只是经过碾压的普通道面,后来才成为沥青混凝土道面。1990 年,天津机场已有一条 3200 米长、50 米宽、0.39 米厚的水泥混凝土跑道。载荷等级号为 PCN50,可供实际全重为 300 吨的各类飞机(包括超音速飞机)使用,是国内最长的跑道之一。旅客登机梯由人工移动而发展为客梯车、登机桥。售票已实现全国计算机联网。货物装卸已由传送带、升降车等设备逐步取代人工完成。天津民航早期飞行保障系统的工作,主要靠人工完成。中华人民共和国成立以后,特别是进入 20 世纪 80 年代以来,飞行流量不断增加,飞机型别不断发展,逐步采用机械、电气和电子设备予以保障,开始向机械化、自动化发展,使飞行的安全性有了很大的提高。

天津早期的民用航空飞行不以天津为基地,也不在天津机场加油,故并无航空燃油保障工程。1948 年秋,天津机场开始为民航飞机加油,用美国产桶装 70~100 号航空汽油。由汽车拉到机场,用手动泵从桶内抽取、再用人手提着,倒入飞机油箱。1951 年 10 月—1952 年 11 月,天津机场进行第一次扩建,采用由下而上、搭脚手架安装罐体的方法,建成地上培土式油罐 13 个,储油量为 285 立方米;增置日本产带双泵的尼桑牌加油车一辆,美国产斯梯伯克运油车一辆。从铁道部天津信号工厂铁路专用线卸油,经机场油罐储存过滤后,再用加油

车的油泵直接将油注入飞机油箱,加油速度为 8400 升/小时。

从 1958 年至 1960 年,天津机场第二次扩建,采用由上而下的模式——工人只需在地面操作的倒装法,并陆续增建 10 个油罐。到 1973 年年底,天津机场已有 6 部加油车。1974 年 5 月,天津机场开始第三次扩建,采用吊装焊接法安装油罐,1980 年总储量达 9550 立方米。油罐主要储存航空煤油,储油罐内的温度和油量等数据可从仪表房内检测记录;罐顶有自动释压阀,起到自动调节罐内压力的作用。给飞机加油,主要用管道设施进行,加油速度可达 72000 升/小时。到 1990 年年底,天津机场所用的航空燃料已全部为国产产品。

三、中国航空运输装备的研制发展

1956 年 7 月 19 日,是一个令辽宁人民自豪且难忘的日子。在这一天,我国自行设计生产的第一架喷气式飞机——歼-5 一飞冲天,让中国成为世界少数能够生产喷气式飞机的国家之一。而这架开启中国航天喷气时代的飞机就是在沈阳一一二厂(现沈飞集团公司)生产完成的。新中国成立后,虽然在全国经济尚在恢复之际,但为了摆脱长期战斗中空战受制于人的困境,国家军委副主席聂荣臻于 1954 年 11 月下达了试制歼-5 型飞机的命令。接到任务后,一一二厂的干部和工程技术人员即开始紧张筹备工作,到 1955 年 8 月,完成了工艺规程和模线样板等准备工作。歼-5 飞机是中国引进苏联米格-17Φ 飞机试制的一种高亚声速歼击机,初期代号"56"式歼击机("东风"101),主要用于争夺战场制空权,也可用于近距对地攻击。该机性能先进,技术难度大,配套关系复杂,全机 25 万多个零组件,使用 2000 多种原材料。截至 1956 年 2 月,整个飞机的 14719 种 253350 个零件制造完毕,6 月组装工作全部完成。

1956 年 7 月 19 日,牵引车拖着一架银白色印有"中 0101"的歼-5 飞机在晨曦中来到沈阳于洪机场。在一切准备完毕后,试飞员吴克明驾驶着新中国第一架喷气式战斗机呼啸腾空、跃升、俯冲、盘旋……经过一系列预定的试飞动作后,飞机安全着陆。由于试制质量良好,歼-5 飞机参加了 1956 年国庆阅兵。歼-5 飞机(见图 14-2)及其配套发动机(见图 14-3)的试制成功,标志着新中国航空工业跨入了喷气时代,也标志着中国空海军航空装备开始立足于国内生产。歼-5 飞机列装后,成为二十世纪五六十年代中国空海军航空兵的主力装备,在福建前线和广西击落击伤多架入侵敌机,屡立战功。歼-5 飞机以其良好的性能受到人民空军和海军航空兵飞行员的欢迎、喜爱。他们驾驶着歼-5 型飞机,保卫中国领空安全,在祖国的蓝天上自由翱翔。

图 14-2 歼-5 飞机

图 14-3 涡喷 5 发动机

专题小结

1949 年 10 月 1 日，新中国成立，揭开了中国民航事业发展的新篇章。从这一天开始，新中国民航迎着共和国的朝阳起飞，从无到有，由小到大，由弱到强，经历了不平凡的发展历程。1949 年 11 月 2 日，中国民用航空局成立。初创时期的新中国民航规模小，基础薄弱，仅有 12 架小型飞机，3 条国际航线和 9 条国内航线。1950 年，中国民用航空年旅客运输量仅 1.04 万人，货邮运输量 0.1 万吨，货邮周转量 0.01 亿吨千米。1952 年 8 月 5 日，新中国创办的第一家国营民用航空运输企业——中国人民航空公司成立。1953 年，中国人民航空公司与民航局合并。到 1976 年底，国际航线 8 条，通航里程 40933 千米。

学习思考

1. 新中国成立之后的运输装备状况是怎样的？
2. 新中国成立之后，航空运输装备的研制发展情况是怎样的？

专题 15

新中国的交通运输相关法律法规的建立

🐎 **学习目标**

（1）了解新中国成立后我国交通运输相关法律法规的状况。

（2）了解新中国成立后我国交通运输相关法律法规的建立与发展过程。

（3）感受交通运输相关法律法规的建立对人民出行便利和安全感的提升。

学习导入：
交通运输相
关法律法规

我国疆域辽阔，交通管理历史源远流长。从交通行为产生的那天起，人们就开始了对交通管理的探索与实践，经历了交通管理制度从无到有、交通管理职能从兼到专、交通管理内容从粗到细。

新中国成立以来，我国根据不同种类的交通行业分别颁发了《铁路法》《海港管理暂行条例》《水路运输管理条例》《海上交通安全法》《道路交通管理条例》《民用航空器适航管理条例》《邮政法》《港口法》《中华人民共和国道路交通安全法》等法规条例。交通活动具有国际性，国际上先后制订了一系列交通公约、协定和规则。中国参加或承认的主要有《联合国国际货物多式联运公约》《国际集装箱安全公约》《国际海上危险货物运输规则》《班轮公会行动守则公约》《国际海上人命安全公约》《国际铁路货物联运协定》《国际旅客联运协定》《国际民用航空公约》《统一国际航空运输某些规则的公约》《万国邮政公约》《国际电信公约》等。交通法规的作用是维护交通参与者的合法权益，制裁违法行为，保障交通的安全和畅通。

新中国的
交通运输相
关法律法规

一、新中国成立前的车辆与驾驶人管理

1901年，我国有了第一辆汽车。1902年，我国开始进口汽车。1903年，清政府在天津设立了管理交通的警务人员，任务是"平易道路"（即管理交通）。1905年，北京巡警总厅警务处设立了交通股，有了专门的交通管理机构。1920年前后，在上海出现了专门针对车辆的管理法规。随后，北京、上海、青岛、汉口、广州等一些大城市都相继公布了地方性的社会车辆管理法规。这些车辆管理法规奠定了我国车辆管理法规的基础。

1934年12月，当时的内政部颁布了全国统一的《陆上交通管理规则》，其中有103条包括车辆管理的内容。这是我国近代第一部全国性的交通管理法规，其中有对汽车进行登记、检验的规定。

1937年至1945年，当时的国民政府行政院及交通部陆续公布了一批全国性的车辆管理法规，如《汽车管理规则》《汽车驾驶人管理规则》《发给各国驻华外交官汽车牌照驾驶执照优待办法》《入境汽车驾驶人员申领驾驶执照办法》《汽车补牌补照过户及变更登记实施细则》。这是我国专门对汽车及驾驶人管理作出相关规定的第一批车辆管理法规，确定了汽车号牌、执照、驾驶执照由交通部统一制发。1939年，当时的交通部成立了汽车牌照管理所，国民政府行政院再次发布《汽车管理规则》，合并了关于对汽车检验、登记的规定和对驾驶员考验发照的规定，还把我国道路交通实行靠左侧行驶的原则改为靠右侧通行。1947年7月，经行政院核准，交通部公布《汽车管理规则》。根据这一规则，随后发布了一系列实施细则或办法，将原来《汽车管理规则》中的汽车登记、汽车检验、汽车装载和驾驶人考验、驾驶人及技工受雇和解雇登记等的细则单项公布。

二、新中国成立后我国交通运输相关法律法规的建立与发展

（一）道路交通运输法律法规的建立与发展

道路交通法规是国家在道路交通管理方面制定的维护交通秩序、保障交通安全与畅通的规则、规定、办法和技术标准等的总称。它是国家行政法规的重要组成部分，属于法的范畴。它和其他法一样，不是从来就有的，而是随着阶级、国家的产生而产生的，是随着社会的发展而发展的。

中国最早的全国性交通法规是国民政府于1934年12月颁布的《陆上交通管理规则》，当时实行左行通行制。抗战胜利后，国民政府接受了大批美国援助。美国汽车因马力大、性能好而开始大量进入中国，右驾车占据了数量优势。于是，国民政府下令从1946年1月1日零时起，汽车一律靠右行。当年颁布的《公路汽车监理实施办法》也开始改为右行制。

新中国成立后，党和人民政府十分重视道路交通安全工作，政务院于1950年3月20日批准公布了《汽车管理暂行办法》。这是新中国颁布的第一部道路交通法规。1951年5月，公安部又颁布了《城市陆上交通管理规则》，建立了我国道路交通法规的基本内容和结构。但由于当时缺乏立法经验，这部法规在立法技术上还存在一些问题，其中最大的缺陷就是没有处罚规定。这不仅使法规本身不够完整，而且给执行工作带来了困难。1955年8月，经国务院批准，由公安部公布了《城市交通规则》，同时宣布1951年的暂行规则废止。这部规则根据当时的道路交通情况，删除了原暂行规则中的"道路"和"牲畜"两章，增写了"机动车驾驶员"与"交通指挥信号和交通标志"等章节。在内容、结构和文字表述上，比原规则前进了一步，但仍然不够完善。这部规则的主要问题是虽然规定了处罚及其种类，但没有规定罚款的数额、扣留驾驶执照和拘役的时间，而且对交通事故处理放弃了原规则中的正确原则，而规定由公安机关和交通监理一揽子负责到底。实践证明，这种做法不仅削弱了交通管理第一线的力量，而且也不符合法制的要求。

根据实践中暴露出的问题，公安部和其他部门于1959年9月联合颁发了《关于城市交通规则的补充规定（草稿）》。针对当时出现的"多拉快跑""汽车实行列车化"等现象，该补充规定

明确规定:车辆装载不准超过规定的重量,小型汽车时速不得超过 60 千米,客运汽车只准拖挂一辆,自行车在转弯时要伸手示意等。当时,交通秩序混乱的现象在公路上同样存在。

为了加强公路交通管理,便利交通运输,维护交通安全,以适应国民经济大跃进的需要,经国务院批准,交通部于 1960 年 8 月 27 日公布了《公路交通规则》。该规则规定:各项交通标志可安装照明或反光设备;在少数民族聚居或多民族杂居的地区,还应根据具体情况,加用当地通用的少数民族文字。

(二)铁路交通运输法律法规的建立与发展

由铁道部公布的《铁路货物运送规则及补则》(1954 年公布,经 1958 年、1965 年、1972 年和 1980 年多次修订)和《铁路货物运输规程》(1981 年),是铁路和发货人、收货人组织货物运输、划分权利、义务和承担经济责任的基本规章。《旅客行李和包裹运送规则》(1956 年)和《铁路旅客运输规程》(1980 年),对旅客运输、行李、包裹运输、运输发生意外的处理等作出了规定,是调整铁路与旅客之间运输关系的基本规章。

(三)水路交通运输法律法规的建立与发展

水运法律的制定工作较为滞后。从 20 世纪 80 年代中后期,我国才开始实行水运行业管理。

(四)航空运输法律法规的建立与发展

新中国成立后,1950 年 11 月 1 日,中央人民政府人民革命军事委员会颁布《中华人民共和国飞行基本规则》,民用航空局公布《中国民用航空器飞行管理规则》;1951 年 4 月 24 日,中央财政经济委员会颁布《旅客意外伤害强制保险条例》;1951 年 5 月 24 日,政务院公布《进出口飞机、机员、旅客、行李检查暂行通则》。这是新中国成立后早期颁行的航空法规。此后,民航局根据航行、维修、商务等业务工作的需要,制定了有关的条例、规定、规则、细则、条令、办法、规程、手册等规范性文件,加强了中国民航的规章制度建设,为中国民航的发展起到了积极的作用。但鉴于当时的历史条件,中国民航并未走上法制建设的道路。

🐎 专题小结

从交通行为产生的那天起,人们就开始了对交通管理的探索与实践,经历了交通管理制度从无到有、交通管理职能从兼到专、交通管理内容从粗到细的过程。新中国成立以来,我国根据不同种类的交通行业,分别颁发了《铁路法》《海港管理暂行条例》《水路运输管理条例》《海上交通安全法》《道路交通管理条例》《民用航空器适航管理条例》《邮政法》《港口法》《中华人民共和国道路交通安全法》等法规条例。交通法规的作用是维护交通参与者的合法权益,制裁违法行为,保障交通的安全和畅通。

拓展阅读:
新中国交通
立法的历史

学习思考 🚗

1. 新中国成立后我国交通运输相关法律法规的状况是怎样的?
2. 新中国成立后我国建立和完善了哪些交通运输相关法律法规?
3. 交通运输法律法规的重要性是怎样体现出来的?

中国当代交通

1978 年年底召开的党的十一届三中全会，做出把党和国家工作重心转移到经济建设上来、实行改革开放的历史性决策，实现了新中国成立以来党的历史上具有深远意义的伟大转折，开启了改革开放和社会主义现代化建设的新时期。改革开放是党的历史上的一次伟大觉醒。正是这个伟大觉醒，孕育了新时期从理论到实践的伟大创造。中国共产党人和中国人民以一往无前的进取精神和波澜壮阔的创新实践，谱写了在中国特色社会主义道路上自强不息、顽强拼搏、与时俱进的壮丽史诗。

改革开放政策的实施，为中国交通基础设施的投资提供了更大的空间。政府加大了对交通领域的投资力度，加速了铁路、公路、港口、机场等基础设施的建设，同时也吸引了更多国内外投资。同时，促使中国交通业实现了市场化，鼓励私有资本进入交通领域，推进了市场化改革，积极引进了国外的先进技术，在自主研发和创新上也取得了显著进展。市场化改革又推动了中国交通运输业的发展，促进了中国与世界各国的交流和合作，使其更加符合市场需求和国际标准。总之，改革开放为中国交通发展提供了巨大的机遇和动力，促进了中国交通基础设施的迅速发展和市场化改革，加快了中国城市化进程和国际化进程，为中国经济的持续快速发展提供了有力支持。

```
                                                          ┌─── 不断发展的高速公路网
                                                          │
                   专题 16   不断发展的公路网建设 ──────────┼─── 不断发展的农村公路网
                                                          │
                                                          └─── 不断完善的普通国省干线网


                                                          ┌─── 世界领先的铁路网和高铁网
                                                          │
                   专题 17   现代化的铁路网建设 ───────────┼─── 铁路装备技术创新发展
   模块                                                   │
   四                                                     └─── 铁路车辆和车站不断完善
   
   中国当代交通
                                                          ┌─── 打造先进大型港口
                                                          │
                   专题 18   走向远洋的中国海运事业发展 ────┼─── 发展国际集装箱运输
                                                          │
                                                          └─── 改变世界船舶工业格局


                                                          ┌─── 民用航空市场化改革
                                                          │
                   专题 19   联结世界各地的航空事业发展 ────┼─── 机场建设持续推进
                                                          │
                                                          └─── 安全水平极大提高
```

专题 16

不断发展的公路网建设

学习目标

(1) 了解中国当代高速公路的发展历程。

(2) 了解中国当代农村公路的发展历程。

(3) 了解中国当代国省干线的发展历程。

(4) 理解技术与管理创新在公路建设和高速公路网络发展中的关键作用,以及其在提升国家竞争力中的意义,增强创新意识。

学习导入:
重庆武隆:
"桥"见长坝
变迁

　　自改革开放以来,我国交通基础设施发生了巨大变化。特别是随着我国国民经济的快速发展,公路客货运输量急剧增加,公路建设长期滞后所产生的后果充分暴露出来。20 世纪 80 年代初,交通部开始对我国主要干线公路交通存在的问题进行研究并且对干线公路进行建设,其中包括高速公路发展、农村公路建设以及国省干线公路网完善。

不断提升的
公路网建设

一、不断发展的高速公路网

(一) 高速公路从无到有

　　十一届三中全会开创了中国改革开放的历史新时期。改革开放之初,经济体制改革的逐步推进打破了计划经济体制的束缚,极大地激发了经济活力,促进了国民经济的快速发展,带动了人员、物资流动规模的快速增长,尤其是适应市场经济机动灵活要求的公路运输需求大幅增长。然而,公路网建设长期滞后,特别是干线公路缺乏整体性和系统性规划,大区域之间、大军区之间、省与省之间以及大中城市之间,国民经济和国防战备上具有全局性的重要公路,断断续续、连不成网。公路建设的标准低、质量差,全国近一半公路达不到最低技术标准;特别是一些交通繁忙的重要干线,交通量超过设计能力数倍,难以适应经济社会发展和维护国防安全的要求。1978 年,我国公路总里程只有 89 万千米,高等级路、沥青路和大江大河上的桥都很少,公路标准低、质量差。当时,世界上已有约 50 个国家有高速公路,而我国的高速公路建设还没有起步。随着改革开放的深入推进,我国公路运输需求持续增加。因此,在这一时期,社会各界对修建高速公路的问题非常关注。

为了改变我国公路的落后面貌,指导国家干线公路建设,适应改革开放、经济发展的需要,交通部组织编制了《国家干线公路网(试行方案)》。1981 年 11 月,国务院授权国家计委、国家经委和交通部以《关于划定国家干线公路网的通知》(计交〔1981〕789 号),批准了《国家干线公路网(试行方案)》,简称"国道网"。国道网(试行方案)是由首都通向并连接各省(区、市)的政治经济中心和 50 万人口以上城市的干线公路,通向各大港口、铁路干线枢纽、重要工农业生产基地的干线公路,连接各大军区之间和具有重要国防意义的干线公路,连接省与省之间和省内个别地区的重要干线公路组成的。国道网包括首都放射线 12 条(含 1 条北京环线),南北纵线 28 条,东西横线 30 条,总里程 10.92 万千米。

国道网的划定,有效引导了中央和地方公路建设投资方向,为集中加快国家干线公路建设起到了很好的推动作用,也促进了全国公路的发展。国道网(试行方案)是我国历史上第一个国家级干线公路网规划,标志着我国公路发展进入了构建全国性干线公路网的历史新时期,在形成国、省、县、乡层次分明、功能清晰的公路网络体系过程中发挥了至关重要的引领作用。1982 年党的十二大后,修建高速公路的呼声日益高涨。1984 年,沈(阳)大(连)公路按照一级汽车专用公路的标准开工建设,建成后已经具备了高速公路技术的标准。1984 年 5 月,国务院印发了《中共中央、国务院关于天津实行体制改革试点的批复》,明确要加快修建京津塘高速公路。1988 年 10 月,我国首条高速公路沪嘉高速公路建成通车,全长 20.5 千米。1988 年 11 月,辽宁沈大高速公路沈阳至鞍山和大连至三十里堡两段共 131 千米建成通车。沈大高速公路是我国当时公路建设项目中规模最大、标准最高的艰巨工程。全部工程由我国自行设计、自行施工,开创了我国建设长距离高速公路的先河,为大规模的高速公路建设积累了经验。到 1988 年年底,我国内地高速公路总里程达到了 147 千米,不仅彻底结束了中国内地没有高速公路的历史,而且使对速度的一种新概念逐渐走入大众的视野。

京津塘高速公路(见图 16-1)是我国国内第一条利用世界银行贷款并按照国际标准兴建的现代化交通工程,是我国首条采用国际通行的菲迪克条款进行国际招标建设的高速公路。该项目荣获鲁班奖、国家科学技术进步一等奖、交通部全国十大公路工程等殊荣。

京津塘高速
公路

图 16-1 京津塘高速公路

20 世纪 80 年代中后期,随着改革开放的快速推进,我国经济社会加速发展,对交通运输的需求巨大,公路主干线交通压力不断凸显。当时的国道网,绝大部分是普通公路,等级低,通行能力严重不足;汽车和拖拉机、非机动车以及行人混行,横向干扰过多,导致汽车行驶速度低、效率差,交通事故频发,特别是主要干线、城市出入口、疏港公路等重要运输通道严重阻塞,在全国干线公路上的汽车平均时速仅为 37 千米/时。

事实证明,如果继续沿用普通公路水平建设国家级干线公路网,已无法适应经济社会发展要求。所以,必须尽快构筑一个更高水平的快速公路系统,大幅提升国家级干线公路的供给能力和高效运输功能,建设符合"快速运输、汽车专用"要求的公路主干线,这已成为当时国家级干线公路网发展的迫切需要。

1989 年 7 月 17 日至 21 日,交通部在辽宁省沈阳市召开了第一次全国高等级公路建设经验交流现场会。沈阳会议创造了三个"第一",分别是:中央领导第一次参加动员修建高速公路的会议;第一次邀请部分省市分管交通的领导参加;第一次统一了思想,明确了中国必须修建高速公路。沈阳会议明确了我国必须发展高速公路的目标,澄清了我国长时间以来要不要修建高速公路的模糊认识,为高速公路大规模发展打下了坚实的思想认识基础,使我国公路建设走进了发展高速公路的新时期。同时,沈阳会议提出了我国日后建设高等级公路的重要政策措施。比如,以统筹规划、条块结合、分级负责、联合建设作为我国公路建设的基本方针,以国家投资、地方筹资、社会融资、利用外资作为公路建设资金来源的基本政策,以加强规划和前期工作作为公路建设的基本原则。

同年,交通部提出建设公路主骨架、水运主通道、港站主枢纽和交通支持系统(简称"三主一支持")的长远规划设想,公路主骨架正式定名为"国道主干线系统"。交通部组织技术力量,于 20 世纪 90 年代初完成了《国道主干线系统规划》的编制工作。之后,《国道主干线系统规划》得到国务院批准,正式部署实施。

国道主干线系统由汽车专用公路组成,绝大部分为高速公路,它是我国高速公路网的雏形。国道主干线系统规划布局为"五纵七横",共 12 条路线,总里程 3.44 万千米。其中,高速公路 2.58 万千米,占 74.85%;一级公路 1479 千米,占 4.3%;二级公路 7178 千米,占 20.85%。在综合考虑当时我国公路建设的资金投入力度、建设水平等因素之后,规划提出在 2020 年前后建成这一系统。国道主干线系统贯通首都、各省省会、直辖市、经济特区、主要交通枢纽和重要对外开放口岸;连接了当时(1990 年)全国 467 个城市中的 203 个,占 43%;约覆盖 6 亿人口,占全国总人口的 55%,约覆盖全国城市总人口的 70%;连接了全国所有人口在 100 万人以上的特大城市和 93% 的人口在 50 万人以上的大城市。

国道主干线系统规划抓住了当时我国公路交通发展的主要矛盾,理清了发展思路,明确了大力建设封闭运行的高等级公路、汽车专用公路的方向,保障了我国公路建设的高效、协调、有序发展。国道主干线系统规划的颁布实施,拉开了我国高速公路大规模建设的序幕,引导了公路建设投资的方向,提高了投资效率和路网规模效益,显著提高了主要公路通道的技术水平和通行能力,大幅提升了干线公路汽车行驶速度和公路运输效率,改变了我国公路交通长期滞后及结构不合理的局面,有效缓解了公路交通对国民经济发展的瓶颈制约。

(二)高速公路攀登全球第一

世纪之交,我国进入了全面建设小康社会、加快推进社会主义现代化的发展阶段,经济社会发展跨上了一个新台阶,对新世纪交通发展也提出了更高层次的需求。尤其是随着区域经济交流与合作的日益紧密,工业化、城镇化进程的加快推进,以及居民收入水平的不断提高和消费结构的加速升级,小汽车进入家庭,公路交通无论是需求规模还是质量要求都出现了大幅提高。

国道主干线是在 20 世纪 80 年代末、90 年代初的经济社会和交通发展背景下提出的。当时,仅有 12 条贯穿全国的公路主通道,主干线公路不成网、覆盖面不足,且没有统一高速公路标准,难以满足新时代全面建设小康社会的长远发展需要。

1993 年 6 月,为贯彻邓小平同志视察南方讲话精神、解决全国高速公路怎样建设的问题,交通部、全国各省份分管交通领导、交通厅(局)长齐聚山东,召开了全国公路建设工作会议,这是当时高速公路发展史上规模最大、规格最高、效果最佳、影响最深远的一次会议。山东会议后,各地领导络绎不绝地到山东参观学习,全国掀起了建设高速公路的热潮。

中国高速
公路攀登
全球第一

如果说沈阳会议明确了我国的高速公路建设需求,那么山东会议则解决了全国高速公路怎样建的问题,就是凝聚全国的力量,发挥社会主义集中力量办大事的优越性,"全国一盘棋",把高速公路建设推上了新的发展阶段。从 1993 年到 1997 年这 5 年中,全国高速公路建设规模不断扩大,建设速度不断加快,工程质量不断提高,共建成高速公路 4119 千米。京津塘、济青、成渝、沪宁等一大批有重要影响的高速公路陆续建成通车。

20 世纪 90 年代,在解放思想的同时,国家把交通运输业作为经济发展的战略重点,我国高速公路建设只用十多年便走过了发达国家半个世纪走过的历程。1997 年下半年,东南亚地区发生了金融危机。高速公路建设被党中央、国务院遴选出来,承担起扩大内需、拉动国民经济快速增长的"神圣使命"。1998 年 6 月,交通部在福州召开了全国加快高速公路建设工作会议。福州会议后,全国掀起高速公路建设的高潮。高速公路在为国民经济高速增长立下不朽功勋的同时,总里程在 1998 年增加到 8733 千米,跃居世界第八位。

新世纪之初,交通部着眼于交通现代化,从长远发展的角度,决定规划建设我国的高速公路网,并开展了规划的研究编制工作。2004 年 12 月 17 日,国务院常务会议原则审议通过《国家高速公路网规划》;2005 年 1 月 13 日,国务院新闻办召开新闻发布会,向全世界正式公布了我国的《国家高速公路网规划》。

国家高速公路网规划采用的是放射线与纵横网格相结合的布局方案,包括 7 条首都放射线、9 条南北纵线、18 条东西横线,简称"7918 网",总规模约 8.5 万千米,其中主线 6.8 万千米,地区环线、联络线等其他路线 1.7 万千米。国家高速公路网规划总体上贯彻了"东部加密、中部成网、西部连通"的布局思路,连接了包括台、港、澳在内的所有省会城市和当时城镇人口超过 20 万的大中城市,建成后可以在全国范围内形成"首都连接省会、省会彼此相通、连接主要地市、覆盖重要县市"的高速公路网络;覆盖全国 10 亿以上的人口和 GDP 总量 85% 以上的地区;实现东部、中部和西部分别在平均半小时、一小时和两小时之内抵达高速公路;连接国内主要 4A 级旅游景区所在城市、主要的国家一类公路口岸和交通枢纽城市。

国家高速公路网规划的颁布实施,有效指导了我国高速公路的持续、快速和有序发展,有力推动了全国性主干线公路网的加速形成,大幅提升了我国公路高效运输的服务水平,为全面建设小康社会和加快现代化建设提供了坚实的交通保障。

国家高速公路网规划是对国道主干线等国家级主干线公路网规划的补充和优化,大幅拓展了主干线公路网的覆盖范围,完善了路网布局,实现了我国主干线公路网规划的历史性跨越。国家高速公路网的规划,使我国国家级干线公路拥有了覆盖全国的主干线公路网,高效运输功能大幅提升,国家级干线公路网的功能和布局得到进一步完善。

1990年被誉为"神州第一路"全长为371千米的沈大高速公路全线通车,标志着我国高速公路发展进入了一个新的时代。1993年,京津塘高速公路建成通车。1997年底,我国相继建成了沈大、京津塘、成渝、广深、济青等一批具有重要意义的高速公路,通车里程达到了4771千米。1998年,全年高速公路总里程达到8733千米,位居世界第六位,创下年度新增高速公路的纪录。1999年10月,我国高速公路里程首次突破1万千米,居世界第四位。到2000年年末,总里程达到1.6万千米,居世界第三位。进入"十五"期间,我国高速公路继续保持着快速发展势头。2001—2005年建成高速公路2.47万千米,完成了西方发达国家几十年才走完的发展历程。2005年年底,高速公路达4.1万千米,仅次于美国,居世界第二位。2010年,公路建设投资突破了万亿元大关,高速公路总里程突破7万千米。2012年,全国高速公路通车里程达9.6万千米,首次跃居世界首位。从起步到高速公路通车1万千米,我国用了近12年时间;而从1万千米突破到2万千米,仅用了两年时间;从2万千米突破到3万千米,仅用了两年时间,中国高速公路的发展创造了世界瞩目的速度,这是彰显我国交通领域跨越式发展的重要标志。可以说,中国高速公路的发展速度震惊世界。

2013年,《国家高速公路网规划(2013—2023年)》提出,国家高速公路网规划已经升级为"71118"网。其中,"7"代表7纵,即7条南北纵向高速公路主干道,包括京哈高速(G1)、京港澳高速(G4)、京藏高速(G6)的进一步扩容和优化,使通行能力大大提升;"11"代表11横,即11条东西横向高速公路主干道,如连霍高速(G30)、沪蓉高速(G42),这些主干道覆盖了主要的东西交通流量路线;"18"代表18条城市环线和主干线网络,包括以北京、上海、广州等重要城市为中心的环线高速,加强了城市之间和城市与周边地区的连接。

截至2023年年底,全国高速公路通车里程已经突破16万千米,稳居世界首位。这一成就不仅展示了中国在基础设施建设方面的强大能力和巨大成果,也为国家的经济发展和人民生活质量的提升提供了强有力的支撑。国家还着力推进了"十三五"规划提出的重点工程,许多重大项目(如京雄高速、沪杭甬高速等关键通道)正在建设或已经建成通车,进一步完善了国家高速公路网络布局,促进了区域经济一体化发展。

中国高速公路在不断创新和发展的过程中,不仅提升了国内交通基础设施水平,同时也为世界交通运输事业的发展提供了宝贵经验和模式。

从破茧而出到在华夏大地上蜿蜒纵横,高速公路的迅猛发展是古老的东方大国快速走向现代化、走向民族复兴的标志性丰碑。

二、不断发展的农村公路网

(一)农村公路建设里程迅速扩大

改革开放之初,我国农村公路发展落后,以土路和砂石路为主,路面崎岖不平且扬尘大,县乡公路尤其乏善可陈,给农民的生产出行带来了极大困扰。1978年,全国农村公路里程只有58.6万千米,大量乡镇和村庄都不通公路,信息传递不畅,物流运输不通,农产品出不去,人才资源进不来。而随着改革开放进程的不断推进,农业产业结构不断优化,对农村公路数量和质量提出了更高的要求。1984年年底,国家开始用以工代赈的形式修建农村公

织密农村
公路网

路,从地方财政、专项基金和养路费中投入资金,加大了农村公路建设的投入力度。从 1994 年到 2000 年的 7 年时间内,我国实行的扶贫攻坚计划每年约 7 亿元用于国家级贫困县的农村公路建设。1998 年 1 月 1 日颁布的《中华人民共和国公路法》是农村公路的龙头法。2003 年开始,全国农村公路建设进入了大投入、大发展阶段。中央政府在全国范围内先后启动了西部通县油路工程、县际及农村公路改造、乡村通达工程、革命圣地农村公路建设、商品粮基地公路建设以及红色旅游公路建设等。2006 年开始,我国实施"五年千亿元"工程,农村公路和客运基础设施开始发力,我国农村公路密度显著增加,不通公路的乡、村明显减少。从 1978 年到 2005 年,农村公路里程共增加 90 多万千米,平均每年增长 3 万千米,发展速度也呈现不断加快的趋势。从 2006 年到 2009 年的 4 年时间内,全社会投入农村公路建设 7528 亿元,新改建农村公路 156 万千米。到 2016 年年底,农村公路里程为 395.98 万千米。其中,县道为 56.21 万千米,乡道为 114.72 万千米,村道为 225.05 万千米。2016 年年末,全国通公路的乡(镇)占全国乡(镇)总数的 99.99%。

(二)农村道路质量稳步提高

改革开放以前,我国农村公路技术等级低,公路路面以低级路面和无路面公路为主。1978 年年底,我国农村公路中等级公路仅占县乡公路总里程的 44%。改革开放后,随着我国对农村公路建设的高度重视,农村公路建设从少到多、从修通公路到逐渐提高相关技术标准,从建设最低等级公路到不断提高技术等级一直稳步推进,农村公路的质量稳步提高。2003 年开始,我国交通运输部提出了"修好农村路,服务城镇化,让农民兄弟走上油路和水泥路"的工作目标。2005 年,我国农村公路史上第一个国家级专项建设规划——《全国农村公路建设规划》正式发布,提出:到 2020 年,全国具备条件的乡镇和建制村通沥青(水泥)路。2005 年年底,全国农村公路中等级公路达到 117 万千米,沥青水泥路面里程 64 万千米,占总里程的 43%,全国乡镇、建制村通油路率分别达到 65% 和 41%。在从 2006 年到 2009 年四年时间内,有 2200 多个乡镇,近 10 万个建制村新通了公路;有 7900 多个乡镇,约 14.5 万个建制村新通沥青(水泥)路。截至 2016 年年底,我国农村公路全国乡镇通沥青(水泥)路率达到 98.7%,东中部地区建制村通沥青(水泥)路率达到 98.8%,西部地区建制村通公路率达到 99.98%。全国通公路的乡(镇)占全国乡(镇)总数的 99.99%,其中通硬化路面的乡(镇)占全国乡(镇)总数的 99.00%;通公路的建制村占全国建制村总数的 99.94%,其中通硬化路面的建制村占全国建制村总数的 96.69%。

(三)农村公路为乡村振兴再添新动力

改革之初,在农村流传着一句"要想富、先修路"的口号,生动地诠释了公路在农村经济发展中的重要作用。如今,一条条公路不仅建立了城市与农村的链接,也让农村由昔日的贫穷闭塞走向了富足开放。农村公路成为推动农村经济发展的绿色通道,有效带动了农村产业经济的快速发展,农村电商、乡村旅游等产业日益兴旺起来。

依托农村公路建设,电商已经在我国广大农村迅速发展起来。农村公路让城乡之间的物流往来更加便捷,不仅实现了"土货"进城,还让"网货"下乡。根据农业农村部发布的数据显示,截至 2018 年 11 月,全国农村网络零售额已经超过 1.2 万亿元,农产品网络零售额超过 2400 亿元,农村网店近千万家。电商已经带动了广大农村 2800 多万人的就业,有力地促进了农村经济的快速发展。

"农村公路＋旅游产业"则为农民致富增收找到了另一条路径。旅游业作为农村经济转型升级的绿色产业,对于推动我国贫困地区脱贫致富、改善民生具有重要作用。改革开放以来,"生态公路""环湖公路"日益增多,特色农村旅游、森林旅游、生态旅游、扶贫旅游快速发展起来。

"要想富,先修路",这句话朴实而又深刻地揭示了交通与经济发展的规律。"人便其行,货畅其流",一条条乡村公路不仅满足了老百姓的出行需求,更支撑着广大农村经济体系的建设和发展。"建好"农村公路,只是起点。要想农村公路发挥更重要的作用,更要"管好、护好、运营好"农村公路。要让农村公路成为广大农村群众的致富路、幸福路,农业农村发展的振兴之路。

三、不断完善的普通国省干线网

(一)普通国省干线公路基本覆盖

普通国省干线公路是连接高速公路和农村公路之间、城市节点间与乡镇群落之间的重要通道,在公路网中占据主干地位。改革开放之后,由于公路网建设长期滞后,特别是干线公路缺乏整体性和系统性规划,在大区域之间、省与省之间以及大中城市之间,国民经济和国防战备上具有全局性的重要公路,都断断续续、连不成网,公路标准低、质量差。全国近一半公路达不到最低技术标准,一些重要干线的交通量超过设计能力数倍、通行不畅,这些现状难以适应市场经济下的公路运输需求。1979年,为了改变公路落后面貌,国家干线公路网规划工作正式启动。经过三年的研究,国务院于1981年11月授权国家计委、国家经委和交通部,以《关于划定国家干线公路网的通知》批准了《国家干线公路网(试行方案)》。这个方案是以国家干线公路为骨架,以首都为中心,通向并连接各省(区、市)的政治经济中心和50万人口以上城市的干线公路,通向各大港口、铁路干线枢纽、重要工农生产基地的干线公路,连接省与省之间和省内个别地区的重要干线公路等组成,总里程近11万千米。这明确了国家干线公路网采取放射与网络相结合的布局,解决了国道网的布局问题,意义重大。在多轮科学规划的指导下,普通国省干线网络不断完善,通达深度不断提高。2016年年末,全国公路总里程为469.63万千米,公路密度为48.92千米/100平方千米。公路养护里程为459.00万千米,占公路总里程的97.7%。全国四级及以上等级公路里程为422.65万千米,占公路总里程的90.0%。2016年二级及以上等级公路里程为60.12万千米,占公路总里程的12.8%。1981年国道网二级以上公路占比仅为9.1%,2016年二级及以上等级公路里程为60.12万千米,占公路总里程的12.8%,显著改善;到2019年,全国普通国道二级及以上公路占比达到74.6%,东、中部地区接近90%。

普通国省
干线公路
基本覆盖

(二)普通国省干线公路服务质量明显提升

普通国道是由全国性和区域性政治、经济、国防意义的普通干线公路组成,主要提供普遍的、非收费的交通基本公共服务。普通省道是由全国区域性政治、经济、社会意义的普通干线公路组成,主要承担市际间和区域间重要节点间的中长距离运输,为全省社会生产和生活提供安全、舒适、高效、可持续的运输服务。普通国省干线的服务品质明显提升,路况水平不断改善安全设施、便民服务设施等更加齐全,有效促进了沿线经济发展和城镇化建设。普通国省干线公路承担区域内客运、物流运输的重要功能。而且,国省干线公路有着明显的公共产品特性(如免费通行等),更加满足公众出行过程中安全和舒适等需求。经过多年建设与发展,我国干线公路总体实现了由经济社会"瓶颈制约"到"基本适应"的转变,对提升国家综合国力和竞争力,增强经济社会发展活力,提高国民生活质量、保障国家安全等有着重大贡献。

拓展阅读:
条条大路通美景——丽江至香格里拉旅游环线建设

专题小结

　　本专题简要介绍了中国自 1978 年改革开放以来的公路建设成就。在这一期间,政府加大了基础设施建设投入,大力推动了公路建设发展。通过多层次、全方位的建设,中国公路网络从城市拓展到农村,通过国道、省道和县道将全国各地紧密连接。高速公路网扩展为"7918 网",形成了一个具有全国特色、立体化、立体交通网络的公路系统。公路总里程呈现快速增长态势,不仅极大地推动了经济社会发展,还为居民的出行带来了便利。

学习思考

1. 中国当代公路交通发展的影响和意义是什么?
2. 中国公路交通的跨越式发展使你的家乡有哪些改变?
3. 你感受过高速公路吗? 对高速公路未来的发展有什么建议?

现代化的铁路网建设

学习目标

(1) 了解中国当代铁路网的建设历程。

(2) 了解中国当代铁路装备技术的发展历程。

(3) 了解中国当代铁路车辆和车站的完善过程。

(4) 学习铁路建设施工中的英雄事迹，传承红色基因，弘扬革命传统与精神。

(5) 理解现代化铁路网络对于促进经济社会协调发展、维护国家统一和安全的重大意义。

一、世界领先的铁路网和高铁网

（一）铁路建设提速，百姓出行更便捷

中华人民共和国成立前，我国没有机车制造业。1949 年，我国机车型号多达 198 种、4069 台，出自 9 个国家的 30 多家工厂，人称中国是"万国机车博物馆"，而且基本是蒸汽机车。1974 年，东风 4 型机车出厂，标志着我国新一代内燃机车登场，并成为当时我国铁路机车的主力。墨绿色的车身、黄色的腰带，成为当时铁路的经典标志。虽然解决了自主研发机车的问题，但"绿皮车"速度着实慢。直到 1993 年年初，全国客车平均时速只有 48.1 千米/时。旅客的乘坐体验也不佳，锅炉、电风扇、皮质座椅是经典配置，闷热、缓慢、吵闹是正常现象，"况且况且"的声音陪伴了多少人离家寂寞的夜。改革开放以后，我国机车技术发展迅速，电力机车出现并实现了铁路牵引技术的转换，列车逐渐升级换代。从 20 世纪 90 年代开始，配置了空调、电暖器、布艺海绵的"红皮车"取代了"绿皮车"的主力位置，第一代 25G 型客车是其中的代表。25G 型客车的运营时速可达 120 千米/时，主要供特快列车使用。从 1997 年到 2007 年，我国铁路 10 年间先后 6 次大提速，机车技术、列车配置也有了新的突破。在

2007 年展开的第六次大提速中,最大亮点是时速 200 千米/时及以上的动车组开始投入使用。在多年开行快速列车并引进外国动车组作为高速列车的基础上,出现了中国本土高速列车品牌 CRH,命名为"和谐号",快速铁路实现了进一步的发展。

从 2012 年起,我国针对高铁运营特点,制定中国标准,成功研制了具有完全自主知识产权、达到世界先进水平的"复兴号"动车组。2017 年 9 月 21 日,该动车组在京沪高铁上以 350 千米/时的时速运营,使我国成为世界上高速铁路商业运营速度最快的国家。

(二)建设青藏铁路——世界一流的高原铁路

青藏铁路起于青海省西宁市,终点为西藏自治区拉萨市,全长为 1956 千米。我国对进藏铁路问题一直非常重视。1958 年,青藏铁路的西宁至格尔木段已经开工,1979 年铺通,1984 年交付运营;但是囿于当时的经济实力和技术水平,格尔木至拉萨段停建。随着我国经济实力的不断增强,设计科研单位一直在进行铁路建设方案研究和试验,并对解决青藏铁路技术难题提出可行的办法,修建青藏铁路被提上了重要日程。2000 年 11 月,江泽民同志在铁道部做出重要批示指出:修建青藏铁路是十分必要的,对发展交通、旅游、促进西藏地区与内地的经济文化交流是非常有利的,我们应该下决心尽快开工修建。2001 年 2 月,朱镕基主持国务院总理会议上强调,建设青藏铁路的时机已经成熟,条件已经具备,批准青藏铁路立项。2002 年 5 月 27 日,新任中共中央总书记胡锦涛同志视察青藏铁路建设工地,代表党中央、国务院提出了"建设世界一流高原铁路"的目标。2005 年,国务院总理温家宝在建设中的青藏铁路工地指出,一流高原铁路不仅要体现在建设上,还要体现在运用和管理上;要在运用和管理的过程中解决新出现的问题,如气候变化、地质上一些难以预料的新情况发生,要经得起时间和实践的检验。2005 年 10 月 12 日,随着最后一截道轨排落在拉萨火车站,全长 1142 千米的青藏铁路(格尔木至拉萨段)全线铺通。2006 年 7 月 1 日,世界上海拔最高、里程最长的青藏铁路建成通车,实现了把青藏铁路建设成世界一流高原铁路的新目标。青藏铁路超过国家一级干线铁路标准规定的全线最小曲线半径大于 800 米,其全线最小曲线半径大于 1200 米的路段已经超过曲线路段总数的 70%。青藏铁路全线设计时速在冻土地段为 100 千米/时,非冻土地段为 120 千米/时,穿越世界屋脊的旅客列车时速超过 100 千米/时,这在全世界海拔超过 4000 米铁路中是前所未有的。同时,青藏铁路采用世界最先进的 GSM-R 数字移动通信技术,通过通信和信号技术深度融合形成了"基于无线通信及列车定位技术的列车运行控制系统"。青藏铁路(见图 17-1)建设根据雪域高原高寒缺氧、地广人稀的特点,努力将全线设备实现"免维修",确保设备具有较高的可靠性,最大限度地减少设备维修工作量。格尔木至拉萨沿线基本实现"无人化"管理,把高原缺氧地区工作的人数压缩到最低。在全线 45 个车站中,有 36 个车站实行"无人化"自动控制,不仅使站房面积减少至 10 万平方米,还大大降低了全线人员配置,创造了中国铁路每千米用工人数最少的纪录。

2006 年 7 月 1 日上午,青藏铁路全线正式通车,彻底结束了占全国国土面积 1/8 的西藏自治区不通铁路的历史。它推动西藏进入铁路时代,拉动了青藏高原的经济发展,也增进了各民族之间的团结与交流,被人们称为"发展路""团结路""幸福路"。

青藏铁路建设

图 17-1 青藏铁路

（三）建设京津城际铁路——我国第一条高速铁路

京津城际铁路是我国第一条具有完全自主知识产权、运行时速达到 350 千米/时的高速铁路，也是《中长期铁路网规划》中的第一个开通运营的城际客运系统。京津城际铁路的修建，不仅达到了世界最高水平，而且在实践过程中采用了很多具有自主知识产权的新材料、新设备以及新技术，形成了一套完备的高速铁路中国标准。1990 年，原铁道部开展了建设高速铁路的可行性研究；但由于技术难度问题，这一研究反复停止多次。直到 2004 年，随着国家《中长期铁路网规划》的颁布，我国高铁发展有了明确的规划，作为"京沪高铁"综合试验段的"京津城际铁路"建设被提上了日程。2008 年 8 月 1 日 12 时 35 分，随着 C2275 次列车从北京南站驶出，京津城际铁路（见图 17-2）正式通车，这是我国第一条高速铁路。自此，京津两地之间实现了 30 分钟通达，中国正式迈入高铁时代，并一举成为世界上第四个系统掌握时速 300 千米/时高铁技术的国家。京津城际铁路首次大面积采用当时国际最先进的无

图 17-2 京津城际铁路列车行驶在北京永定门桥

砟轨道技术,首次采用了 500 米长钢轨工地焊接施工工艺,跨区间进行线路铺设,主要结构均采用高性能混凝土、线下结构与无砟轨道系统实现高精度对接,这使得中国成为继德国和日本后,世界上第三个拥有无砟铁路的国家。在京津城际铁路建设中,中国还研制出了高流态、自密实、微膨胀混凝土防止震动。总之,作为我国首条高速铁路,京津城际铁路是中国建成和完善高铁技术的标志。该铁路在施工单位进场时掌握的高铁技术为零,所用的标准也在不断摸索,但在施工中研发了许多具有自主知识产权的新材料、新设备以及新技术。

(四)京沪高速铁路建设——世界上一次建成线路最长、技术标准最高的高速铁路

作为国家战略性重大交通工程和重大创新工程,京沪高速铁路(见图 17-3)创造了一次建成里程最长、线路标准最高、运行速度最快的世界纪录,代表了中国高速铁路的高标准技术水平。京沪高速铁路是中国"四纵四横"客运专线网的其中"一纵",也是中国《中长期铁路网规划》中投资规模大、技术水平高的一项工程,更是中华人民共和国成立以来一次建设里程长、投资大、标准高的高速铁路。2008 年 4 月 18 日正式开工,2011 年 6 月 30 日通车,全长为 1318 千米,是贯穿东北、华北、华东的高铁大动脉。京沪高速铁路建设从立项、设计、施工到运营、管理刻录着建设者的功劳,诠释着中国人民的创新精神,创造了多项"世界第一"。2010 年 12 月,在京沪高铁枣庄至蚌埠段,国产动车组"和谐号"创造了 486.1 千米/时的时速,创新了高速铁路系统检测、验证、试验技术。京沪高铁全线有多段桥梁隧道,其中共有 22 条隧道,约占正线长度的 2%,桥梁长度约为 1140 千米,占正线长度的 87%。它创新了高速、深水、大跨、六线轨道、大胜关长江大桥等系列高速铁路复杂结构桥梁建造技术,获得了四项"世界之最",荣获国际桥梁大会设立的"乔治·理查德森"大奖。此外,还研制了新一代时速 350 千米/时系列高速动车组,形成了高速列车技术标准,实现了高速铁路重大技术装备再创新,研制了高速铁路 CTCS-3 级列车运行控制系统,实现了多制式互联互通的集成创新。京沪高铁的建成,取得了较高的社会效益,构建了我国自主知识产权的高速铁路技术体系,创新了我国高速铁路的技术发展模式,形成了高速铁路动态验收技术标准,标志着中国高铁技术体系的形成。

图 17-3 京沪高铁

京沪高速铁路建设

二、铁路装备技术创新发展

(一)铁路电气化改造

电气化改造是指将非电气化铁路改造转化成电气化铁路的工程,主要以电能为主要供能来源运行货车的铁路。电气化铁路的优势主要是运输能力大,运行速度快,但运行费用低、能耗低。在铁路电气化改造的过程中,核心技术体现在两方面。一方面,设计了牵引供电系统,从电力系统得到电能,通过变流、变相或者换流后,向电力机车提供所需的电能,并完成电能传输以及配电等功能。另一方面,在供电制式上,选择了先进的单相工频交流供电系统,直接从具有巨大容量的电力系统中获取电能,简化了牵引变电所的供电设备,增大了牵引变电所的距离,缩小了接触导线的截面,减少了电能损失,降低了建设投资和运营费用等。1961年8月,中国第一条电力铁路宝成路段正式交付作业。1975年,全线建成通车。1977年,铁道部制定了"内电并举、以电为主"的技术政策。随着改革开放政策的提出,电气化铁路建设加快步伐。1980年,电气化铁路总长达到1679.6千米,电气化率为3.28%。仅2001年这一年,就建成了电气化铁路2652.40千米,其建设速度创造了世界电气化铁路建设史上的最高纪录。截至2002年年底,我国已建成了41条电气化铁路干(支)线,电气化铁路建设里程已经超过了日本、印度,跃居亚洲第一位、世界第三位,成为世界电气化铁路大国。

电气化铁路改造与建设

(二)高原铁路建设的关键技术

高原铁路是在高原地区建设运营铁路。在高原铁路建设的过程中,我国主要攻克了高原铁路建设的高原冻土、高寒缺氧、生态脆弱等被视为世界高原铁路建设的"三大科技难题"。在冻土科技攻关中,我国先后在多年冻土隧道、桥梁、路基应用技术等方面取得了突破,在地质复杂的冻土地段,采用了片石通风路基、通风管路基、保温板、热棒等工程措施,取得了明显的效果。其中,片石通风路基采用了两个主要措施。一是片石气冷措施,主要是在路基上铺设具有一定厚度的片石,有利于路基底层的热量散发,降低地面温度,保护冻土层。二是片石护坡措施,主要是在路堤的一侧或者两侧堆积碎石或石板,形成护坡或护栏,使空气在一定的温度梯度作用下产生对流,有利于底部热量保护。通风管路基是指将水平路基埋在路基的底基内,冬季管道内的冷空气对流增强了路基填土的散热性,降低了地温,提高了冻土的稳定性。我国在冻土科技攻关中推广了十多项先进的施工工艺,铺架设备在技术改造后可适应海拔4500米以上作业。在生态功能保护技术攻关中,我国把生态功能保护、植被保护、水土保持、野生动物保护等各项环保措施细化到参建单位和工点,认真组织实施,取弃土场、砂石料场皆需经过严格审批,应用了植被防护恢复技术、野生动物保护手段、生态用水阻隔防护技术等,实现了对高原生态系统的保护。

兰新铁路(见图17-4)是连接兰州和新疆的一条高原铁路,起自甘肃省兰州市兰州站,终于新疆维吾尔自治区乌鲁木齐市乌鲁木齐南站,全长为1892千米,其中海拔超过4000米的路段达到了全线的40%以上。这条铁路途经许多恶劣的自然环境和条件(如高山、荒漠、寒冷、缺氧等),但建设者们在1992年至2014年的22年时间里将其成功完成并投入运营。

图 17-4　兰新铁路

（三）重载铁路建设技术

　　重载铁路是用于运载大宗货物的运输量大于 5000 吨、总重 10000～20000 吨、轴重 25 吨以上、年运量 2 亿吨以上的铁路。我国重载铁路从 20 世纪 80 年代开始迅速发展，并且取得了重大的技术成就。1984 年，我国首先选择晋煤外运的北通道——丰沙大线，试验开行了双机牵引 7400 吨的重载组合列车。

　　20 世纪 80 年代中期至 20 世纪 90 年代初，中国分三期修建了第一条双线电气化重载运煤专线——大秦铁路（见图 17-5），这也是世界上年运输量最大的铁路。大秦铁路于 1992 年年底全线通车，至 2022 年的运量已达到 1 亿吨。2004 年起，铁道部对大秦铁路实施持续扩能改造。同年 12 月，大秦线进行了 2 万吨列车牵引试验，并取得圆满成功。为了解决好"山区铁路通信可靠性、长大下坡道周期制动、长大列车纵向冲动"三大技术难题。铁道部先后安排了 60 多项科研项目，以攻克三大技术难题为主要目标，在列车同步操纵、无线数据传输、牵引技术、制动技术、车辆重载技术、基础设施强化技术、牵引供电强化技术、重载运输组织技术、重载组合列车优化操纵、综合维修技术等方面，开展了一系列技术创新工作，形成了

重载铁路
建设

图 17-5　大秦铁路运输煤炭

大秦线2万吨组合列车重载运输技术体系。2007年6月2日,第一台由我国自主研制的和谐型大功率交流电力机车在大秦线投入使用。同年8月,成功开行2台和谐型机车牵引2万吨的重载组合列车,开创了世界铁路重载史的新篇章。2007年和2008年,大秦线年运量分别突破3亿吨和3.4亿吨。按照世界重载铁路理论,单条铁路年运量的极限是2亿吨。2010年,这条年设计运量为1亿吨的铁路,不仅早就突破了设计运量,还大大突破了世界重载铁路的理论极限。科学论证表明,在列车速度、密度合理匹配的同时,大秦铁路的列车重量由5000~6000吨提高到1万吨,年运量由设计能力1亿吨提高到4亿吨,是最初设计运量的4倍。

同期,中国铁路中京沪、京广、京哈三大干线也相继开行了5000吨级重载列车。2004年1月,我国把以十大煤炭基地的铁路通道为标志的重载铁路网纳入《中长期铁路网规划》,7月,铁道部颁布了《铁路主要技术政策》,明确货物运输重载化是我国铁路技术发展方向。从2006年开始,大秦线开通了2万吨的组合列车,23吨轴重的通用货车开始在全铁路线推广应用。重载铁路建设技术是我国铁路发展过程技术创新的一部分,主要表现在两个方面。一个方面是径向转向架技术,大功率交流传动内燃机车和电力机车使用径向转向架,已经成为重载机车发展的趋势。径向转向架能够更有效地减少轮轨和轨道的磨损和阻力,提高运行的稳定性等。另一个方面是重载铁路的制动技术,特别是微电子等微机控制技术得到快速发展。目前我国已经掌握了核心重载铁路制动技术,并达到了国际先进水平。

(四) 铁路节能减排中的技术应用

铁路具有占地少、能耗低、污染小、运量大等多种优势,是节能环保型运输工具。国家推行节能减排政策后,铁路部门相继出台了各种实施意见以及设计规划等。2007年9月,铁道部出台了《铁路科技发展"十一五"规划》,明确将节能环保技术作为主要发展的领域,全面开展资源节约和综合利用技术、环境保护技术的应用研究和推广,不断提高我国铁路节能环保的科技水平。"十一五"期间出台的规划和意见贯彻了铁路节能减排的细节要求,如《铁路做好建设节能型社会和加快发展循环经济的实施意见》《铁路工程节能设计规范》《铁路"十一五"节能和资源综合利用规划》等。2011年以来,铁路对节能减排重大问题的探索和思考更加深化,继续出台了《铁路"十二五"节能规划》《铁路"十二五"环保规划》,对铁路建设坚持绿色发展、提高资源利用效率做出了部署。通过强化对铁路单位用能、污染物排放的监管和指标考核,铁路在单位运输工作量的综合能耗、化学需氧量等方面实现了进一步降低的目标。具体技术包括以下三大类。

(1) 节能技术。研究推广内燃机车节油技术,提高电气化铁路电能效率和质量技术,研究推广分质供水节水技术。

(2) 新能源技术。研究铁路利用新能源、可再生能源和资源回收再生利用技术、研究大型客站利用太阳能、地热能等节能技术。

(3) 环境保护技术。铁路部门在沿线推广恢复和再造植被、林带新技术、广泛采用轨道结构铁路减振、降噪技术、铁路固体废弃物处理技术等。铁路多措并举,不断加大了节能环保力度。

三、铁路车辆和车站不断完善

（一）铁路车辆

铁路车辆和车站作为铁路运输的载体和枢纽，是铁路重要的基础设施，现代化的车站和车辆发展也是中国铁路建设发展的重要组成部分。铁路车辆主要是运送货物、旅客的承载工具。按照用途，铁路车辆分为铁路货车和铁路客车两种。

常见的铁路货车有棚车、敞车、罐车、平板车等。随着改革开放不断发展，我国铁路运输事业也得到快速发展，铁路货车的种类和技术也实现了快速发展。以敞车为例，1976年以前，敞车的类型大多是 C50 型。从 1976 年开始，大批量生产 C62M 型敞车。1986 年，为了进一步提高敞车的使用年限，敞车升级为 C62B 型。1988 年，引进国外的新制动技术，敞车升级为 C64 型。2000 年以后，敞车类型又进行了不断地完善改造，改造后最高运行时速达到 120 千米/时。2005 年，我国完成了载重 70 吨的新型通用敞车 C70 型（见图 17-6）的生产。

图 17-6　C70 型通用敞车

铁路客运是我国铁路运输中的重要组成部分，铁路客车主要可分为普通客车和动车组。随着改革开放的快速发展，铁路客车通过引进创新、大力研发，已经形成了普通车辆和动车组齐头并进的状态。其中，普通客运车辆主要为 120 千米/时、140 千米/时、160 千米/时三种速度，动车组达到 250 千米/时和 350 千米/时的速度。

C70 型通用敞车是中国中车股份有限公司于 2004 年根据铁道部科技研究开发计划《25 吨轴重通用敞车的研制》及《70 吨级新型通用敞车设计任务书》而研制的。该车的研制成功，对缓解我国铁路运力紧张局面起到了至关重要的作用，标志着我国铁路通用货车载重实现了由 60 吨向 70 吨升级换代的历史性跨越，综合技术达到了国际先进水平。C70 型通用敞车的成功问世，为铁路货运提供了先进装备，为其他各型货车的升级换代奠定了技术基础，也为我国铁路货车整体技术水平的提升奠定了重要基础，具有显著的社会经济效益和良好的发展前景。

（二）铁路车站建设

中华人民共和国成立初期，我国新建和改造的铁路客站大多是在艰苦条件下建成的，功能相对单一，比如 1959 年建成的北京站、1976 年建成的长沙站是我国第一代火车站的代表。随着改革开放的不断推进，我国的铁路车站建设也发生了翻天覆地的变化，具体表现在枢纽客站数量增加、铁路客站规模增大、服务设施功能完善等方面。1987 年建成的上海站就首创了"南北开口，高架候车"的线上式车站类型，开始尝试将长途客运、地铁等城市交通引进火车站，使车站和城市之间的关系变得更加紧密。这种布局迅速扩展到全国，不断涌现出了北京西站、郑州站等以高架候车为代表的第二代铁路车站。进入 21 世纪后，我国高铁得到迅猛发展，铁路车站又迎来了一次升级换代的建设高潮。2009 年，全新的武广高铁（武汉站）建成通车，创造了一种"可选式候车"流程模式，形成了以高铁客站为中心、无缝衔接其他交通方式的综合客运枢纽。各地也纷纷围绕新建铁路客站，打造"高铁新城"，涌现出了北京南站、广州南站、上海虹桥站为代表的我国第三代铁路客站。目前，越来越多的铁路客站和城市建设规划在前期即开始布局，随着广州白云站、杭州西站等一批创新客站方案的确定和实施，我国高铁客站建设进入了以交通为中心的城市综合体，呈现出"站中有城、城中有站"的融合设计，城市与车站之间没有明确的界限。

铁路车站建设

专题小结

本专题简要介绍了中国自 1978 年改革开放以来的铁路建设成就。在这个时期，中国铁路面临着从线路疏解、基础设施改善到高速铁路和技术创新的多方面挑战。面对这些挑战，中国政府采取了一系列措施，大力推动铁路建设的发展，不仅丰富了铁路线路网络，提升了运输效率，还推动了全国范围内的经济腾飞。在不断发展的过程中，中国铁路建设技术水平也得到了显著提高，形成了以高速铁路为代表的现代化铁路交通体系。

拓展阅读：盛开在青藏高原的"雪莲花"

学习思考

1. 中国当代铁路交通发展的影响和意义是什么？
2. 中国铁路交通的跨越式发展使你的家乡有哪些改变？
3. 你乘坐过高铁吗？对中国高铁的未来发展有什么建议？

专题 **18**

走向远洋的中国海运事业发展

学习导入：世界最大人工深水港——天津港

🏇 学习目标

（1）了解中国当代海运事业的发展历程。

（2）了解中国当代大型港口的建设历程。

（3）了解中国当代集装箱和造船业的发展历程。

（4）了解海运业的国际化特征和创新实践，拓宽国际视野，发扬勇于探索、敢于开拓的进取精神，树立成为全球化复合型人才的信心，努力强化跨文化交流与合作能力，为构建人类命运共同体贡献力量。

一、打造先进大型港口

（一）沿海港口建设历程

沿海港口建设

在国民经济发展和对外开放的背景下，沿海港口的建设显得尤为重要。沿海主要港口的建设因此被列入国家重点建设项目，并从政策、资金等方面获得扶持。在改革开放初期，中国的沿海港口主要是渔港和军港，民用港口较少。1978—1984 年，中国开始着手发展海运业，建设民用港口，并推行港口改革和港口管理体制改革。其中，1983 年交通部提出"谁建、谁用、谁受益"的原则，提出由货主单位自建货主专用码头。1984 年，中国开始实行港口公司制，以利于提高港口的效率和竞争力。1984 年 5 月 4 日，中共中央、国务院批转《沿海部分城市座谈会纪要》，决定进一步开放天津、上海、大连、秦皇岛、烟台、青岛、连云港、南通、宁波、温州、福州、广州、湛江和北海 14 个沿海港口城市，并提出逐步兴办经济技术开发区。1985 年，国务院制定和发布了《关于中外合资建设港口码头优惠待遇的暂行规定》。在一系列政策的支持下，港口码头泊位迅猛增加，煤炭、石油、集装箱等的运输能力得到提高。1985—1990 年，中国加大了对沿海港口的投资力度，逐步建成了一批现代化的大型港口，如上海港、天津港、宁波港等。

20世纪90年代,中国沿海港口进一步加强了基础设施建设和港口设施的现代化改造,包括加强码头、航道和堆场的建设,引进新型的机械设备和管理技术等。此外,中国还大力发展港口物流和航运服务业,增强港口的服务功能和附加值。在这一时期,中国沿海港口建设的重点逐渐转向了发展综合型港口,如大连港、青岛港、厦门港等。沿海港口按专业系统进行配套建设,重点建设了集装箱、煤炭、客货滚装三大运输系统的码头设备,基本形成了以大连、秦皇岛、天津、青岛、上海、深圳等主枢纽港为骨干,以区域性重要港口为辅助,以地方中小港口为补充的层次分明的沿海港口布局,初步形成了港口布局合理、门类基本齐全、配套设施比较完整、现代化程度较高的港口运输体系。

21世纪初,随着中国加入WTO,沿海城市开放程度不断加强,上海港、宁波港、天津港、青岛港、广州港都成为国际大港,物流发达,进出口规模双向增长,逐步成为"走出去"和"引进来"双向开放、平衡发展的重要区域。同时,中国开始实施"西部大开发"战略,进一步促进了内陆地区的经济发展和沿海港口的建设,加强了沿海港口之间的联通,推进了港口群建设。此外,中国还加快了港口设施的现代化改造,引进了更多的自动化设备和先进技术。在这一时期,中国沿海港口的货物吞吐量和集装箱吞吐量迅速增长,上海港等一批港口成为世界上最繁忙的港口之一。2000年后,国务院先后批准了《长江三角洲、珠江三角洲、渤海湾三区域沿海港口建设规划》《全国沿海港口布局规划》等一系列专项规划,形成了较为完整的海运交通长远发展规划体系。随着全球承担远洋运输任务的各类船舶向大型化演变,对港口泊位大型化、专业化的要求也变得日益迫切。通过技术引进、战略投资、利用外资等多种途径,港口及航道建设在资金、技术、管理上都获得了保障,取得了可喜的发展。

(二)港口建设成效显著

1. 基础设施建设成效显著

自改革开放起,沿海港口开始加强基础设施建设,包括码头、航道、堆场等。特别是从1990年至21世纪伊始,中国进一步加强了基础设施建设和港口设施的现代化改造,引进了新型的机械设备和管理技术等。这些投资带来了显著的建设成果,提升了港口的运营效率和服务水平。

2. 港口规模大幅扩大

沿海港口建设的不断加强,使得港口规模不断扩大。20世纪80年代,上海、天津、大连等主要港口进行了扩建和升级,以提高吞吐能力和服务质量。20世纪90年代,中国进一步加大了港口扩建和新建的力度,深圳港、宁波港和广州港等新兴港口快速发展,成为国际重要港口。2000年至2012年期间,重庆、苏州、青岛等地建设了一批现代化的内河港口和综合性港口。同时,沿海港口也进行了深水化和航道拓宽的工程,以容纳大型船舶。中国沿海港口群建设和港口间的联通得到了进一步的推进,港口规模迅速扩大。例如,上海港在这一时期成为世界上最繁忙的港口之一,其他港口(如天津港、青岛港等)也逐渐发展成为综合型港口。

天津港(见图18-1),也称天津新港,位于天津市海河的入海口和天津市滨海新区的沿海岸线,处于京津冀城市群和环渤海经济圈的交汇点上,是中国北方最大的综合性港口和重要的对外贸易口岸。

图 18-1　天津港

3. 货物吞吐量和集装箱吞吐量快速增长

随着中国经济的迅速发展和贸易的不断扩大,沿海港口的货物吞吐量和集装箱吞吐量也快速增长。1980 年,中国港口货物吞吐量约为 2.84 亿吨,到 1999 年已达到约 12.3 亿吨。特别是在 2000 年至 2012 年期间,中国沿海港口的货物吞吐量和集装箱吞吐量增长速度较快:2000 年,中国港口的货物吞吐量突破 20 亿吨。随后,货物吞吐量快速增长,2007 年达到 64.98 亿吨,2010 年超过 90 亿吨。2013 年,中国港口的货物吞吐量首次突破 100 亿吨大关。上海港的集装箱吞吐量一度超过全球其他港口。

4. 港口服务功能不断增强

除了基础设施建设之外,中国沿海港口还不断加强港口物流和航运服务业的发展,提升港口的服务功能和附加值。这些措施进一步增强了中国沿海港口的竞争力和吸引力,使得越来越多的企业和货物选择通过中国沿海港口进行进出口贸易。

随着经济的快速发展,中国港口、航运功能逐步由传统产业向现代服务业转变。充分发挥港口、航运优势,大力发展临港产业和现代物流业,这已成为中国沿海城市经济增长的重要方式。依托港口建设的保税港区和临港工业区、物流园区,成为当地经济新的增长点,也为外向型经济起飞和发展提供了重要保证。中国已与世界主要海运国家和地区签订了海运协议,国际运输航线和集装箱班轮航线多达数千条,往来于 100 多个国家和 1000 多个港口之间,拓展了对外贸易的广度和深度。

经过改革开放以后三十多年发展,环渤海区域、长江三角洲、东南沿海区域、珠江三角洲和西南沿海区域形成了规模庞大并相对集中的五大沿海港口群,构架了水路客货运输系统。中国沿海的主要港口软硬件设施已经步入世界一流水平,港口的装卸技术和服务效率方面位居世界前列。中国资源要素的国际比例优势得到了充分体现,对外贸易迅猛发展,货物进口从 1978 年的 206 亿美元增长到 2012 年的 38668 亿美元,成为世界第二大贸易国。随着对外开放的广度和深度的不断提高,中国的国际地位不断增强,并成为世界海运发展的主要推动力,为经济社会和对外贸易发展、沿海产业带的形成和区域经济协调发展提供了重要支撑。

（三）着力打造邮轮母港

21世纪初，邮轮产业作为经济增长的新方式、新领域，开始被中央和国家所重视。特别是在国际金融危机不断加深、我国经济增长放缓的背景下，加快发展邮轮经济，对刺激消费、拉动内需、促进经济增长有着非常重大的意义。

20世纪90年代：中国开始着手建设邮轮母港。在1992年，上海市政府提出了"八五"规划，包括建设一个新的国际邮轮码头。这个计划在1996年得到批准，并被列入了"九五"规划中。此外，香港也开始成为内地邮轮的重要出发港。

21世纪初：中国的邮轮母港建设进入高速发展阶段。在2006年，上海浦东新区政府投资45亿元人民币建设了上海港国际邮轮中心（见图18-2），成为亚洲最大的邮轮母港之一。此外，天津、大连、厦门、青岛等城市也相继建设了邮轮母港。2008年6月，国家发展改革委员会下发了经国务院同意的《关于促进我国邮轮经济发展的指导意见》。2009年3月25日，国务院常务会议首次提出"促进和规范邮轮产业发展"。受足够开放的准入门槛和公平透明的营商环境刺激，国际邮轮巨头纷纷开始在中国部署母港航线，持续加大在华投放，推动了中国邮轮市场从无到有的爆发式成长。

图18-2 上海港国际邮轮中心

2006年7月2日，与东方明珠隔江相望的上海国际客运中心邮轮码头开启了中国"邮轮经济"的新篇章。拥有岸线近1200米的上海国际客运中心邮轮码头在不断壮大，可同时停泊3艘7万吨级的豪华邮轮，全天24小时的引航、拖轮和联检服务，成为亚洲数一数二的邮轮停靠基地。与此同时，上海邮轮经济的发展步伐不断加快加紧，2011年10月，上海另一大母港——上海吴淞口国际邮轮港开港，利用天然的水深优势、独特的自然和人文资源，目前它已经成为亚太最繁忙的国际邮轮母港。

上海港国际客运中心简称国客中心，是国内最早的邮轮母港。在码头全面改造升级以后，国客中心码头于2023年3月26日举行了"招商伊敦号"邮轮的启航仪式，这是上海母港航线时隔1152天以来的首航，也标志着上海国际邮轮母港恢复常态化运营。

2006年11月，三亚凤凰岛国际邮轮港成为我国第二个母港，将邮轮经济逐步向东南亚转移。作为我国第一个国际邮轮专用港口，它依然在不断扩展与发展，为我国邮轮业带来空前的发展机遇。随着邮轮经济东移亚洲，各个试点母港相继开港，2007年10月，厦门国际邮轮中心正式开港。作为中国大陆最早接待国际邮轮的港口之一,厦门港自 20 世纪 80 年代就开始接待邮轮。如今,厦门国际邮轮中心已完成蜕变,跻身我国四大国际邮轮母港之一。邮轮经济在厦门步入黄金发展期,而厦门国际邮轮中心的建设也迈入了"2.0 版"的时代。

21 世纪 10 年代:我国的邮轮母港建设迅猛发展。在 2010 年,厦门市政府批准了一个 200 亿元人民币的投资计划,建设一个集邮轮、游艇、商业、住宅于一体的综合性港口。这个港口成为厦门市邮轮母港建设的标志性项目。此外,青岛、天津、广州等城市也加大了邮轮母港的建设力度。2010 年 6 月,华北地区的第一个母港——天津国际邮轮母港正式开港。

截至 2012 年,中国的邮轮母港数量达到了 8 个,分别是上海、天津、大连、青岛、厦门、广州、深圳和香港。其中,上海、天津和香港是最重要的出发和停靠港口。有过国际邮轮接待经验的港口城市约有 16 个,其中具有客源发送能力的邮轮母港主要有天津东疆国际邮轮母港、上海国际邮轮组合母港(上海港国际客运中心和吴淞口国际邮轮港)和厦门国际邮轮中心三个国际邮轮港。大连、烟台、青岛、威海、连云港、舟山、宁波、广州、深圳、海口、三亚、北海等港口属于具有国际邮轮接待历史的邮轮停靠港。沿海地区已经初步形成三大邮轮港口群:依托长江三角洲和环渤海湾形成的东北亚邮轮港口群;依托珠江三角洲和环北部湾形成的东南亚邮轮港口群;依托海峡西岸和台湾岛形成的(台湾)海峡两岸邮轮港口群。

二、发展国际集装箱运输

1978 年前,中国国际贸易主要以散杂货形式进行,运输方式多为散装或包装运输,且大多通过香港或其他中转港进行转运。从 1978 年起,中国开始对外开放,推行对外贸易自由化政策,吸引了大量外资和外贸企业进入中国市场,集装箱运输成为中国发展对外贸易的重要手段之一。

发展国际
集装箱运输

(一) 1978 年至 20 世纪 80 年代中期:起步和初期发展

中国在 1978 年进行改革开放以后,国际贸易得到了进一步的发展。但是,由于国内的运输网络还没有完全建立起来,所以当时的国际贸易大多是通过外国的货轮运输的。1978 年党的十一届三中全会以来,为适应外贸杂货的运输需要,中国开始试行集装箱装卸业务。全国第一座国际集装箱专用码头开始在天津港建设,并于 1981 年 12 月建成投产,由此拉开了中国集装箱化运输的帷幕。随后,大连、青岛、上海、黄埔、广州等港口也开展了集装箱进出口业务。在这个时期,我国政府也推出了一系列鼓励海运发展的政策,包括扩大外贸、降低海运费用、提高港口效率等;同时,引进外国投资和技术,促进集装箱运输业的发展。1978 年,开辟了中国—澳大利亚线,开始使用半集装箱船在上海、天津新港与悉尼、墨尔本港之间营运。1980 年,改用滚装船参加该线营运,并途经我国香港加载。20 世纪 80 年代初期,中国开始购进集装箱船舶,建立了一些集装箱港口,例如深圳、上海、天津等。这是中国国际集装箱运输发展的起步阶段。1981 年年底,原从黄埔出发途经香港去欧洲的航线改为直达欧洲,同时新开辟了中国至美国西海岸和至日本的集装箱运输线。1982 年,又新开辟了中国至波斯湾的半集装箱船航线。到 1982 年年末,新开辟的国际集装箱运输航线已达 15 条。仅 1982 年载运的各类集装箱就达 66758 箱。

中国远洋集装箱运输发展的一个重要标志是,1982 年 10 月开辟了天津港、上海港至美国的全集装箱班轮航线。它由原来只到美国的西海岸港口,扩展到美国的东海岸和墨西哥湾休斯敦港。1983年,集装箱运输又取得了新的进展。我国至地中海、北欧和西欧港口间的集装箱航线投入运营。同年8月上旬,中国至西欧的全集装箱班轮开航。由上海远洋运输公司派出"潍河""唐河""沙河"3艘集装箱船投入该航线营运。航次周转期为30～35天。靠港顺序是从天津新港和上海港发船,途经我国香港地区和新加坡后,直驶伦敦、安特卫普、鹿特丹及汉堡。同年,在交通部的筹划下,利用世界银行贷款7000万美元,安排在天津新港、上海张华浜装卸区、广州黄埔港,采取新建或改造原有件杂货码头的办法,按照国际通行标准建造集装箱专用码头。1984年前后上述三港都正式投产。接着,青岛港也将老港区原件杂货码头改造为6个国际集装箱专用的泊位。

(二) 20世纪80年代中期至20世纪90年代初期:基础设施建设和国际航线的拓展

在20世纪80年代中期,中国开始建立自己的内陆港口,逐步完善陆路和水路的运输网络,同时也开始建设一些大型的集装箱码头。这些基础设施的建设为中国的国际集装箱运输奠定了坚实的基础。1985年,中国成为国际海事组织的会员国。到1988年,全国已有十几个港口,拥有15个国际集装箱泊位,年设计吞吐能力达到120万TEU(标准箱),当年吞吐量为94.7万TEU。20世纪90年代初期,中国开始拓展自己的国际航线,建立了与欧洲、北美洲和东南亚地区的直达航线。

(三) 20世纪90年代中期至21世纪00年代初期:市场化改革和企业发展

进入20世纪90年代,中国集装箱海运发展与国际集装箱运输市场联动,并日益成为国际集装箱航运市场的重要舞台。1993年邓小平南方谈话发表后,交通部加快了港口对外开放的步伐。在一些港口,涌现出了一批中外合资的集装箱码头企业。其中,规模较大的企业分别设在大连、天津、青岛、上海、宁波、福州、厦门、汕头、深圳和广州等港口。中国集装箱运输陆续开辟了多条通往世界集装箱港口的航线,编织了日益完善的全球集装箱运输网络。

在20世纪90年代中期,中国开始实行市场化改革,许多原来由国家控制的企业开始进行改革和重组,集装箱运输企业也不例外。在这个时期,中国国际集装箱运输企业开始逐渐获得市场化的发展机会。中国的港口建设和航运技术得到了快速发展,集装箱船舶、集装箱码头、货运列车等基础设施得到了极大的改善。此外,中国开始大规模生产自己的集装箱,进一步提升了集装箱运输的整体水平。1992年,中国的第一家股份制集装箱运输公司——中海集运公司成立。此后,许多集装箱运输企业也陆续改制为股份制公司。这些企业通过市场化的手段提高了自己的效率和竞争力,推动了中国国际集装箱运输的快速发展。

(四) 2000年至2012年:中国的集装箱运输进入快速增长期

随着中国经济的快速增长和国际贸易的持续扩大,集装箱运输需求不断增加。在这个时期,中国的港口规模不断扩大,新的集装箱码头相继建成;同时,中国的货运物流系统逐渐成熟,货运效率得到了大幅提升。2001年进入世界贸易组织以后,中国逐步成为"世界工厂",港口集装箱吞吐量实现井喷式增长。到2004年年底,全国沿海地区拥有万吨级以上的集装箱泊位达155个。1989年至2004年的15年间,沿海主要港口的集装箱吞吐量的年均增长率在25%以上。截至2004年年底,集装箱的吞吐总量达到6090万TEU,之后每年蝉联世界第一。其中,上海港居世界第三位,深圳港居世界第四位。2005年,中国有八个港口进入世界三十大港行列,吞吐量总和达到8365万TEU,占世界排名前30的大港总量的37%。在这一年里,中国港口的吞吐量增长率超过17%,而世界排名前30的大港总吞吐量增长率只有11%。2010年,上海港第一次荣登世界第一大集装箱港口的宝座。这一年,上海港的吞吐量增长16%,达到2910万TEU,远远超过第二位的新加坡港的2840万TEU(增长9.9%)。这一事件标志着,20多年来由中转型枢纽港——新加坡港和香港港轮流把持的宝座被移交给了一个腹地型枢纽港。

此外,中国的集装箱船舶也逐渐成为全球最大的船舶,提高了中国在全球集装箱运输中的地位。中国的集装箱运输已经成为全球最为重要的运输方式之一,中国的港口、货运物流系统和航运技术已经达到了世界先进水平。而且,中国政府开始着力推进"海上丝绸之路"计划,加强与周边国家的贸易合作,进一步扩大了集装箱运输的市场。

2012年,中国已成为世界第二大经济体、第一大贸易出口国和第三大航运国家。港口吞吐量和集装箱装卸量连续数年位居世界第一,中国已发展成世界港口大国、航运大国和集装箱运输大国。金融危机后,我国更成为世界海运发展的主要推动力,是世界海运需求总量和集装箱需求量最大的国家。

上海港(见图18-3)主要位于黄浦江两岸、长江入海口南岸、杭州湾口上。自1843年上海开埠后,该港口很快成为中国最大港口,自2010年起成为世界最大的集装箱港口。

图18-3 上海港

三、改变世界船舶工业格局

在20世纪80年代以前,中国造船业的对象一直是以内河船舶为主体,造船生产量小,造船厂家多但生产规模小,能够生产大型船只的厂家很少;而且,生产技术也没有得到外国船主的认同,缺乏接受出口订单的国际竞争力。从1952年到1978年这27年间,一共出口船舶16万DWT(载重吨位)。1977年12月,党中央做出了中国的船舶要出口、要打进国际市场的战略决策。从此,中国船舶工业开始了进军国际市场的新征程,并逐渐成为世界造船业中的一支举足轻重的力量。

强船报国

（一）1978 年至 20 世纪 90 年代初期

改革开放初期，中国船舶工业开始实行市场化改革。国家开始向外界开放，中国船舶工业也开始引进先进技术和管理经验。在这一时期，中国船舶工业的主要发展方向是生产海运业务所需的船舶和海洋工程设备，如大型散货船、石油钻井平台、浮式综合服务平台等。1980 年，我国造船年产量为 20 万 DWT，居于世界第 17 位。1985 年，我国造船年产量约为 50 万 DWT，占全球造船份额的 1.5%。1993 年，我国造船年产量首次突破 100 万 DWT。1995 年，我国造船产量为 175 万 DWT，首次超过德国，占到世界造船市场份额的 5%，成为仅次于日本、韩国的世界第三大造船国家。

（二）20 世纪 90 年代中期至 2000 年

中国船舶工业进入了快速发展的时期。国家开始实行科技创新政策，鼓励企业加大技术研发投入。在这一时期，中国船舶工业开始涉足高科技领域，如先进的 LNG 船、高速客船、多用途军舰等。同时，中国船舶工业开始向国际市场出口产品，成为全球最大的造船国之一。

（三）2000 年至 2012 年

中国船舶工业不断加强自主创新和技术升级，加速转型升级。在这一时期，中国船舶工业开始涉足船舶装备、海洋工程、海洋能源等领域。同时，中国船舶工业开始构建完整的产业链，加强与国内外相关产业的合作和协同发展。

2003 年，全国造船完工量 641 万 DWT，占世界份额的 11.8%，一举突破了中国造船业近 10 年来占世界市场份额 5%~7% 的徘徊局面，超过了整个欧洲国家造船产量的总和。2004 年，我国造船年产量达到 880 万 DWT，占世界造船份额达到 14%。

2005 年，我国造船完工量 1212 万 DWT，新承接船舶订单 1699 万 DWT，手持船舶订单 3969 万 DWT，分别占世界市场份额的 17%、23% 和 18%，尤其是我国承接新船订单当年首次超过日本，位居世界第二。2006 年，实现年造船 1452 万 DWT、占全球市场的份额的 19%。

2007 年，全国造船产量达到了 1893 万 DWT，占全球市场的份额上升到 23%，首次突破全球造船量的 1/5。2007 年，我国船舶制造新接订单 9800 多万 DWT，居世界第一位；手持订单 1800 多万 DWT，居世界第二位。

2008 年，我国的造船完工量为 2881 万 DWT、承接新船订单 5818 万 DWT、手持船舶订单超过 2 亿 DWT，分别占世界市场份额 29.5%、37.7% 和 35.5%，三大指标全面超越日本，位居世界第二。

2010 年，我国造船完工 6120.5 万 DWT、新接订单 5845.9 万 DWT、手持订单 19291.5 万 DWT，分别占世界市场的 41.9%、48.5%、40.8%，造船三大指标第一次全面位居世界第一。

2012 年，中国船舶工业产值达到了 1.5 万亿元，成为全球最大的造船国和海工装备制造国。中国造船完工量、新接订单量、手持订单量分别占世界市场份额的 34.8%、61.6%、38.5%。其中，我国最大的造船集团——中国船舶工业集团公司的全年造船完工量首次突破 1000 万 DWT，达到 1075 万 DWT，吨位约占全国造船完工量的 27%，约占全球造船完工量的 9.1%。

2012 年 8 月 8 日,亚洲最大、最先进、最安全、最豪华、装载能力最强的客滚船"渤海翠珠"轮(见图 18-4)首航;10 月 10 日,其姊妹轮"渤海晶珠"号投运。这两艘 3.6 万吨客滚船在建造中贯彻国防要求,不仅大大提升了渤海湾客滚运输的能力,也进一步提升了中国海军海上战略投送能力。

图 18-4   客滚船"渤海翠珠"轮

专题小结

本专题简要介绍了中国自 1978 年改革开放以来的海运建设成就。在这期间,中国的海运建设取得了显著发展和突破。为了适应国内外贸易的迅速增长,促进国际经济交流及国家自身的经济发展,政府出台了一系列政策和措施来扩大和改善海运建设。中国海运建设取得了长足的进步,在港口建设、集装箱制造、船舶队伍扩充、国际化经营等方面不断提升自身的实力。这一时期的海运建设,为中国成为国际海运大国奠定了坚实的基础。

学习思考

1. 中国当代海运事业发展的影响和意义是什么?

2. 中国水路交通的跨越式发展对你的家乡有影响吗?

3. 你认为自己有哪些技能和知识可以应用于交通建设? 你希望通过参与交通建设,学习和提高哪些技能和知识?

联结世界各地的航空事业发展

学习目标

(1) 了解中国当代民航事业的发展历程。

(2) 了解中国当代大型机场的建设历程。

(3) 理解改革开放对中国航空事业发展的影响。

(4) 了解航空业在维护国家安全、加强国防力量中扮演的关键角色，增强民族自信心和自豪感。

1978 年，我国民航只有 150 条国内航线、12 条国际航线，通航 14 个国家。如今，我国民航的航线已经遍布祖国大江南北，并通达世界各地。

这些年来，随着我国国际关系的发展和民航技术能力的提升，我国民航在国际民航事务中的参与度越来越高，国际地位和国际影响力日益提高，全方位、多层次的对外开放格局逐步形成，航空大国的地位得以确立。截至 2022 年年末，我国已与全世界 128 个国家和地区签订了双边航空运输协定，中国民航连续多年对全球航空运输增长贡献率超过 20％。

1974 年 9 月 24 日至 10 月 15 日，我国政府代表团出席在加拿大蒙特利尔举行的国际民航组织第 21 届大会。这是我国政府代表团第一次参加国际民航组织大会（见图 19-1）。会上，中国当选为理事国。

研究显示，民航的年均旅客数量每增长 1％可以带来 0.75％的直接就业人数增长和 0.49％的直接收入增长；每 100 万航空旅客可为周边区域创造 1.3 亿美元的经济收益，能够带来 1000 个直接工作岗位；每新增 10 万吨航空货物，将直接创造 800 个工作岗位。国务院于 2012 年出台的《关于促进民航业发展的若干意见》也明确指出，民航业是我国经济社会发展的重要战略产业。可以说，中国机场的建设发展不仅是中国民航业迅速发展的真实写照，也是中国经济社会腾飞的生动注脚。

图 19-1　中国政府代表团出席国际民航组织第 21 届大会

一、民用航空市场化改革

（一）政企分开的制度保障

自 1978 年以来，民航经过了 1978 年至 1984 年"民航一定要企业化"；1985 年至 2001 年政企分开、航空公司与机场分设；2002 年至 2012 年政资分开、联合重组、机场属地化；2013 年至今进一步深化民航改革四个阶段的系统性改革，行业面貌发生了历史性巨变。

尽管各阶段改革开放的形势不同、任务不同、要求不同，但中国民航始终坚持中国特色社会主义制度和社会主义市场经济改革的正确方向，通过改革开放革除体制、机制上的顽瘴痼疾，实现自我改进和自我完善，推动民航治理体系更加成熟，治理更加科学、更加有效，从而解放和发展了民航生产力，民航的比较优势和先行优势得到充分发挥，行业发展更有效率、更有质量、更加公平。

1. 第一阶段：政企分开的试点阶段

在这个时期，中国民航的运营和管理全部由国家民航局（后改名为中国民用航空局）负责。1978 年 10 月 9 日，邓小平同志指示民航要用经济观点管理。同年，中国与日本达成了首个民航协议，允许两国之间的航班起降和空中运输。1980 年 2 月 14 日，邓小平同志指出："民航一定要企业化。"1980 年 3 月 5 日，国务院、中央军委发出《关于民航总局不再由空军代管的通知》，明确除航行管制仍按《中华人民共和国飞行基本规则》执行外，其他工作均向国务院请示报告。随后，国务院发文确定了相关具体事项，包括终止义务工役制。民航总局的机构编制，由原来参照军队按指挥部、政治部、后勤部、工程部设置，改为按政府部门的司局序列设置。这一通知将中国民航局改为国务院直属机构，实行企业化管理。中国民航局政企合一，既是主管民航事务的政府部门，又是以"中国民航（CAAC）"名义直接经营航空运输、通用航空业务的全国性企业，下设北京、上海、广州、成都、兰州（后迁至西安）、沈阳六个地区管理局。

20 世纪 80 年代中期，中国开始加强与国际民航组织（ICAO）的联系，并参加了 ICAO

组织的一些活动。

2. 第二阶段：政企分开的全面推开阶段

1985 年，中国国务院发布了《关于改革民航管理体制的决定》，开始探索政企分开的道路，民航总局成为主管部门，各大民航企业相继成立。在这一阶段，政府逐渐减少对企业的干预，企业得到了更大的自主权和独立性，民航产业的市场化进程逐渐加快。1987 年，中国政府将原民航六个地区管理局的航空运输和通用航空的相关业务、资产和人员分离出来，组建了六个国家骨干航空公司，实行自主经营、自负盈亏、平等竞争。这六家航空公司分别是：中国国际航空公司、中国东方航空公司、中国南方航空公司、中国西南航空公司、中国西北航空公司和中国北方航空公司。1984 年至 1985 年，民航局与福建、新疆、云南等省区联合成立了航空公司。随后，还成立了上海、武汉、四川等航空公司。到 20 世纪 90 年代初期，掀起新一轮开办公司的热潮，海航、深航、山东航空均在这一阶段成立。这些企业的兴办，增加了中国航空的新生力量，强化了市场竞争，促进了行业发展。

1987 年 10 月 15 日，中国民航西南地区管理局、成都双流机场宣布成立。当年 12 月，华东地区民航进行了改革。1989 年 7 月，以经营通用航空业务为主并兼营航空运输业务的中国通用航空公司成立。1988 年至 1990 年，华北、西北和东北地区民航的改革相继完成。1991 年和 1992 年分步实施了中南地区民航改革。至此，民航的新型管理体制架构基本形成。民航实行政企分开的目的也是要放开市场，依靠各方面力量，发展民航事业。政企分开，政府转变职能，这意味着政府部门要面向社会，支持市场主体的兴建和发展。由于民航专业性较强，所以当时坚持中央和地方合资经营航空运输企业。

在实施改革中，国家对民航相继采取了扶持政策。从起初的利润和外汇收入"一九分成"，到后来设立"民航基础设施建设基金"，以及推行运价体制改革，都对民航发展起了重要作用；拓展融资租赁，保证了运力增加；在机场建设方面，寻求利用软贷款，中央和地方联合投资，并更多地发挥地方的积极性。众人拾柴火焰高，改革迸发新动能，整个行业由此呈现出蓬勃发展的新局面。

3. 第三阶段：全行业深化改革阶段

1993 年，中国民航开始进行全行业深化改革，政府逐步退出企业管理层面，将其转交给专业管理人员。此时，企业的自主权更加突出，市场化程度不断加深。1997 年，中国民用航空总局更名为中国民用航空局，标志着政府将企业管理权力完全交给了民航局。

中国民航通过多次有计划、有步骤的体制改革，从最初的政企不分、军民合一，完全实现了真正意义上的政企分离、政资分离；经过一系列制度改革，由运输航空、通用航空、机场、空管、航空保障以及政府监管部门构成的民航系统，基本形成了各子系统配置合理、有序分工的局面，为民航协调发展奠定了坚实的基础。

1995 年，我国和美国签订双边航空协定，允许两国航空公司在各自国家境内任意起降、停留和中转。随后，中国与英国、加拿大等国也签署了类似的协议。

（二）市场机制基本形成

2001 年，我国加入了世界贸易组织（WTO），在加入过程中承诺逐步开放航空产业市场。2004 年，我国取消了对国内外合资航空公司的限制，允许外国航空公司在中国成立合资企业。

2002 年 3 月,我国政府对民航业再次进行重组。民航总局按照"企业自愿、政府引导"的原则,对直属航空运输企业和服务保障企业进行了重组,组成六大集团公司,分别是中国航空集团公司、东方航空集团公司、南方航空集团公司、中国民航信息集团公司、中国航空油料集团公司、中国航空器材进出口集团公司。成立后的集团公司与民航总局脱钩,交由中央管理。

2002 年,我国政府发布《关于深化国有企业改革的指导意见》,要求民航企业改革加快步伐,推进公司化、法人化、股份化改革,逐步实现市场化运营。

2003 年,我国政府发布《国务院关于促进民航业健康快速发展的若干意见》,提出发展航空运输服务产业,推进机场经济和航空物流产业发展,支持航空工业和科研机构加强技术创新和人才培养,以及加强监管和安全保障等政策措施。

2010 年,中国民航局发布《关于进一步深化民航改革的若干意见》,提出加快民航运输结构调整和机场布局优化,支持企业合并重组和上市融资,推动航空物流发展,完善监管体系,提高安全水平等。同年,我国取消了对中国航空公司购买外国飞机的限制,允许中国航空公司自主选择飞机。

2012 年,我国与欧盟签署了首个全面的航空协议,允许中国和欧盟之间的航空公司在对方领空内任意起降。

与中国经济体制改革相适应,民航的改革历程也是市场化程度不断加深的过程。在这个过程中,行业行政管理部门从微观企业经营管理事务中完全退出;运输生产的人、财、物由统购、统分、调拨逐步过渡到主要通过市场配置;改革航线准入制度,逐步放松票价管制,数次调整航路、机场和地面服务收费政策。中国民航运输市场的传统结构发生了根本性变化,航空市场的垄断经营模式被打破,平等竞争、效率优先、优胜劣汰的市场机制基本确立,以自主经营的航空运输企业作为代表的各类市场竞争主体已经形成,市场配置资源的基础性作用逐步彰显。

(三) 对外开放初步形成

改革开放前,中国民航在一个相对封闭的环境中自我发展;改革开放后,随着我国改革开放的脚步,相关政策不断完善发展,数百亿美元的外国资本通过海外上市融资、建立合资独资企业和购买国内民航企业股份等方式注入中国民航业。"新鲜的血液"为中国民航带来了新的发展思路,带来了更贴近国际市场的理念,带来了最先进的技术,推动着中国民航企业在国际市场上更快、更稳健地前行。1979 年 7 月 8 日,《中华人民共和国中外合资企业法》实施。8 个月后的 1980 年 4 月,中华人民共和国外国人投资管理委员会批准了"外审字(1980)中外合资企业 001 号"——北京航空食品有限公司,这是国家外国投资管理委员会审议批准的全国第一家合资企业。它的成立,填补了中国民航航空食品生产的空白,也开启了中国引进外资和兴办三资企业的序幕。

为了迅速改变我国航空运输落后的状况,民航逐步放开航空市场准入,吸收包括国外资本在内的各种资本投资于航空业的各个领域,引进外资的方式、力度和效果在几十年间都发生了翻天覆地的变化。民航运输业是一个资金密集型产业,购买和租赁新飞机要资金,建设和扩建机场要资金,升级服务设施和运营设备要资金,员工培训也要资金,资金是中国民航业快速发展的基础。但是,如此大量的资金从何而来呢? 单纯依靠政府投入肯定不够,引进民营资本、外国资本就成为必选项。

当然，我国民航业引进外资的过程不是一蹴而就的，其中大致经历了以下四个阶段。

1980—1986 年为第一阶段。这个时期以计划与市场相结合为目标模式，对传统的投资体制进行了初步改革和探索。民航率先进行了一些投融资体制改革的探索，多个民航业引进外资的"第一"也都在这一时期诞生了。1980 年 9 月 23 日，我国民航通过委托美国拉扎法财务公司、海德律师事务所，与投资人汉诺威公司签订了第一架 B747-SP 飞机的租赁协议，由此迈出了中国民航利用外资融资租赁飞机的第一步。1982 年 6 月 27 日，厦门机场就贷款修建厦门高崎国际机场，与科威特的阿拉伯经济发展基金签订协议，开创了民航基础设施建设借用国外政府贷款的先河。

1987—1993 年十四届三中全会前为第二阶段。民航政企分开、机场与航空公司分立，引申出了多元化的投资格局。20 世纪 90 年代，为拓宽资金渠道，加快民用机场建设，大量外资与国内银行贷款一起涌入民航业。

1993 年以后至 2001 年为第三阶段。随着建设社会主义市场经济体制总体目标的提出，以及改革、开放和发展的全面推进，民航投资体制改革取得了若干重大突破。也正是在这一时期，民营资本、外商资本大量涌入民航业，通过海外上市、组建合资公司等方式，民航业完成了一轮又一轮快速发展的资本累积。

2002 年至今为第四阶段。随着第三轮民航体制改革的完成，新的投融资体制形成。而外资无疑成为民航业由单一投资向多元投资体制改革过程中一个重要的组成部分，更是成为引导外资参与航空运输企业的改组改造、降低企业资产负债率的法宝。1994 年、2002 年两次颁布了外商投资民航业的相关规定，允许外资投资于除空中交通管理以外的民航业领域。通过外国政府贷款、中外合资、外商独资、融资租赁、海外上市等方式，民航累计利用外资达 300 多亿美元。民航企业以主动积极的姿态参与世界航空运输的竞争。2007 年，国航和上航正式加入星空联盟，南航加入天合联盟。国内航空公司通过加入国际航空联盟、联合经营、代码共享、投资合作等一系列方式，提升国际化水平，增强国际竞争力。百余家国外民航企业参与到中国民航建设和发展中。截至 2012 年，中国与 114 个国家正式签署了双边航空运输协定，其中三分之二以上都是在 1978 年后新订立的；共有航空运输公司 46 家，其中中外合资航空公司 14 家；港澳台航线航班数量大幅增加，形成了相对完善的航线网络；开通了"一带一路"沿线 43 个国家的 95 条国际航线；在中美航线上中方公司运力份额达到 58%，在中欧航线上运力份额达 62%，都处于相对优势地位。

中国民航在世界航空运输业的重要性不断提升，获得了世界同行的尊敬与赞誉。2022 年10 月，在加拿大蒙特利尔举行的国际民航组织第 41 届大会上，中国连任一类理事国。这是自 2004 年以来，中国第七次当选一类理事国。

二、机场建设持续推进

在 1987 年民航业政企分离改制过程中，我国政府将航空公司与机场分设，组建了北京首都机场（见图 19-2）、上海虹桥机场、广州白云机场、成都双流机场、西安西关机场（现已迁至咸阳，改为西安咸阳机场）和沈阳桃仙机场。

图 19-2 北京首都国际机场航站楼

2002 年,按照政企分开、属地管理的原则,90 个机场进行了属地化管理改革,民航总局直接管理的机场下放所在省(区、市)管理,相关资产、负债和人员一并划转;民航总局与地方政府联合管理的民用机场与军民合用机场,属民航总局管理的资产、负债及相关人员一并划转所在省(区、市)管理,分别组建机场管理机构和航空安全监管办公室。除北京首都机场集团公司和西藏机场外,机场统一移交地方管理。山东、湖南、青海三省先行试点,然后全面铺开。首都机场、西藏自治区区内的民用机场继续由民航总局管理。2004 年 7 月 8 日,随着甘肃机场移交地方,机场属地化管理改革全面完成,这也标志着民航体制改革的全面完成。从此,我国机场建设和管理理念由"重数量、争规模、求速度、轻管理",逐步转变为"重质量、求实际、争效益、重管理"。机场开始真正融入地方经济社会,成为区域、社会经济发展的新动力,大大增强了地方政府对机场投入的积极性。

机场移交地方管理,是中央的一贯方针。自政企分开全面推开以来,随着地方对机场建设投资的增加逐步进行。这次全面改革机场管理体制,机场原则上交给地方。这样做既有利于行业管理部门强化政府职能,又有利于充分发挥地方的积极性,还有利于增强机场的活力。北京和西藏机场仍然由民航总局管理,北京机场主要为首都功能服务,要打造大型航空枢纽;而西藏的高原机场则需要民航总局的大力支持。

经过几十年的建设和发展,中国机场总量初具规模,机场密度逐渐加大,机场服务能力逐步提高,现代化程度不断增强,初步形成了以北京、上海、广州等枢纽机场为中心,以成都、昆明、重庆、西安、乌鲁木齐、深圳、杭州、武汉、沈阳、大连等省会或重点城市机场为骨干以及其他城市支线机场相配合的基本格局,我国民用运输机场体系初步建立。1978 年,我国仅有 78 个民用运输机场(不含港澳台地区,下同),其中军民合用机场 36 个。截至 2012 年,我国境内民用航空(颁证)机场共有 183 个,其中定期航班通航机场 180 个,定期航班通航城市 178 个。机场规模也在不断扩大,尽管机场数量较 1978 年增长了约 3 倍,但旅客吞吐量增幅为 1978 年的 495 倍,货邮吞吐量增幅为 257 倍。2006 年,首都机场首次跻身世界前十大最繁忙机场行列。

随着改革的推进和不断深化,在航空企业和民用机场方面,都形成了"一主多元"的经济体制。公共航空运输企业的"一主多元",一是从所有制来看,形成了以公有制为主体、与非公有制经济共存的格局。航空公司普遍进行了股份制改造,很多成为上市公司。中央和地方企业及其他市场主体合办公司。在改革第三阶段后成立的民营公司较多。二是从企业规模来看,形成了以大型企业集团为主导、与中小型航空公司并存的格局。通用航空则呈现出分散性,以小型企业居多。这是由其自身特点所决定的。民航机场的"一主多元",从投资主体来看,形成了以地方政府为主、国家给予大力支持并有其他投资方参与的格局。从管理模式来看,以集团化管理为主,独立运作和委托管理并存。鉴于机场属于民航发展的重要基础设施,社会公益性较强,中央和地方政府都出台了扶持政策。由于机场规模相差悬殊,大型机场完全实行企业化管理,相当数量的机场实际上没有真正按企业化来运作。机场管理体制还在不断完善,应该更好地体现因地制宜的原则,强化机场的管理和协同职能,促进平安、绿色、智慧、人文机场建设,加快打造航空枢纽,提升各类机场发展质量。

河南省就尝到了利用机场发展航空经济,从而带动区域经济发展的甜头。郑州航空港经济综合实验区是我国首个航空经济先行区,2013 年 3 月 7 日获国务院批复。从此,不靠海、不临江、不沿边的内陆省份——河南打通了一条与世界经济互联互通的空中大通道,中原大地与世界实现了点对点对接,走向了改革开放的前沿。

从 2013 年每天只有 1 架全货机起飞,至 2019 年每周 100 架次左右的全货机飞往全球各地,如今郑州机场已开通国际客货运航线 45 条,基本形成了横跨欧亚美、覆盖全球主要经济体的航线网络。澳大利亚的金枪鱼、智利的车厘子、西班牙的时装、荷兰的鲜花……一批批特殊"旅客"从这里被分拨到全国各地,来自全国各地的手机、电子产品、生活用品和机械设备在这里集聚,再被分拨到欧美等国。

一个区域性机场一举跃升为中部地区客货运双第一的国际化立体综合交通枢纽。河南省人民政府工作报告曾有如下表述:郑州航空港经济综合实验区获批准建设,打开了中原经济区建设的战略突破口,抢占了区域竞争的战略制高点。

在中国辽阔的版图上,像河南这样机场建设与经济发展紧密结合的案例还有很多,"要开放,建机场;要想强,上民航"早已成为共识。机场——特别是大型枢纽机场——已突破单一运输功能,也不再仅仅是城市的重要基础设施,而是已经成为吸引与汇集高科技产业、信息产业、现代制造业和现代服务业,通过与多种产业有机结合,与区域经济相互影响、相互渗透、相互融合,带动区域结构转型升级的巨大引擎和驱动经济社会发展的重要力量。

三、安全水平极大提高

中国民航坚守飞行安全底线,对安全隐患零容忍,坚持"宁当恶人,不当罪人",推动安全管理水平不断提升,形成了符合国际标准、具有中国特色的航空安全管理体系,我国民航安全水平处于世界先进水平。中国民航在推进各项改革开放工作的同时,始终没有放松对安全工作的重视,坚持"安全第一、预防为主、综合治理"的方针,强化安全生产责任制,创新安全管理理念,重视安全规章标准的建设,强化专业技术人员的培训,加大安全投入,积极采用现代化的科技手段。

（1）法规制度的完善。改革开放以来,中国民航的法规制度逐渐完善。例如,1989 年颁布的《中华人民共和国民用航空法》成为中国民航的基本法律。此后,许多规章制度相继颁布，如 1996 年的《民用航空器适航管理规定》、2001 年的《机场安全管理规定》等。这些规定进一步明确了民航安全的标准和要求。

（2）技术设备的改进。中国民航在技术设备方面的改进也对安全性产生了积极的影响。例如，中国逐步引进了更先进的航空器和设备，如空中交通管制系统、雷达监控系统等。这些技术的改进使得民航在飞行、导航、通信等方面变得更为安全、可靠。

（3）人员培训的提高。航空人员的培训和考核制度逐渐完善，航空公司加强了飞行员、机务人员和空中乘务员的安全教育和培训，使得员工的技能和素质不断提高。

（4）安全管理体系的建立。中国民航还建立了一套完整的安全管理体系，包括安全管理制度、安全管理组织、安全管理程序等。这些措施加强了对航空安全的监管和管理力度，提高了飞行安全的保障水平。

在生产规模扩大、发展速度加快、行业不断改革的情况下，中国民航创造了新的安全飞行纪录。自 1978 年以来，事故率持续下降。截至 2012 年 12 月 31 日，航空运输连续安全飞行超过 1355 万小时，平均航班正常率为 74.83%，航空运输安全达到国际先进水平。

中国民航业四十多年的发展，较好地适应中国经济社会的发展需求，服务范围不断扩大，越来越成为一种大众化的交通方式，已由原来的从属补充地位发展成为中国综合运输体系的组成部分，较好地发挥了其在国民经济发展中的助推器、黏合剂作用。在促进就业增加、带动区域发展、推动经济增长方面，中国民航发挥了不可替代的作用；与航空运输密切相关的高科技、金融和旅游等行业，从民航运输的发展中获得了充足的支持；中国民航在农林、地勘、旅游、救灾等行业和社会生活的许多领域也发挥了重要作用。民航系统还圆满完成了党和国家领导人出访航空运输保障任务；全国性重要会议和重大活动航空运输保障任务；我国政府承办的大型国际会议和国际活动，如 2008 年北京奥运会和 2010 年上海世博会；紧急援助任务，在 2008 年中国发生的雪灾和地震两次自然灾害中，中国民航展现出了难以替代的作用。

案例 19-1

民航局全力确保抗震救灾空中生命线畅通无阻

2008 年 5 月 12 日四川汶川发生强烈地震灾害，民航系统积极行动，坚决贯彻党中央、国务院的统一部署，李家祥局长当晚连夜率民航局工作组赶赴成都，传达国务院紧急会议精神，部署民航抗震救灾工作，要求四川地区民航各单位团结协作，克服困难，采取有力措施，尽快恢复生产运营，全力以赴确保国家抗震救灾空中生命线畅通无阻。目前，经过连夜奋战，四川省内所有民用机场都已具备通航保障能力，民航干部职工都在坚守岗位，随时准备保障救灾物资和人员的紧急运输任务。民航各航空公司都已按民航局的要求，准备了充足的运力，随时保障抗震救灾紧急运输。

5 月 13 日晨，民航局下发通知，全力确保北京、上海等至灾区的航线不断航，维持一定的航班量，确保空中交通畅通。要求空管部门优先放行运送救灾人员和物资的航班，优先放行北京、上海等飞行流量大的机场的航班。民航局要求各航空公司尽量调配大型飞机执行地震灾区航班任务，留出部分座位以备应急，并且允许往来灾区同航线上的旅客在各航空公司航班间无条件签转。

　　截止到 5 月 13 日 13：00，成都双流机场恢复开放后已保障各类飞行起降 50 架次，其中航班飞行 22 架次，民航抗震救灾飞行 8 架次，军航 20 架次；绵阳机场保障 6 架次。

　　民航局已调集国航、东航、南航、海航、山东航、四川航、西部航空 7 家航空公司 51 班次执行抗震救灾专包机紧急飞行任务，从北京、上海、沈阳、济南、郑州、洛阳、宁波等地运送救灾人员和物资。

　　（资料来源：中国民用航空局，https://www.gov.cn/govweb/gzdt/2008-05/13/content_970146.htm，2008-05-13.）

专题小结

　　本专题简要介绍了中国自 1978 年改革开放以来的航空建设成就。在这个时期，中国政府明确将发展民用航空业作为国家战略，并实施一系列政策和措施来推动政企分开、市场化机制和对外开放，实现了从技术跟踪引进到自主研发生产的历史性转变，中国航空工业实现了由引进技术到自主创新的历史性转变，取得了令人瞩目的发展成就。中国的航空建设不仅为国内民众提供了安全便捷的交通服务，也为中国在全球航空领域发挥了重要作用，展现了中国航空工业的崛起和实力。

拓展阅读：用"速度与激情"守护海上生命线

学习思考

　　1. 中国当代航空事业发展的影响和意义是什么？

　　2. 中国民航的跨越式发展对你的家乡有影响吗？

　　3. 交通建设与人民幸福感之间有什么关系？请谈谈你的理解。

新中国大飞机的研发

迈向交通强国

交通很宏大。路网纵横交错，桥梁跨越天堑，缩短了神州大地的时空距离，加速了要素资源的流通周转，畅通了经济发展的主动脉；航班起落，巨轮穿梭，商贾云集，让我们与"地球村"紧密联结……交通在我国经济社会发展大局中扮演着重要的"先行官"角色，为国民经济增长、区域协调发展、综合国力提升提供了有力支撑。

交通又很细微。公交地铁高效舒适，打车自驾日益便利，上班族不用再为日常通勤而过多烦恼；农村公路四通八达，田间地头的蔬菜瓜果在城市餐桌上飘香，农民兄弟的腰包越来越鼓；乘高铁、搭飞机成为家常便饭，人们的出行效率明显提高了，活动半径拓宽了……交通悄然改变着每个人的衣食住行、思想观念乃至人生轨迹，持续提升着城乡居民的生活水平和幸福指数。

百年春华秋实，一路砥砺向前。在中国共产党的领导下，既宏大又细微的交通在神州大地迎来了沧桑巨变，切实增强了人民群众的获得感、幸福感、安全感，为民族复兴大业作出了巨大贡献。这恰恰印证着中国共产党人的初心和使命，就是为中国人民谋幸福，为中华民族谋复兴。

辉煌成就的背后凝聚着一代代中华儿女的不懈奋斗。回首中华人民共和国成立初期，10 万筑路大军在极为艰苦的条件下历时 5 年建成川藏公路、青藏公路，在"人类生命禁区"创造了公路建设史上的奇迹。此后数十年，"两路"精神在神州大地赓续传承、发扬光大。逢山开路，遇水架桥，我国交通基础设施实现从"跟随"到"领跑"的转变，创造出一个又一个"不可能"。如今的我们，不仅拥有世界上规模最大的高速公路网、高速铁路网，还锻造出中国路、中国桥、中国港、中国高铁等一张张成色十足的"中国名片"。

如今，交通强国建设正稳步向前，一个流动的中国彰显出繁荣昌盛的活力。

```
                                                                  ┌─ 现代综合交通运输体系
                        专题 20  建设交通强国的战略之基 ─┤
                                                                  └─ 交通强国建设的背景


                                                                  ┌─ 交通强国的基本内涵与特征
                        专题 21  交通强国建设的总体框架 ─┼─ 交通强国建设的战略目标
                                                                  └─ 交通强国建设的主要任务

    模块五
    迈向交通强国

                                                                  ┌─ 交通基础设施体系
                        专题 22  交通强国基础体系建设 ──┼─ 交通装备体系建设
                                                                  └─ 交通基础体系建设的主要任务


                                                                  ┌─ 运输服务的内涵
                        专题 23  交通强国运输服务体系建设 ─┼─ 运输服务体系建设的路径
                                                                  └─ 运输服务体系建设的主要任务
```

建设交通强国的战略之基

学习目标

（1）了解现代综合交通运输体系的内涵和特征。

（2）理解交通强国建设的背景。

交通是基础性、服务性、引领性、战略性产业，是兴国之要、强国之基。中华人民共和国成立 70 多年来，特别是改革开放以来，我国交通基础设施加速成网，运输服务能力连上台阶，为百姓生活带来了巨大便利，也在国民经济发展中发挥着重要的先行作用。

交通运输是现代社会的血脉，是经济社会可持续发展的保证。厘清交通运输在经济社会发展中的地位和作用，借鉴世界发达国家交通运输发展经验，认清新时代我国交通运输发展的形势和使命，这是学习领会好《交通强国建设纲要》精神的基础。

一、现代综合交通运输体系

现代交通运输是国民经济中具有基础性、先导性、战略性的产业，是重要的服务性行业和现代化经济体系的重要组成部分，是构建新发展格局的重要支撑和服务人民美好生活、促进共同富裕的坚实保障。为加快建设交通强国，必须构建现代综合交通运输体系。

"十三五"时期，我国综合交通运输体系建设取得了历史性成就，基本能够适应经济社会发展要求，人民获得感和满意度明显提升，为取得脱贫攻坚全面胜利、实现第一个百年奋斗目标提供了基础保障，在应对新冠肺炎疫情、加强交通运输保障、促进复工复产等方面发挥了重要作用。五年里，我国交通运输基础设施网络日趋完善，综合交通网络总里程突破 600 万千米，"十纵十横"综合运输大通道基本贯通，高速铁路运营里程翻一番、对百万人口以上城市覆盖率超过 95%，高速公路对 20 万人口以上城市覆盖率超过 98%，民用运输机场覆盖 92% 左右的地级市，超大特大城市轨道交通加快成网，港珠澳大桥、北京大兴国际机场、上海洋山港自动化码头、京张高速铁路等超大型交通工程建成投运。

"十四五"现代综合交通运输体系的发展目标是：综合交通运输基本实现一体化融合发展，智能化、绿色化取得实质性突破，综合能力、服务品质、运行效率和整体效益显著提升，交通运输发展向世界一流水平迈进。

（一）现代综合交通运输体系发展

《"十四五"现代综合交通运输体系发展规划》提出，到 2025 年，综合交通运输基本实现一体化融合发展，智能化、绿色化取得实质性突破，综合能力、服务品质、运行效率和整体效益显著提升，交通运输发展向世界一流水平迈进。这个目标可以归纳为：现代综合交通运输体系发展要实现一体化融合，两个实质突破，四个提升与达到世界一流水平。

展望 2035 年，基本建成便捷顺畅、经济高效、安全可靠、绿色集约、智能先进的现代化高质量国家综合立体交通网，基本形成"全国 123 出行交通圈"（都市区 1 小时通勤、城市群 2 小时通达、全国主要城市 3 小时覆盖）和"全球 123 快货物流圈"（快货国内 1 天送达、周边国家 2 天送达、全球主要城市 3 天送达），基本建成交通强国。

现代交通
运输发展

1. 一体化融合

综合交通一体化融合，旨在整合不同交通方式和运输网络，通过交通系统资源的高效利用和互联互通，实现国家综合立体交通网主骨架能力利用率的显著提高，以促进区域协调发展和经济社会全面发展。

具体目标为，到 2035 年，全国铁路网运营里程达到 20 万千米左右，其中高铁 7 万千米左右。20 万人口以上城市实现铁路覆盖，50 万人口以上城市高铁通达；国家公路网规划总规模约 46.1 万千米，由国家高速公路网和普通国道网组成，其中国家高速公路约 16.2 万千米（含远景展望线约 0.8 万千米），普通国道约 29.9 万千米；港口码头专业化、现代化水平显著提升，内河高等级航道 2.5 万千米；民用运输机场超过 270 个，现代化机场体系基本形成；综合交通枢纽换乘换装效率进一步提高；重点城市群一体化交通网络、都市圈 1 小时通勤网加快形成，城市轨道交通运营里程达到 10000 千米。

案例 20-1

小明：爷爷，我要去成都上大学了！下周就出发啦！

爷爷：下周就走啦？路这么远，车票买好了没有呀？

小明：放心吧爷爷，我已经在手机上买了高铁票。从天津到成都，只要十个小时就能到啦！

爷爷：哎呀，这交通发展真是太方便了。现在高铁十个小时的路程，我年轻时要可坐三天的火车才能到呢。记得 1978 年去成都，我从天津出发，先坐火车到了北京，直接就在火车站排队买后面的票。当时别说手机订票了，连电话都不行呀。买到票，也是三天以后才能坐车，这期间只好到亲戚朋友家里去借宿。三天后上了火车，经由成渝铁路先到达郑州，需要停车更换火车头。因为那个年代还没有实现交通融合，全国的铁路划分成了不同的机务段，管理和物资都是分开的。换好了车头，经陇海铁路到达西安，再换一个车头。最后是宝成铁路段，在宝鸡换上最终能够开往成都的火车头。中间有时换不到车头，就只好停下来等，甚至要原地等待 12 个小时。

小明：是啊，现在交通工具和交通管理模式都越来越先进，也越来越方便人民群众出行啦！

爷爷:到了成都火车站,也还没完呐! 找旅馆、搭乘长途汽车……一切都要等到了那边再一点点去找,不光麻烦耗时,还容易出现各种难以预料的困难。

小明:这样看来,现在出行真的变得非常方便了。有了一体化智能化的现代交通,我在家里用手机就能把一切都安排好。

爷爷:现在的年轻人真是幸福啊! 不过,我们经历了那个时代,看到现在的变化也非常欣慰。祖国富强起来了,交通发展起来了,新时代人民的生活越来越幸福了。

小明:爷爷,我一定会珍惜现在的一切,好好学习,将来为国家的发展做出自己的贡献,也去做一位有益于人民的人。

爷爷:好孩子,祖国需要像你这样的年轻人。走吧,好好学习,将来也要为祖国贡献力量。

回想 20 世纪 90 年代火车票参见图 20-1,新时代乘客乘坐高铁参见图 20-2。

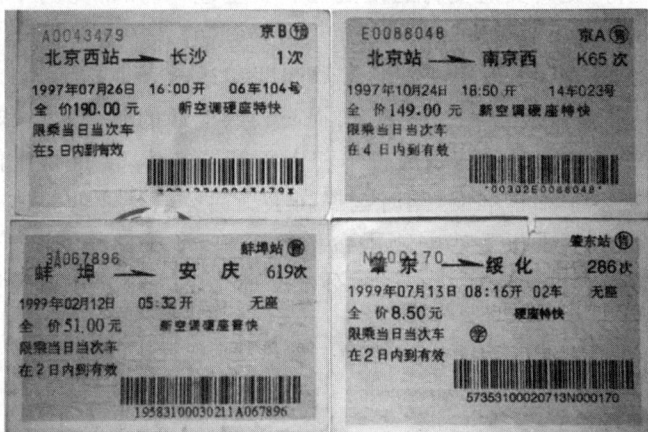

图 20-1　20 世纪 90 年代火车票

图 20-2　新时代乘客乘坐高铁

2. 两个实质突破:智能化发展与绿色化理念

1) 交通运输智能化发展

交通运输智能化发展是指利用信息技术和智能化技术,提升交通运输系统的运行效率和安全性的发展趋势。它包括了智能交通系统、智能车辆、智能路网等多个方面,通过第五代移动通信(5G)、物联网、大数据、云计算、人工智能等技术,实现交通运输的智能化、高效化和可持续发展。预计在 2035 年,交通运输领域新型基础设施建设将取得重要进展,交通基础设施数字化率显著提高,数据开放共享和平台整合优化取得实质性突破;自主化先进技术装备加快推广应用,北斗系统对交通运输重点领域全面覆盖,运输装备标准化率大幅提升。

交通智能化发展包括多个方面的技术融合。

(1) 智能化的交通管理系统,可以对城市交通流量、路况等信息进行实时监测和分析,从而实现交通流量的优化调配、路线导航、交通信号控制等功能,提高城市交通运输的效率和安全性;安装智能化的监控设备和传感器,对道路、车辆和行人等交通要素进行实时监测和预警,及时发现交通安全隐患和事故,并提供紧急救援服务。

(2) 智能交通支付系统,是指利用移动支付、电子收费等技术手段,实现车辆通行费用的自动扣款和线上支付,提高交通支付的便捷性和安全性,例如常见的不停车电子收费系统(electronic toll collection,ETC)。

(3) 智能公共交通系统,是采用先进的车辆调度和运营管理技术,实现公交车、地铁、出租车等公共交通工具的高效运营和智能调度,提高公共交通的服务质量和效率。

(4) 智能物流系统,可以通过物联网技术和人工智能技术,实现物流信息的实时监测和跟踪,提高物流管理的效率和精准度,同时也提高了交通运输行业的整体效率。有了智能物流系统,客户利用计算机或手机上的购物平台付款下单,形成货物的电子运单(电子条码),然后商家开始备货、入库、出库、建立物流链、分配交通工具,各环节精准对接,方便客户全程跟踪、收货、检查、评价。

案例 20-2

小张是一名大学生,经常在网上购物。最近,他的计算机鼠标出了问题,需要购买一个新的鼠标。他在购物平台上搜索了很多不同品牌的鼠标,并仔细比较了它们的价格、品质、性能等各方面的优缺点。最终,他决定购买一款价格适中、质量看起来不错的鼠标。

在人脸识别支付完成后,小张开始企盼自己的新鼠标。他在手机上时时查看到货物的位置和预计的到达时间,整个物流过程都非常清晰地出现在手机上,包括物流线路、当前进度和负责揽收及配送的快递员联系方式,等等。快递送货上门时,小张检查了一下包裹完好程度和货物外观才确认签收。因为卖家和物流公司都承诺过,如果商品有问题,是可以直接拒收的。

小张很满意这次购物的过程,他在购物平台上给予了卖家高分评价。但几天后,他发现这个鼠标的滚轮有些问题,于是联系客服并申请换货。客服很快就响应了小张的请求,提供了货物邮寄地址。提交换货申请后不到两个小时,快递员就上门取走了货物。不久,一个新鼠标又寄到了小张手里。

小张的网络购物经历,体现了网络购物和物流系统的便捷。有了智能物流系统,快递送货上门、检查、确认收货、评价、退换货等,消费者足不出户、使用一部手机即可处理全部问题。

2) 交通绿色化理念

交通绿色化理念是指在交通系统的设计、规划、建设、运营和管理过程中,将环境保护、资源节约、低碳减排等绿色发展理念贯穿其中,通过优化交通结构、提高能源利用效率、减少污染排放等的现代运输方式。交通绿色化将促进低碳出行方式形成,逐步实现交通与环境的和谐发展。铁路、水运承担大宗货物和中长距离货物运输比例稳步上升,绿色出行比例明显提高,单位周转量能源消耗明显降低,城市新能源公交车辆占比达到72%;交通基础设施绿色化建设比例显著提升,资源要素利用效率持续提高,碳排放强度稳步下降。

✈ **拓展阅读**

2015年,我国政府提出"绿色出行"战略,计划到2020年全国城市公交车中电动车比例达到30%。为了实现这个目标,政府采取了一系列措施,例如出台政策激励和补贴,鼓励企业研发和生产电动巴士,以及加强基础设施建设和技术创新等。

这些措施均取得了显著成效。截至2020年,全国公交车中电动车的比例已经超过50%,北京等城市的公交车中电动车比例更是达到了90%以上。这些新能源公交车辆的投入使用,极大地降低了城市空气污染和噪声污染,同时减少了对石油等化石能源的依赖,促进了低碳经济的发展。

如图20-3所示,我国交通运输业属于超过1000万吨的碳排放产业,近20年来碳排放的迅速增长,对我国的环境保护产生了重大的影响。实现交通运输业的碳排放下降,交通运输产业的绿色化发展是当前我国节能减排的重要历史使命。我国不同运输方式的碳排放占比如图20-4所示。

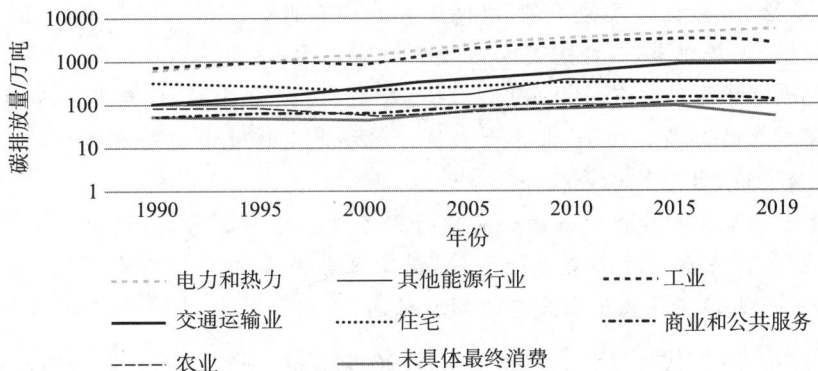

图 20-3 中国各行业碳排放趋势(对数刻度)

(数据来源:国际能源署官网.)

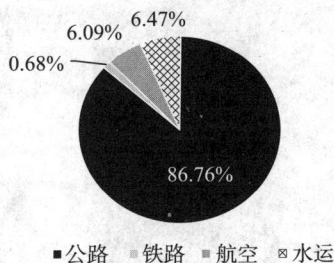

图 20-4 我国不同运输方式的碳排放占比

3. 四个提升

1) 综合能力提升与服务品质提升

交通强国的综合能力建设是指在交通建设、管理、运营等各个环节中,通过优化组织架构、完善制度体系、提高技术水平和加强人才培养等手段,使整个交通系统在效率、安全、便捷等方面具有更强的综合竞争力和发展能力。提升服务品质是指通过优化交通运输服务的组织、管理、技术、安全、设施和服务等各个方面,提高服务水平和质量,满足人民群众日益增长的交通需求。综合能力提升与服务品质提升,可以使交通设施耐久可靠、运行安全可控、防范措施到位,安全设施完好率持续提高;使跨部门、跨领域的安全风险防控体系和应急救援体系进一步健全;使主要通道运输安全和粮食、能源、矿石等物资运输安全更有保障,国际物流供应链安全保障能力持续提升。

案例 20-3

在建设交通强国的过程中,我国通过智能化技术和优化服务方式,提高了服务效率和服务品质,为人民群众出行提供了更加便利和舒适的体验。

(1)高速公路智能化服务。中国的高速公路系统正在推进智能化服务,通过智能收费、智能导航、智能服务区等技术手段,提高服务效率和服务品质。例如,2018 年中国高速公路实现了全面电子收费模式,加快了车辆通行速度,减少了拥堵,提高了服务效率。

(2)城市轨道交通智能化服务。城市轨道交通系统也在推进智能化服务,通过智能化车站、智能化安检、智能化售票等手段,提高服务效率和服务品质。例如,北京地铁推出了自助售票机、微信购票等服务,让乘客更加方便快捷地购票、乘车。

(3)航空运输智能化服务。中国航空通过智能机场、智能航班、智能安检等技术手段,提高服务效率和服务品质。例如,北京大兴国际机场是全球首个完全智能化的机场,实现了自助值机、自助安检、自助登机等服务。

(4)公交出行服务提升。中国的公交出行服务也在逐步提升,通过优化公交线路、提高公交站台设施、推广无人驾驶公交车等手段,提高服务效率和服务品质。例如,广州市推出了智能公交站牌,能够实时展示公交车的到站时间、路线等信息,提高了乘客出行的便捷性。

回想 20 世纪 80 年代各地的无轨电车如图 20-5 所示,现在世界上第一条商业运营的上海高速磁悬浮列车如图 20-6 所示。

图 20-5   20 世纪 80 年代各地的无轨电车

图 20-6　世界上第一条商业运营的上海高速磁悬浮列车

2）运行效率提升与整体效益提升

提升运行效率的核心是提高交通运输的运行速度、准点率和运载能力等方面的综合水平。这需要通过优化交通运输网络的布局和建设，推进现代化物流体系建设，以及加强信息技术应用等手段来实现。通过这些措施，可以缩短物流运输时间，减少物流成本，提高生产效率和供应链效率，从而提升整个国家经济的运行效率。

整体效益是指交通运输在满足经济需求的同时，保障社会、环境、资源等方面的可持续发展效益。这包括提高交通安全、节约能源、减少排放、保护环境等方面的内容。同时，也需要关注社会效益，例如改善人民群众出行条件、促进区域协调发展、促进就业等。

为了提升运行效率和整体效益，我国将加大投资力度，进一步完善现代化交通运输基础设施建设，加强交通运输体系整合，优化交通运输组织，提高管理水平和技术水平，同时重视环境保护和安全保障。这样，我国的交通运输将更加高效、安全、环保、便捷，为经济社会发展做出更大贡献。

目前，与烦琐复杂的传统转关模式（见图 20-7）相比，客运"一站式"、货运"一单制"服务更加普及（见图 20-8），基础设施建设更加完善，区域协调发展更加均衡。根据《"十四五"现代综合交通运输体系发展规划》，沿海港口重要港区铁路进港率超过 70%，枢纽机场轨道交通接入率达到 80%，集装箱铁水联运量年均增长率达到 15%；定制化、个性化、专业化运输服务产品更加丰富；城市交通拥堵和"停车难"问题持续缓解；农村和边境地区运输服务更有保障，建制村快递服务通达率超过 90%；面向全球的国际运输服务网络更加完善，中欧班列的发展质量稳步提高。

客运"一站式"、货运"一单制"服务

案例 20-4

20 世纪 80 年代想要出趟远门可不容易，需要企业专人跟踪路线，调车皮、转线路、沿途检查、每站批文，入住车站旅馆要打高额的公共长途电话联系各个方面，准备大量支票和现金缴纳费用。现在，人们可以"一部手机游天下"，用一部手机，采用一单制对接起点、终点，全程智能化管理。人力、时间、成本均大幅降低，也让普通百姓随心出行成为可能。

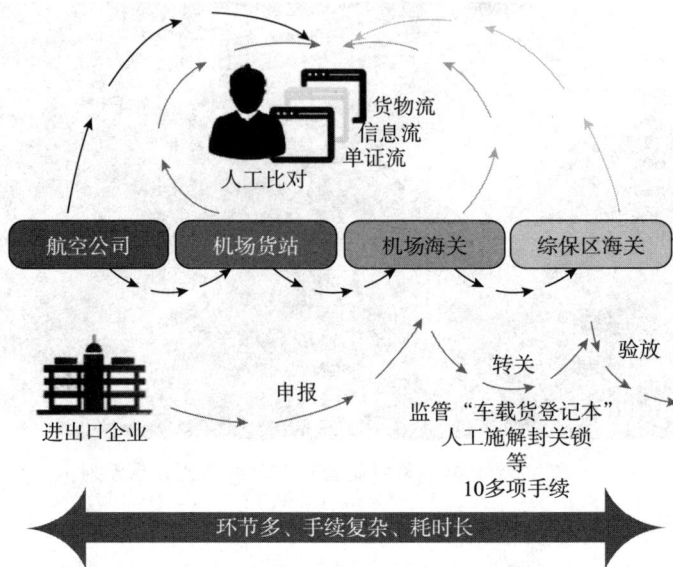

图 20-7　传统转关模式

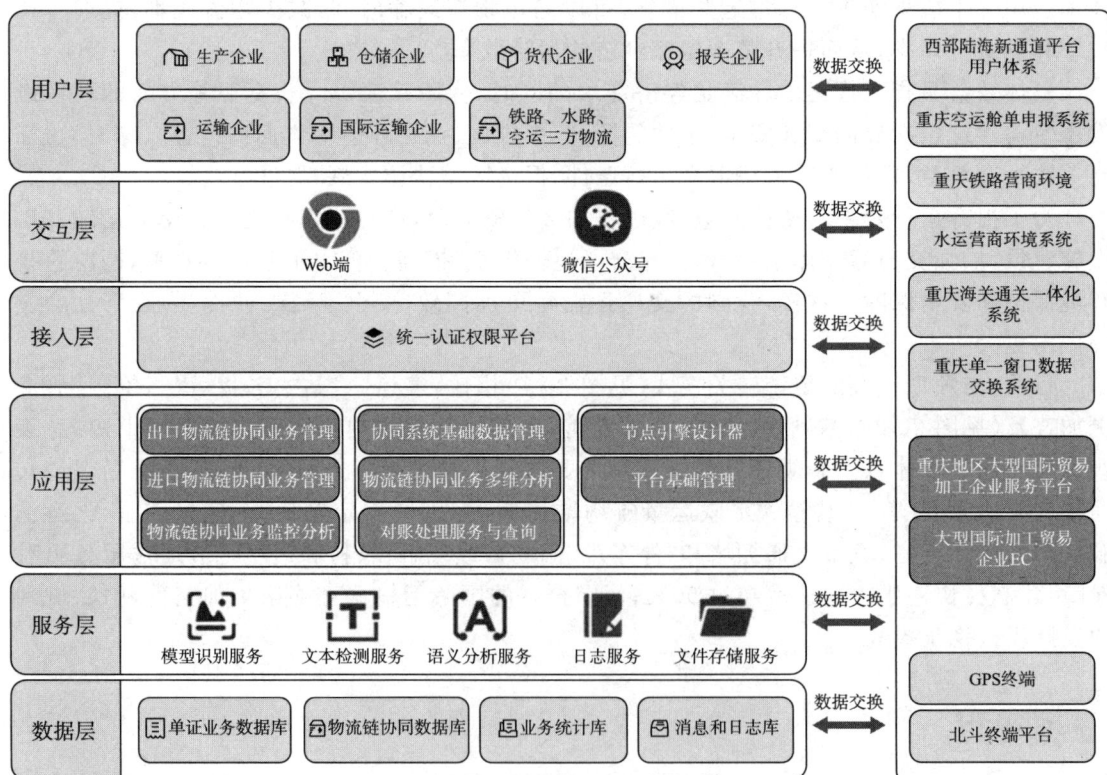

图 20-8　客运"一站式"、货运"一单制"服务

(二) 国外交通运输发展经验借鉴

我国在继续走好发展道路的同时,也要借鉴发达国家和其他发展中国家的经验。美国、

德国、日本、英国等公认的交通发达国家,就有不少值得借鉴的经验。

1. 美国

美国是综合运输发展较早、体系最为完善、管理最为现代化的国家之一。

体制机制上,美国建立了统一的综合管理体制。1966 年,美国时任总统约翰逊签署了《运输部法》,于次年成立了美国联邦运输部,把原来隶属于联邦政府各部门的交通运输相关事务机构进行了整合,涉及 8 个部委和 30 多个局、处。这标志着美国从分散管理的交通体制进入了综合运输阶段。此时,除英国外,世界其他国家的交通运输还都处在分散管理阶段。通过综合协调政府部门和交通模式,有效提高了行政工作效率,优化了不同交通模式之间的衔接,从而减少了拥堵、提高了安全性。

政策法规上,坚持政策引导、法制保障。在 20 世纪 90 年代,随着州际公路的基本建成,美国联邦政府先后于 1991 年、1998 年颁布《综合地面运输效率法案》《21 世纪运输平等法案》等法案。这标志着美国的交通运输发展进入了以可持续发展为目的的综合运输新阶段。这些法案的颁布,为交通综合管理提供了政策和法律基础,通过鼓励各种交通模式的协调和整合,提高了交通系统的效率和安全性;同时,也鼓励民众使用公共交通,缓解了城市交通压力和环境污染问题。注重强调多式联运,重视提升运输质量,重视环境保护,成为 90 年代后 30 多年的政策导向。

在发展战略上,始终保持与国家战略相结合。从 1997 年美国联邦运输部发布第一个五年计划到现在,已经出台了七版战略计划,始终秉承"实现更快捷、更安全、更有效、更方便的交通运输系统,与人民福利、社会经济稳定增长、国家安全、资源保护和有效开发的国家目标保持一致"的发展使命。可以说,一个强大的综合交通运输体系,为美国成为世界超级大国提供了强有力的保障。

2. 德国

近代以来,德国的交通一直都很发达,这与其高度重视科技创新密切相关。德国持续占据了世界交通科技的制高点,许多世界交通的首创成果都发生在德国。比如世界第一辆用汽油内燃机驱动的汽车,于 1886 年由德国人卡尔·本茨发明,有力推动了汽车工业的快速发展;世界第一条有轨电车,于 1881 年由德国工程师西门子建造;世界上第一条高速公路,于 1932 年诞生于德国,也就是从波恩至科隆的高速公路;第一次世界大战后,德国率先把飞机用于空中交通,推动了民用航空事业的发展;德国还是磁悬浮技术的发源地,也是世界上少数几个掌握高速列车核心技术的国家之一。

直到今天,德国在交通装备制造、智能交通、绿色交通等方面都居于世界领先的地位,并提出了以信息化和互联网技术为主要特征的数字化发展战略。

德国的科技创新提升了运输服务效率。德国法兰克福机场的空铁联运,是目前世界上最成功的联运案例,也是信息化和互联网技术支撑交通发展的重要体现。高速铁路作为航空运输的"零米高度支线航空",极大地拓展了机场的腹地范围。德铁申请了国际航空运输协会 IATA 的两字代码 DB,铁路直接将其铁路班次做成了与航空公司一样的航班号,在航空公司的售票系统中对外销售,实现了票务系统的对接。旅客在铁路或者航站楼即可实现次安检、异地通关。

德国的科技创新还改善了服务水平。交通服务提倡多样化和人性化,高速铁路全线覆盖

国外交通
运输发展
经验借鉴

免费 WiFi 信号,向所有乘客免费提供影视娱乐服务以及到站城市的旅游指南;同时,还推出了站点导航应用程序,实时更新到站车辆的具体位置,引导乘客到达所要搭乘车厢的位置。

3. 日本

日本东京首都圈的人口达 3760 万人,拥有全世界最庞大的市郊铁路系统,也就是通勤铁路系统。

在布局方面,日本推广使用公共交通引导城市发展的模式,也就是我们常说的 TOD (Transit-Oriented Development)模式。在城市建设开发前期,首先建设轨道骨架网络,根据交通系统的承载能力,规划生产生活布局。由此,逐步形成了"枢纽场站开发"和"郊区新城建设"两种 TOD 模式,实现了轨道交通与城市协同发展,保证了 60% 的居民都居住在轨道站点周围,步行 5~10 分钟就可以到家。同时,枢纽与周边土地综合开发,也为地铁带来了客流和效益。

在管理方面,东京市郊铁路实现了与地铁的高度融合,比如制式融合、站点融合、运营融合,实现了便捷换乘、相互计费、统一购票、贯通营运,共同构成了一体化、多层次的轨道交通服务系统。

在运营方面,大力推广复线改造,例如连接东京中心城与郊区的国铁各线均为双复线至三复线,也就是有六条轨道并行,为开行多种速度等级的列车提供了设施条件。东京市郊铁路采用快慢混跑的模式,分为快车(只在重要站点停靠)、慢车(每站均停靠)、中速车(介于两者之间)三类,为乘客提供了多元化的出行服务。

4. 英国

英国是工业革命的发祥地。蒸汽机的发明和资源需求的快速增长,推动了交通运输业的革命。特别是海运业发展起步早、竞争力强,为英国在 19—20 世纪成为"日不落帝国"奠定了基础。

在船队规模上,从 1760 年至 1780 年,英国商船队吨位已达 190 万吨;19 世纪四五十年代,英国掀起建设海运运输网的热潮,在大力造船的同时,还投入了大量资金发展航运业配套设施;到 19 世纪末,英国已经建立起世界上最大的蒸汽机船队。

在海运话语权上,英国一直注重建立有利于自己的国际海运秩序,在海运规则、技术规则、商业规则等方面发挥着引领作用。比如,国际海事组织(IMO)、国际移动卫星组织(IMSO)等政府间国际海运组织以及国际航运协会(ICS)、国际海运联合会(ISF)等非政府间国际海运组织的总部均设在伦敦,世界各种海运服务合同文本也大都出自这些机构。

在海运保障能力上,伦敦是全球公认的国际航运中心,在海运信息、咨询、金融、保险和仲裁服务等方面,集中了一批具有影响力的企业和机构,在国际市场占有举足轻重的份额。吨位税制和船员个税减免也促进了海运业发展。英国劳式船级社(LR)是全球最早的一家船级社,其遍布全球的服务网络有力地保障了海运企业的利益。

二、交通强国建设的背景

从坚持和发展具有中国特色社会主义的全局出发,围绕着"建设一个什么样的交通运输体系、怎样建设交通运输体系"这一问题,深刻回答新时代发展交通运输问题,进一步深化我们党对交通运输发展问题的重要认识。

　　历史学家白寿彝说，"民族融合发展的程度，往往表示交通已达到某一阶段。同样，交通的一种新进展，有时也可以表示出民族融合的新趋向"。在中华文明的早期阶段，交通就推动着华夏不同部落之间的交流与融合。《汉书》载："昔在黄帝，作舟车以济不通，旁行天下。"商朝时，不仅有"车马""步辇"和"舟船"等交通工具，还建立了邮传制度。商代青铜铸造业发达，大量来自长江中下游地区的铜矿石由江入海，然后入淮，再经由泗水、济水到达中原地区；或溯江而上进入汉水，再浮涓水、澧水或滠水，北上转陆路，穿越"三关"，最后抵达商都。为了加强对全国的控制，秦始皇大力修筑以咸阳为中心面向全国的驰道，在驰道上实行"车同轨"制度。驰道的修筑，使战争前线的补给更加方便，也有利于加强对全国各地的管理，维护国家的统一。秦始皇时，还开凿了灵渠，"发尝逋亡人、赘婿、贾人略取陆梁（岭南）地，为桂林、象、南海郡，以适遣戍"，将岭南地区的"百越"拉入华夏民族共同体。交通路线像一条条血脉将中国的各个地方紧密地联系起来。有赖于交通事业的不断发展，各自分散的部落最终融合孕育出了以汉族为主体、中华民族多元一体的格局。

专题小结

　　本专题简要介绍了"十三五"时期交通建设的主要成就和《"十四五"现代综合交通运输体系发展规划》的主体内容，即现代综合交通运输体系发展要实现一体化融合、两个实质突破、四个提升与达到世界一流水平。其中，一体化融合指整合不同交通方式和运输网络，两个实质突破指智能化发展与绿色化理念，四个提升是综合能力提升、服务品质提升、运行效率提升与整体效益提升。此外，也要借鉴美国、德国、日本、英国等交通发达国家的经验，在交通强国建设的大背景下，走好中国交通运输体系建设的道路。

学习思考

1. 中国现代综合交通运输体系的主要内容是什么？
2. 我们为什么要建设交通强国？
3. 我们可以在哪些方面借鉴国外交通运输发展的经验？

拓展阅读1：
"人享其行、物畅其流"初步实现

拓展阅读2：
创新智慧交通新业态新模式

创新智慧交通新业态新模式

交通强国建设的总体框架

(1) 了解交通强国的基本内涵、特征。

(2) 理解交通强国建设的战略目标和主要任务。

一、交通强国的基本内涵与特征

(一) 交通强国的基本内涵

交通强国的基本内涵是人民满意、保障有力、世界领先,三者有机统一,是我们党的初心和使命在交通运输领域的具体体现。

1. 人民满意

"人民满意"是指提供高品质、多样化的交通产品和服务,满足人民不断增长的美好生活需求。这是交通强国建设的根本宗旨,强调坚持以人民为中心的发展思想,建设人民满意的交通,真正做到"人民交通为人民、人民交通靠人民、人民交通由人民共享、人民交通让人民满意"。

案例 21-1

2021 年 4 月 23 日,宝汉高速龙头山收费站开通,使当地至汉中市区的行车时间由原来的 1.5 小时缩短至 40 分钟,有效解决了当地群众通行问题,也为龙头山景区开辟了一条全新的旅游线路,对巩固秦巴山区脱贫攻坚成果、促进区域经济社会快速发展具有重要意义。

汉中市高起点、高标准地编制《汉中市"十四五"综合交通运输发展规划》《汉中市建设区域综合交通枢纽规划》等。一批国道和智慧交通项目被纳入国家和省交通行业"十四五"规划并启动实施,37个项目正在完善前期手续,42个项目已开工建设,完成投资54亿元人民币。G108城固过境段、G244南郑段和G210镇巴过境段等相继建成,G108汉台至城固段风情大道景观提升工程、S221留坝张良庙至营盘旅游公路等项目有力推进。此外,还建成了一批花海路、旅游路,入选全国、全省最美公路3条,成为网红打卡地,助推全域旅游示范创建、景区升级。

2. 保障有力

"保障有力"是指交通运输在提供高质量服务的同时,发挥引领作用,实现交通与经济深度融合,成为发展新动能。这是交通强国建设的基本定位,为国家重大战略实施、现代化经济体系构建和社会主义现代化强国建设提供有力支撑。

案例21-2

我国交通运输行业的快速发展,使国家综合实力和国际影响力显著增强。但与满足经济社会发展需求、满足人民美好生活需要相比,我国交通运输的发展还存在着一些问题和不足。"比如说我们的基础设施还不够完备,在偏远贫困地区基础设施还有很大的短板;交通装备虽然现代化了,但研发能力还不是很强;物流的成本还需要降低,物流的效率还需要进一步提高。"交通运输部部长李小鹏指出,这些不足恰恰是交通强国建设中需要解决的问题。

正是为了解决这些问题,《交通强国建设纲要》明确提出,将"人民满意、保障有力、世界前列"作为建设交通强国的总目标。围绕这个目标,交通运输行业将着力打造"三张交通网"和"两个交通圈"(见图21-1)。

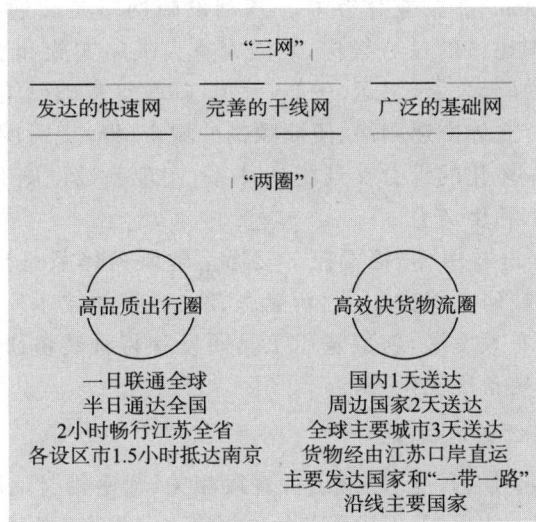

"三网"

| 发达的快速网 | 完善的干线网 | 广泛的基础网 |

"两圈"

高品质出行圈

一日联通全球
半日通达全国
2小时畅行江苏全省
各设区市1.5小时抵达南京

高效快货物流圈

国内1天送达
周边国家2天送达
全球主要城市3天送达
货物经由江苏口岸直运
主要发达国家和"一带一路"
沿线主要国家

图21-1　"三网两圈"(以江苏方案为例)

3. 世界前列

"世界前列"是指交通基础设施规模质量、交通服务、交通绿色化和智能化水平进入世界前列;交通创新能力、交通科技装备、交通运输安全水平和可持续发展能力进入世界前列。这是交通强国建设的必然要求,强调全面实现交通现代化、交通综合实力和国际竞争力位于前列。

案例 21-3

作为国民经济的"大动脉",我国交通运输行业取得了历史性成就。截至目前,我国综合交通基础设施总规模已位居世界前列,"6轴、7廊、8通道"的国家综合立体交通网的主骨架空间格局基本形成,航空航海通达全球,邮政快递通村畅乡。

"交通先行,一通百通。"加快建设交通强国,这为我国未来交通运输事业的发展提供了根本遵循。如今,从铁路、公路、水运、民航的客货周转量,到港口货物吞吐量,再到邮政快递业务量,一系列指标连续多年位居世界前列;综合交通网突破 600 万千米;全球最大的高速铁路网、高速公路网,中国高铁、中国路、中国桥、中国港、中国快递成为靓丽的中国名片,交通强国的美好蓝图正在一步步变成现实。

国民经济"大动脉"加快建设交通强国

(二) 交通强国的基本特征

根据交通强国的战略思想和基本内涵,交通强国的主要特征为具有世界前列的交通基础建设水平,便捷、舒适、经济、高效的运输服务,国际领先的交通科技创新能力,精良完备的交通安全保障体系,文明先进的现代化交通治理体系和中国特色的交通发展优势六个方面。

1. 世界前列的交通基础建设水平

世界前列的交通基础建设水平主要是指交通运输装备发展不断升级,信息化智能化技术在交通运输行业正在得到广泛应用,基础设施建设技术整体达到世界领先水平。其主要通过"基础设施布局完善、立体互联"及"交通装备先进适用、完备可控"得以实现。

(1) 实现基础设施布局完善、立体互联。基础设施网络是交通强国建设的重要基础。综合交通体系是交通强国建设的核心架构,是国家重大战略实施和现代化经济体系构建的重要支撑。我国要实现铁路、公路、水运、民航、管道、邮政等基础设施的统筹规划建设,建成完备的现代化高质量综合立体交通网络、便捷顺畅的城市(群)交通网、广覆盖的农村交通基础设施网,建成多层级、一体化的综合交通枢纽体系,实现基础设施布局完善、立体互联,并具有较高的运输生产效率和生产力。

(2) 实现交通装备先进适用、完备可控。交通运输装备体系是交通强国建设的关键环节。这要求我国做到:科技研发能力先进,新能源、新材料、新技术广泛推广,高效、安全、智能、绿色的新型交通装备有效发展,新型载运工具研发和特种装备研发、推进装备技术升级能力增强,全面实现交通装备现代化。

2. 便捷舒适、经济高效的运输服务

运输服务与经济发展、社会民生、公众出行直接相关、紧密相连。运输服务是交通运输供给的最终产品。在运输服务方面,要促进服务品质提高,运输效率提升,运输经济性增强,实现出行服务快速化和便捷化,打造绿色高效的现代物流系统推动新业态、新模式的充分发展。

3. 国际领先的交通科技创新能力

科技创新是建设交通强国的第一动力。《交通领域科技创新中长期发展规划纲要(2021—2035)》(简称《纲要》)提出,到 2025 年,基础研究和应用基础研究显著加强,关键核心技术取得重要突破,前沿技术与交通运输加速融合,科技创新平台布局更加完善,人才发

展环境更加优化,科技成果转化机制更加顺畅,初步构建适应加快建设交通强国需要的科技创新体系。为此,要以科技研发为导向,以创新能力为基础,以制度环境为保障,以智慧交通为主攻方向,以信息化、标准化为重要支点,着力强化前沿关键科技研发,大力发展智慧交通,完善科技创新机制,全面支撑交通强国建设。

4. 精良完备的交通安全保障体系

安全是交通强国建设的基本前提。我国要深入落实总体国家安全观,牢固树立安全发展理念,坚持生命至上、安全第一,建设平安交通,着力提升本质安全水平、完善交通运输安全生产体系、增强交通应急救援能力,全面提升安全发展水平和保障国家安全能力。

5. 文明先进的现代化交通治理体系

现代治理体系是交通强国建设的制度保障。我国要建成政府、市场、社会等多方协作的现代治理体系,全面提升行业治理能力,着力深化行业改革、优化营商环境、扩大社会参与、培育交通文明,实现交通治理体系和治理能力现代化。

6. 中国特色的交通发展优势

建设交通强国,既要有全球视角、战略思维,又要立足国情、结合实际;既要做到在交通运输综合实力上位居世界前列,生产效率处于领先地位;又要符合中国国情,具有较强的中国特色,彰显时代特征。所以,一方面要服务于我国建成社会主义现代化强国和人民美好生活的需要,发挥好"交通+"的作用,服务于经济社会发展;另一方面也要发挥好引领经济社会发展的作用,以系统观念推进高质量发展,开拓合作共赢的新局面,为国家重大战略的实施当好先行官。

二、交通强国建设的战略目标

(一)交通强国建设的总目标

实现交通强国,必须根据本国的自然地理特征、资源禀赋、人口特点、发展战略和交通需求特征,构建符合本国发展需要、支持经济社会发展的现代综合交通运输体系。按照党的十九大的战略部署和党中央对交通运输工作的要求,确定我国交通强国战略发展的总体目标为:建成安全、便捷、高效、绿色、经济的现代综合交通运输体系。

(二)交通强国建设的阶段目标

为了实现交通强国战略目标,履行交通率先突破的历史使命,2020年以前为交通强国建设的准备期,从2020年开始分两步走,如图21-2所示。

1. 2020年以前的发展重点

到2020年,完成全面建成小康社会交通建设任务和"十三五"现代综合交通运输体系发展规划的各项任务,为打好防范化解重大风险、精准脱贫、污染防治的攻坚战提供交通支撑,为交通强国建设奠定坚实基础。

2. 第一阶段发展目标

到2035年,交通强国基本建成,现代化综合交通体系基本形成,人民满意度明显提高,

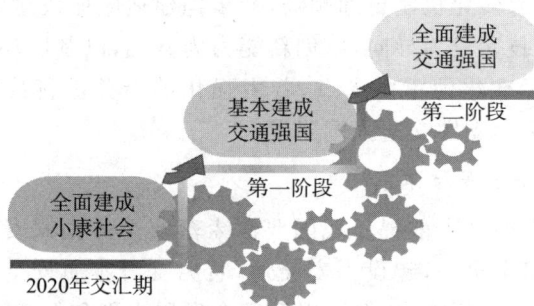

图 21-2　我国交通发展战略的阶段目标

支撑国家现代化建设能力显著增强;拥有发达的快速网、完善的干线网、广泛的基础网,城乡区域交通协调发展达到新高度;基本形成"全国 123 出行交通圈"(都市区 1 小时通勤、城市群 2 小时通达、全国主要城市 3 小时覆盖)和"全球 123 快货物流圈"(国内 1 天送达、周边国家 2 天送达、全球主要城市 3 天送达),旅客联程运输便捷顺畅,货物多式联运高效经济;智能、平安、绿色、共享交通发展水平明显提高,城市交通拥堵基本缓解,无障碍出行服务体系基本完善;交通科技创新体系基本建成,交通关键装备先进安全,人才队伍精良,市场环境优良;基本实现交通治理体系和治理能力现代化;交通国际竞争力和影响力显著提升。具体目标如下。

（1）实现综合交通一体化,具体是指实现交通与土地利用、不同交通方式、交通运输服务以及交通运输管理体制机制的一体化,构建能力充分、结构合理、通达便捷、综合一体、安全可靠、绿色智能的现代化综合交通枢纽基础设施网络。

（2）交通科技水平与创新能力显著提高,主要核心技术实现自主可控。交通土建技术、轨道交通技术领先世界;新能源汽车实现"换道超车",道路公共交通工具全部实现电动化,电动乘用车销售量占比超过 30%(力争达到 40%);高技术船舶、大型民用飞机技术攻关及其产业化取得重大进展,自主设计、建造的高技术船舶进入国际市场,具有自主知识产权的国产关键系统和设备配套率达到 90%,空管系统装备自主化率达到 80% 以上。

（3）智能交通整体进入世界先进行列,智能高速铁路、智能土建技术、智能交通管理与服务等重点领域实现世界领先。

（4）交通服务水平大幅度提升。实现基本公共服务均等、客运服务便捷高效、安全可靠;建成"全国 123 出行交通圈";一站式、多样化、共享交通服务普及;统一开放、竞争有序、一单到底、经济高效的货运服务体系基本形成,物流成本在国内生产总值(GDP)中的占比降到 10% 以下;集装箱海铁联运比例超过 10%。

（5）绿色交通主导。实现交通系统全环节、全生命周期的绿色化;铁路客运量、多式联运占比明显提升;城市绿色出行分担率超过 85%;新增车船中清洁能源车船占比超过 50%;建成完善的步行与自行车道路系统;交通参与者交通守法率达到 95% 以上。

（6）交通运输安全水平显著提高。以"零死亡"为愿景,铁路、航空安全保持国际先进水平,水运重大风险源防控取得显著成效,道路交通事故万车死亡人数降至 0.5 人以内;建成完备的交通运输安全和应急救援体系,全面提升交通系统的安全性和可靠性;实现军民深度融合,有力支撑国家安全。

（7）城市交通拥堵明显缓解。城市交通拥堵与交通污染治理取得显著成效,交通运行效率显著提升,居民出行品质和出行体验显著改善,使城市生活更加宜居,为城市发展注入持久活力。

(8)乡村交通服务全覆盖。深入推进"四好农村路"建设,农村客运服务优质、便捷、多样化,100%行政村通公路客运服务、通快递服务;创新农村物流发展模式,完善县、乡、村三级农村物流服务体系。

(9)国际影响力、竞争力显著增强。基本形成高效、可靠、开放、共享的全球交通运输服务网络体系,国际影响力显著提高,国际竞争力显著增强,形成3~5个具有区域影响力的新兴交通领域国际组织,建成一批世界级交通企业,打造若干驰名全球的交通品牌。

3. 第二阶段发展目标

到21世纪中叶,全面建成人民满意、保障有力、世界前列的交通强国。实现基础设施规模质量、技术装备、科技创新能力、智能化与绿色化水平位居世界前列,交通运输安全水平、治理能力、文明程度、国际竞争力及影响力达到国际先进水平,全面服务和保障社会主义现代化强国建设,人民享有美好交通服务。具体发展目标如下。

(1)实现高质量的交通一体化。各种运输方式实现无缝衔接、零距离换乘,高质量地建成运力充足、综合协调、资源集约、结构绿色、互联互通、科技先进的现代化综合交通运输体系。

(2)交通科技与创新能力进入世界前列,部分关键技术引领世界发展。综合交通工程科技取得重大进展,交通基础设施和技术装备全面达到国际先进水平,交通系统的智能化水平取得突破;交通土建技术基础理论和设计理论研究取得重大突破,建造一批世界级工程,施工装备、建筑材料和施工技术实现世界领先。

(3)智能交通实现世界领先。

(4)交通服务达到世界一流水平。多样化、个性化服务满足大众出行需求;公共交通、共享交通充分发展,大幅度降低私人汽车使用量;建成"全球快货运输123交通圈"。

(5)绿色交通成为世界样板。建成便捷高效、绿色智能的综合交通运输体系,城市绿色出行分担率达到90%,交通运输节能减排达到世界先进水平。

(6)交通"零死亡"愿景基本实现。道路交通事故万车死亡人数降至0.3人以内,创造出行安全可靠、人民放心的交通环境。

(7)破解城市交通拥堵难题,实现合理的城市用地结构、交通结构、路网结构、路权结构,全面落实以公共交通为导向的开发模式(TOD),交通需求管理向世界提供成功经验。

(8)形成独具特色的中国乡村交通体系。安全可靠、高质量、多样化的公共客运服务覆盖农村,支撑城乡一体化建设、区域协调发展、美丽乡村建设。

(9)具有与社会主义现代化强国相匹配的国际影响力,成为全球交通标准制定工作的主要参与者、全球交通治理的引领者之一。

三、交通强国建设的主要任务

(一)基础设施建设

1. 建设现代化高质量综合立体交通网络

统筹铁路、公路、水运、民航、管道、邮政等基础设施规划建设,以多中心、网络化为主形态,完善多层次网络布局,优化存量资源配置,扩大优质增量供给,实现立体互联;增强系统弹性;推进东北地区提质改造,推动中部地区大通道、大枢纽建设,加速东部地区优化升级,形成区域交通协调发展的新格局。

2. 构建便捷顺畅的城市(群)交通网

建设城市群一体化交通网,推进干线铁路、城际铁路、市域(郊)铁路、城市轨道交通融合发展,完善城市群快速公路网络,加强公路与城市道路衔接;统筹安排城市功能和用地布局,科学制定和实施城市综合交通体系规划;推进城市公共交通设施建设,强化城市轨道交通与其他交通方式衔接,完善快速路、主次干路、支路级配合结构合理的城市道路网,打通道路微循环,提高道路通达性,完善城市步行和非机动车交通系统,提升步行、自行车等出行品质,完善无障碍设施;科学规划建设城市停车设施,加强充电、加氢、加气和公交站点等设施建设;全面提升城市交通基础设施智能化水平。

3. 形成广覆盖的农村交通基础设施网

全面推进"四好农村路"建设,加快实施通村组硬化路建设,建立规范化可持续管护机制;促进交通建设与农村地区资源开发、产业发展有机融合,加强特色农产品优势区与旅游资源富集区交通建设;大力推进革命老区、民族地区、边疆地区、垦区林区交通发展,实现以交通便利促进乡村振兴,交通建设项目尽量向进村入户倾斜;推动资源丰富和人口相对密集地区开发性铁路建设,在有条件的地区推进具备旅游、农业作业、应急救援等功能的通用机场建设,加强农村邮政等基础设施建设。

4. 构筑多层级、一体化的综合交通枢纽体系

打造具有全球竞争力的国际海港枢纽、航空枢纽和邮政快递核心枢纽,建设一批全国性、区域性交通枢纽,推进综合交通枢纽一体化规划建设,提高换乘换装水平,完善集疏运体系,大力发展枢纽经济。

(二)交通装备开发

1. 加强新型载运工具研发

实现 3 万吨级重载列车、时速 250 千米/时级高速轮轨货运列车等方面的重大突破。加强智能网联汽车研发,形成自主可控完整的产业链;强化大中型邮轮、大型液化天然气船、极地航行船舶、智能船舶、新能源船舶等自主设计建造能力;完善民用飞机产品谱系,在大型民用飞机、重型直升机、通用航空器等方面取得显著进展。

2017 年,中国中车股份有限公司承担了国家重点研发计划"先进轨道交通"重点专项"轨道交通货运快速化关键技术"项目,中车唐山公司牵头承担了其中的"时速 250 千米/时以上货运动车组研制"课题。课题要求中车唐山公司、中车四方股份、中车长客股份共同研制一列货运动车组,四方股份承担其中 7 号、8 号车的研发制造。众合科技下属全资子公司"浙江网新智能技术有限公司"为中车唐山公司和中车四方股份两家分别提供了独立编组/混合编组的货物信息在途管理系统。

首列时速 250 千米/时的高速货运动车如图 21-3 所示。

图 21-3　首列时速 250 千米/时的高速货运动车

　　如今,中国在新型载运工具研发方面已经取得了一系列重大突破。在高速铁路领域,"复兴号"中国标准动车组实现时速 350 千米/时,达到世界先进水平。CR400AF 型"复兴号"采用全新技术平台,具备更高速度潜力。在民用航空领域,国产大型客机 C919 完成首飞,标志着中国成为世界上少数几个能够研制大型客机的国家之一。C919 飞机采用先进气动布局、结构材料与机载系统,兼顾安全性与经济性,可与波音 737 和空客 A320 系列飞机竞争。

　　2. 加强特种装备研发

　　推进隧道工程、整跨吊运安装设备等工程机械装备的研发,研发水下机器人、深潜水装备、大型溢油回收船、大型深远海多功能救助船等新型装备。

　　我国研发的"探索 4500"自主水下机器人(见图 21-4),首次成功完成北极高纬度海冰覆盖区的科学考察作业。这是我国首次利用自主水下机器人在北极高纬度地区开展近海底科考应用,其成功下潜获取的宝贵数据资料将为北极环境保护提供重要的科学支撑。

图 21-4　"探索 4500"自主水下机器人

　　3. 推进装备技术升级

　　推广新能源、清洁能源、智能化、数字化、轻量化、环保型交通装备及成套技术装备;广泛应用智能高铁、智能道路、智能航运、自动化码头、数字管网、智能仓储和分拣系统等新型装备设施,开发新一代智能交通管理系统;提升国产飞机和发动机技术水平,加强民用航空器、发动机研发制造和适航审定体系建设,推广应用交通装备的智能检测监测和运维技术;加速淘汰落后技术和高耗低效交通装备。

在交通强国建设背景下,腾讯于2021年11月发布《腾讯未来(智慧)交通2.0白皮书》。该报告提出,以数字化、网络化和智能化为牵引,以数据为关键要素和核心驱动,推进物理和虚拟空间的交通运输活动的融合交互。通过数字孪生等技术,打造未来交通生命体,助力政府管理者通过数字化治理提升服务能力;服务交通企业的数字化转型,释放数据价值,实现降本增效;协同交通合作伙伴打造数字创新生态,实现价值创新;让交通参与者享受数字交通带来的便捷高效、优质公平、智慧绿色的交通服务,不断增强用户的获得感、幸福感和安全感。

腾讯未来(智慧)交通技术方案如图21-5所示。

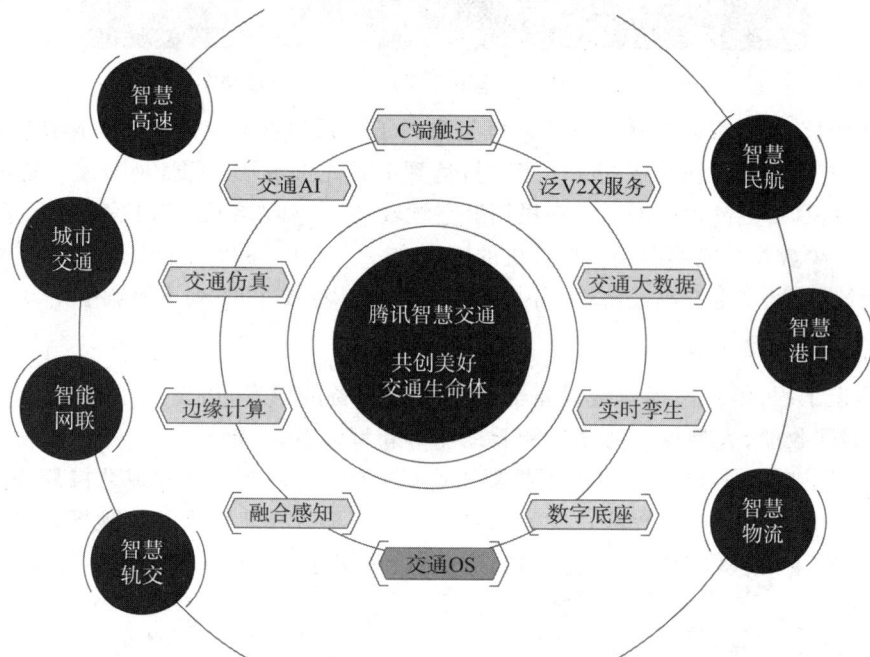

图21-5　腾讯未来(智慧)交通技术方案

(三)运输服务提升

1. 推进出行服务快速化、便捷化

构筑以高铁、航空为主体的大容量、高效率区际快速客运服务,提升主要通道旅客运输能力;完善航空服务网络,逐步加密机场网建设,大力发展支线航空,推进干线支线有效衔接,提升航空服务能力和品质;提高城市群内轨道交通通勤化水平,推广城际道路客运公交化运行模式,打造旅客联程运输系统;加强城市交通拥堵综合治理,优先发展城市公共交通,鼓励引导绿色公交出行,合理引导个体机动化出行;推进城乡客运服务一体化,提升公共服务均等化水平,保障城乡居民行有所乘。

2. 打造绿色高效的现代物流系统

优化运输结构,加快推进港口集疏运铁路、物流园区及大型工矿企业铁路专用线等"公转铁"重点项目建设,推进大宗货物及中长距离货物运输向铁路和水运有序转移;推动铁水、公铁、公水、空陆等联运发展,推广跨方式快速换装转运的标准化设施设备,形成统一的多式联运标准和规则;完善航空物流网络,提升航空货运效率;推进电商物流、冷链物流、大件运输、危险品物流等专业化物流发展,促进城际干线运输和城市末端配送有机衔接;综合利用多种资源,完善农村配送网络,促进城乡双向流通;落实减税降费政策,优化物流组织模式,提高物流效率,降低物流成本。

3.加速新业态、新模式发展

深化交通运输与旅游融合发展,推动旅游专列、旅游风景道、旅游航道、自驾车房车营地、游艇旅游、低空飞行旅游等发展,完善客运枢纽、高速公路服务区等交通设施旅游服务功能;大力发展共享交通,打造基于移动智能终端技术的服务系统,实现出行即服务;发展"互联网+"高效物流,创新智慧物流营运模式;培育充满活力的通用航空及市域(郊)铁路市场,完善政府购买服务政策,稳步扩大短途运输、公益服务、航空消费等市场规模;建立通达全球的寄递服务体系,推动邮政普遍服务升级换代;加快快递扩容增效和数字化转型,壮大供应链服务、冷链快递、即时直递等新业态、新模式,推进智能收投终端和末端公共服务平台建设;积极发展无人机(车)物流递送、城市地下物流配送等。

(四) 科技创新

1.强化前沿关键科技研发

加强对可能引发交通产业变革的前瞻性、颠覆性技术研究;强化汽车、民用飞行器、船舶等装备动力传动系统研发,突破高效率、大推力/大功率发动机装备设备关键技术;加强区域综合交通网络协调运营与服务技术、城市综合交通协同管控技术、基于船岸协同的内河航运安全管控与应急搜救技术等研发;合理统筹安排时速 600 千米级高速磁悬浮系统、时速 400 千米级高速轮轨(含可变轨距)客运列车系统、低真空管(隧)道高速列车等技术储备研发。

2.大力发展智慧交通

推动大数据、互联网、人工智能、区块链、超级计算等新技术与交通行业深度融合;推进数据资源赋能交通发展,加速交通基础设施网、运输服务网、能源网与信息网络融合发展,构建泛在先进的交通信息基础设施;构建综合交通大数据中心体系,深化交通公共服务和电子政务发展;推进北斗卫星导航系统应用。

3.完善科技创新机制

建立以企业为主体、产学研用深度融合的技术创新机制,鼓励交通行业各类创新主体建立创新联盟,建立关键核心技术攻关机制;建设一批具有国际影响力的实验室、试验基地、技术创新中心等创新平台,加大资源开放共享力度,优化科研资金投入机制;构建适应交通高质量发展的标准体系,加强重点领域标准有效供给。

(五) 交通运输安全

1.提升本质安全水平

完善交通基础设施安全技术标准规范,持续加大基础设施安全防护投入,提升关键基础设施的安全防护能力;构建现代化工程建设质量管理体系,推进精品建造和精细管理;强化交通基础设施养护,加强基础设施运行监测、检测,提高养护专业化、信息化水平,增强设施的耐久性和可靠性;强化载运工具质量治理,保障运输装备安全。

2. 完善交通运输安全生产体系

完善依法治理体系,健全交通运输安全生产法规制度和标准规范;完善安全责任体系,强化企业主体责任,明确部门监管责任;完善预防控制体系,有效防控系统性风险,建立交通装备、工程第三方认证制度;强化安全生产事故调查评估;完善网络安全保障体系,增强科技兴安能力,加强交通信息基础设施安全保护;完善支撑保障体系,加强安全设施建设;建立自然灾害交通防治体系,提高交通防灾抗灾能力;加强交通运输安全综合治理,切实提高交通运输安全水平。

3. 强化交通应急救援能力

建立健全综合交通应急管理体制机制、法规制度和预案体系,加强应急救援专业装备、设施、队伍建设,积极参与国际应急救援合作;强化应急救援的社会协同能力,完善征用补偿机制。

(六) 绿色发展

1. 促进资源节约集约利用

加强土地、海域、无居民海岛、岸线、空域等资源的节约、集约利用;加强对老旧设施的更新利用,推广施工材料、废旧材料再生和综合利用,推进邮件快件包装绿色化、减量化,提高资源再利用和循环利用水平,推进交通资源循环利用产业的发展。

2. 强化节能减排和污染防治

推进新能源、清洁能源应用,促进公路货运节能减排,推动城市公共交通工具和物流配送车辆全部实现电动化和清洁化;打好柴油货车污染治理攻坚战,统筹油、路、车治理,有效防治公路运输大气污染;严格执行国家和地方污染物控制标准及船舶排放区要求,推进船舶、港口污染防治;降低交通沿线噪声、振动,妥善处理好大型机场噪声影响;开展绿色出行行动,倡导绿色低碳出行理念。

交通绿色理念

3. 强化交通生态环境保护修复

严守生态保护红线,严格落实生态保护和水土保持措施,严格实施生态修复、地质环境治理恢复与土地复垦,将生态环保理念贯穿交通基础设施规划、建设、运营和养护的全过程;推进生态选线选址,强化生态环保设计,避让耕地、林地、湿地等具有重要生态功能的国土空间;建设绿色交通廊道。

(七) 开放合作

1. 构建互联互通、面向全球的交通网络

推进与周边国家铁路、公路、航道、油气管道等基础设施互联互通;提高海运、民航的全球连接度,建设世界一流的国际航运中心,推进 21 世纪海上丝绸之路建设;拓展国际航运物流,发展铁路国际班列,推进跨境道路运输便利化,大力发展航空物流枢纽,构建国际寄递物流供应链体系,打造陆海新通道;维护国际海运重要通道的安全与畅通。

2. 加大对外开放力度

吸引外资进入交通领域,全面实行准入前国民待遇加负面清单管理制度;协同推进自由

贸易试验区、中国特色自由贸易港建设;鼓励国内交通企业积极参与"一带一路"沿线交通基础设施建设和国际运输市场合作,打造世界一流交通企业。

3. 深化交通国际合作

提升国际合作的深度与广度,形成国家、社会、企业的多层次合作渠道;拓展国际合作平台,积极打造交通新平台,吸引重要交通国际组织来华落驻;积极推动全球交通治理体系建设与变革,促进交通运输政策、规则、制度、技术、标准"引进来"和"走出去",积极参与交通国际组织事务框架下的规则、标准的制定修订;提升我国交通的国际话语权和影响力。

(八) 人才队伍建设

1. 培育高水平交通科技人才

坚持高精尖缺导向,培养一批具有国际水平的战略科技人才、科技领军人才、青年科技人才和创新团队,培养交通一线创新人才,支持各领域各学科人才进入交通相关产业行业;推进交通高端智库建设,完善专家工作体系。

2. 打造素质优良的交通劳动者大军

弘扬劳模精神和工匠精神,造就一支素质优良的知识型、技能型、创新型劳动者大军;大力培养支撑中国制造、中国创造的交通技术技能人才队伍,构建适应交通发展需要的现代职业教育体系。

3. 建设高素质专业化交通干部队伍

落实建设高素质专业化干部队伍的要求,打造一支忠诚、干净、有担当的高素质干部队伍;注重专业能力培养,增强干部队伍适应现代综合交通运输发展要求的能力;加强优秀年轻干部队伍建设,加强国际交通组织人才培养。

专题小结

本专题主要介绍了交通强国的总体框架,包括交通强国的基本内涵与特征、交通强国建设的战略目标、主要任务三个方面。交通强国的基本内涵是人民满意、保障有力、世界领先。交通强国的主要特征为:具有世界前列的交通基础建设水平,便捷、舒适、经济、高效的运输服务,国际领先的交通科技创新能力,精良完备的交通安全保障体系,文明先进的现代化交通治理体系、中国特色的交通发展优势。交通强国战略发展的总体目标为:建成安全、便捷、高效、绿色、经济的现代综合交通运输体系。交通强国建设的主要任务是基础设施建设、交通装备开发、运输服务提升、科技创新、交通运输安全、绿色发展、开放合作和人才队伍建设。

拓展阅读:
揭秘大运会
"绿色交通"
密码

学习思考

1. 新时代我国交通运输发展的形势和使命是什么?
2. 交通强国建设的总目标及阶段目标分别是什么?

交通强国基础体系建设

　　基础设施作为经济社会发展的重要支撑和条件，具有战略性、基础性和先导性作用。交通基础设施既是交通运输业发展的前提，也是交通强国建设的重要组成部分。高质量打造现代化交通基础设施体系，对现代化经济体系构建、加快推进交通强国建设具有重要意义。

一、交通基础设施体系

　　交通基础设施体系是由铁路、公路、水运、民航、管道和邮政等不同交通运输方式所采用的基础设施构成的综合交通网络（见图 22-1）。

　　中华人民共和国成立以来特别是改革开放以来，中国交通基础设施建设取得了巨大成就。铁路、公路、民航、水运、城市交通等各类设施的建设规模不断扩大，建设水平显著提升，形成了纵横交错的国家综合运输通道网络，交通基础设施对国民经济和国家重大战略的支撑能力不断增强，中国已成为名副其实的世界交通大国。

（一）铁路基础设施

　　铁路基础设施主要包括运输基础设施和运输安全技术设备。其中，运输基础设施有线路（路基、桥隧建筑物、轨道）、车站、信号设备、通信设备等；运输安全技术设备包括安全监控设备、检测设备、自然灾害预报与防治设备、事故救援设备等。

（二）公路基础设施

　　公路基础设施主要包括运输基础设施和交通设施。其中，运输基础设施包括线路（路

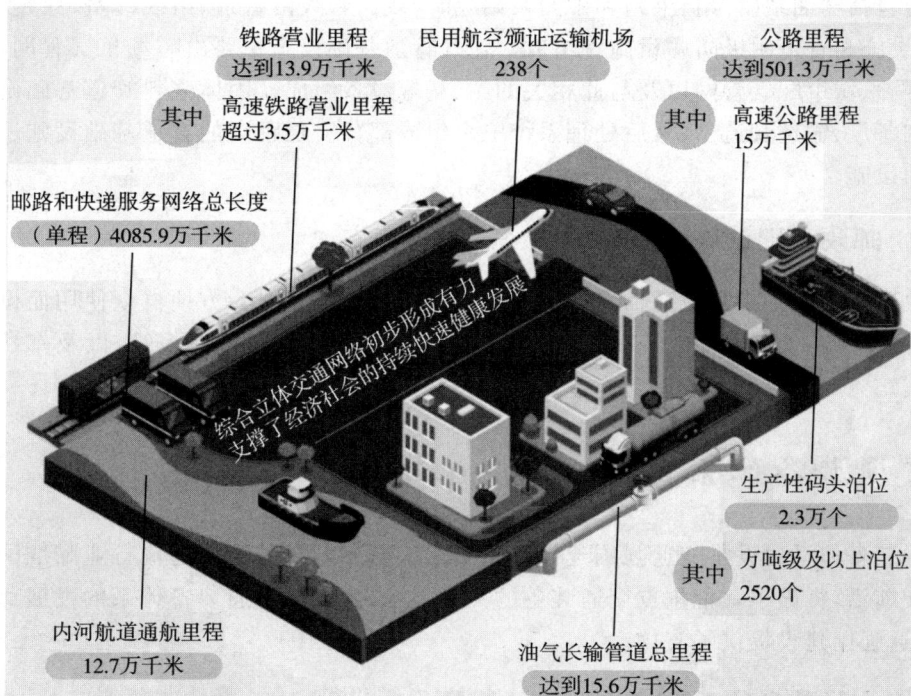

铁路营业里程 达到13.9万千米

其中 高速铁路营业里程 超过3.5万千米

民用航空颁证运输机场 238个

公路里程 达到501.3万千米

其中 高速公路里程 15万千米

邮路和快递服务网络总长度 （单程）4085.9万千米

综合立体交通网络初步形成有力 支撑了经济社会的持续快速健康发展

生产性码头泊位 2.3万个

其中 万吨级及以上泊位 2520个

内河航道通航里程 12.7万千米

油气长输管道总里程 达到15.6万千米

图 22-1　综合交通基础设施基本实现的网络化结构

基、路面、桥梁、隧道等），场站，枢纽（客运枢纽、货运枢纽、综合性枢纽等），附属设施（加油站、充电桩、加气站、服务区、边坡等）。交通设施是指为保障行车、行人安全，充分发挥道路功能，在道路沿线设置的各种设施。交通设施包括交通标志、标线、人行天桥、人行地道、护栏、护柱、分隔设施、防眩屏、照明设备、公交停靠站等。

"桥"见七局，奋力推进交通强国建设

（三）水运基础设施

水路基础设施是由船舶、航道、港口、通信、导航等基础设施和服务设施组成的。其中，港口是水路运输系统中最为重要的基础设施，一般包含航道、港地、锚地、码头、仓库货场、后方运输设备、修理设备和必要的管理及服务机构等。

（四）民航基础设施

民航基础设施主要包括机场基础设施和空中交通管制设施两部分。机场基础设施包含应急消防救援设施、机场保安设施、航空货运区、机务维护设施、地面服务设施及交通系统等。机场分为空侧和陆侧两大主体。空侧包括跑道、滑行道、停机坪、货运区等及相邻地区和建筑物等；陆侧是为航空运输提供客运、货运及邮运服务的区域。空中交通管制设施是指提供管制服务使用的设施、设备，应当按规定经民用航空局批准后使用。空中交通管制设施主要包括地空通信设施、航空固定通信设施、导航设施、监视设施和民用航空气象监视台站等。

（五）管道基础设施

管道基础设施主要分为输油管道、输气管道和固体浆料管道三类基础设施。输油管道基础设施包括输油站（首站、末站和中间泵站）和管线。管线由管道、沿线阀室、穿越山河（山谷）等的设施和管道阴极防腐设施等组成。输气管道基础设施主要由矿场集气管网、干线输气管道（网）、城市配气管网以及与此相关的站、场等设备组成。固体浆料管道基础设施可分为浆液制备厂、输送管道、浆液后处理系统三个组成部分。长距离的管道基础设施还含有供电和通信设施。

（六）邮政基础设施

邮政基础设施是指邮政通信专用的设施。它包括邮政企业为方便群众使用而设置的分支机构、邮亭、报刊亭、邮筒、流动服务车辆、摊点、城市居民楼住户信报箱，以及车站、机场、港口和宾馆内的邮政业务场所与作业通道等公共设施。

二、交通装备体系建设

交通装备体系建设是交通强国建设的重要组成部分。我国交通运输行业瞄准国际交通科技发展前沿，突破了一批重点交通装备的关键技术，为我国交通装备体系的发展奠定了基础，为交通强国建设提供了支撑。

（一）交通装备体系内涵

"交通装备"是指载运工具和在交通基础设施建设、运输生产过程中使用的特种装备。载运工具、特种装备、装备技术升级共同组成了交通装备体系，载运工具和特种装备是其物质技术基础，装备技术升级是其发展理念和目标方向。

1. 载运工具

载运工具又称运输工具、运输装备，是用来改变运输对象空间位置的交通装备。按照运输方式划分，载运工具主要分为轨道载运工具、道路载运工具、水路载运工具、航空载运工具和其他载运工具等。轨道载运工具是指沿固定的轨道行驶，由电力、内燃机或蒸汽作为动力的载运工具；道路载运工具是指利用汽油、柴油、电或其他能源作动力，通过轮胎在各种道路上行驶的载运工具；水路载运工具是指利用螺旋桨、喷射水流在水中的推力而在水上行驶的载运工具；航空载运工具是指利用螺旋桨或高速喷射气流在空气中的推力而在空中航行的载运工具；其他载运工具是指各种液体或气体输送管道、索道缆车、行人自动步道、皮带输送机等。

各类载运工具拥有不同的使用性能，我们希望其具有以下性能：高效、经济、安全、绿色、舒适等。然而，这些性能不可能都完美地体现在某一种载运工具上。载运工具不同，其送达速度、运输成本、能源消耗、运输的通用性与机动性等也存在差异。

2. 特种装备

交通装备体系中的"特种装备"，是指在交通基础设施建设、运输生产工作中使用的工程机械装备。特种装备主要包括在交通基础设备建设中用于推进隧道工程、整跨吊运安装设备等的工程机械装备，在水域作业中使用的水下机器人、深潜水装备、大型溢油回收船、大型深远海多功能救助船等新型装备等。

水域作业新型装备主要包括水域作业中使用的水下机器人、深潜水装备、大型溢油回收船、大型深远海多功能救助船等新型装备等。水下机器人是一种具有智能功能的水下潜器。国内外专家学者根据其智能化程度和使用需求,将其分为四类:拖曳式水下机器人、遥控式水下机器人、无人无缆水下机器人、智能水下机器人。深潜水装备是指在深海勘查作业中用到的装备,潜水器装备体系包括载人潜水器、无人缆控潜水器和无人遥控潜水器等。大型溢油回收船是溢油回收的专用船舶,是溢油污染事故有效控制和快速处置的重要工具,主要实现水上溢油应急指挥、围控、回收和储存等功能,可实现在最短时间内迅速赶到溢油污染事故现场,并进行不同黏度和不同厚度的溢油、漂浮垃圾的高效回收和临时储存,具有良好的操纵性和高效的污染物回收效率。大型深远海多功能救助船是指深远海多功能综合立体救助保障船,可在深水海域、特殊海况环境下,满足独自承担深水应急救助作业需要,承担水域遇险人员、船舶和航空器的救助任务。

2022 年 12 月 2 日,"南海救 103"号(见图 22-2)在深圳孖洲岛顺利下水。它是由中国船舶集团旗下上海船舶研究设计院自主研发设计的,新一代升级版 1.4 万千瓦大型深远海多功能救助船。这标志着中国在深远海巡航救助领域再添"利器"。"南海救 103"号具备水面搜寻救助、深远海拖曳救助、海空立体搜寻救助、应急抢险救助、对外消防灭火、饱和潜水、水下救助打捞等功能。投入运行后,"南海救 103"号开始履行海上遇险人员、船舶和航空器搜寻救助,参与全球海上搜救和国际救援行动,配合维护国家海洋权益等职责。

图 22-2　大型深远海多功能救助船"南海救 103"号

(二) 交通装备体系建设现状

近年来,我国的交通装备制造已取得非凡成就,汽车产销量连续 13 年稳居世界第一,轨道交通装备产业规模和产销量均居世界第一,船舶产业规模和产销量均居世界第一。这些数据标志着我国已成为交通装备制造大国。但是,我国在交通装备体系建设方面仍然存在交通装备研发制造支撑技术不足、核心技术存在空心化、智能化技术尚待突破等问题。

1. 建设成就

1) 交通装备数量不断提升

截至 2019 年年末,全国汽车保有量达 2.6 亿辆。从公路运输装备来看,全国拥有公路营运汽车 1165 万辆,载货汽车 1087 万辆;从水路运输装备来看,全国拥有水上运输船舶 13 万艘;从城市客运装备来看,2019 年年末全国拥有公共汽电车 69 万辆,轨道交通配属车辆 4 万辆,巡游出租汽车 139 万辆,城市客运轮渡船舶 224 艘;全国拥有铁路机车 2.17 万台,动车组保有量 3665 组;中国民航全行业运输飞机在册架数 3818 架。新型载运工具、新型特种装备数量也在不断提升。

2)运输装备持续提档升级

一是运输装备更加大型化。截至 2019 年年末,大型载客汽车总客位数达 1334 万客位,占全部营业性载客汽车比重的 66.6%。载货汽车平均吨位数提高至 12.5 吨位,运输船舶平均净载质量每艘 1952 吨。二是运输装备更加专业化。截至 2019 年年末,公路专用载货汽车吨位数达 592 万吨,较 2018 年年末增长 8.3%,牵引车、挂车车辆数分别增长 12.7% 和 12.4%。油船净载重量达 2771.12 万吨、增长 9.9%,集装箱箱位数达 223.85 万标箱、增长 13.8%。三是运输装备更加绿色化。截至 2019 年年末,全国拥有电动机车 1.37 万台,占全部铁路机车比重的 63%,较 2018 年年末提高 1.7 个百分点。在城市公共汽电车中,绿色能源车辆占比 80.6%,提高 5.3%。

3)交通装备技术水平不断提升

先进技术的开发和广泛应用,使交通运输装备水平大幅提高,运力结构显著改善,运输能力不断提高。我国交通运输业从缺车少路的落后状况,一跃成为由多种运输方式构成的、比较完整的运输系统,基本保证了国民经济发展的需要。交通运输装备技术水平与国际先进水平的差距也大幅缩小。

高速铁路列控技术自主化和产业化取得了重大突破,取得了一系列科技创新成果。高速铁路已成为中国装备制造的名片。轨道交通发展低寿命周期成本(LLCC)、环境友好设计等可持续发展技术,促进节能环保指标的逐步提高;汽车安全性和智能化日益提升,商用汽车质量不断提高,部分车型技术性能已达到世界先进水平。汽车动力向燃料多元化、驱动电气化方向发展,在进一步降低传统燃油汽车动力平均燃油消耗和排放的同时,积极发展纯电动、混合动力、燃料电池等动力系统的研发与推广应用。城市轨道列车自动控制系统等技术装备发展也较为迅速。船舶大型化、专业化和标准化发展趋势明显,净载重吨上升,我国超大型专业运输船舶建造取得进展。海洋运输将超低排放的高效船用柴油机、气体燃料和双燃料发动机零排放技术作为未来的发展方向。而航空运输领域则关注生物燃料和电能驱动在通用航空动力上的应用。民用飞机机队的规模在迅速扩大,国产大型飞机和支线飞机研制取得了突破。

案例 22-1

当前,中国新能源汽车产业正面临前所未有的发展机遇,将多措并举扩大新能源汽车消费。2023 年前 4 个月,中国新能源汽车产销量分别达到 229.1 万辆和 222.2 万辆,同比均增长 42.8%。从月度走势看,新能源汽车产销量增速呈现低开高走、不断加快的态势。

从国际市场看,1—4 月,中国新能源汽车出口 34.8 万辆,同比增长 1.7 倍。在上海外高桥港区的一处汽车滚装码头上,超过 1 万辆各品牌汽车等待装船出海。

中国汽车工业协会副秘书长陈士华表示,尽管产销同比大幅增长有 2022 年同期低基数效应的影响,但总体看,新能源汽车产业发展表现稳健,产业供给能力、供给质量不断提升,正成为稳工业的重要力量。

国家发展和改革委员会、国家能源局印发《关于加快推进充电基础设施建设更好支持新能源汽车下乡和乡村振兴的实施意见》,提出加快实现适宜使用新能源汽车的地区,充电站"县县全覆盖"、充电桩"乡乡全覆盖",增强农村电网的支撑保障能力等,逐步破解农村地区购买使用新能源汽车的"堵点""痛点"。

业内人士认为,中国新能源汽车产业进入全面市场化的拓展期,但产业链的盈利能力、自主创新能力以及综合竞争力都需要进一步提高。工业和信息化部表示,正会同有关部门研究出台稳定汽车消费、扩大内需增长的相关政策措施。同时,加快新体系电池、汽车芯片、车用操作系统等技术突破和产业化应用,提升新能源汽车产业的整体竞争力和发展质量。

2. 存在问题

我国道路运输、航空运输和水路运输的装备产业中,仍然存在研发制造支撑技术不足、核心技术存在空心化、智能化技术尚待突破等问题。汽车、飞机和船舶的发动机、电控系统等交通装备自主创新能力仍然不足。

1) 研发制造支撑技术不足

我国汽车、飞机和船舶领域,都存在着设计平台薄弱、数据库积累不够、测试评价体系不完备的问题;没有建立整套的开发流程规范及相关标准的数据库平台,性能设计、开发目标不清晰,参数选取、验证方法不明确,技术标准、法规体系不完整,长期采取跟随战略;试验认证能力不足,面向未来发展和国际市场新技术、新装备和新系统的研究和试验验证能力需要加强;面向未来发展的基础理论和共性基础技术研究,对形成产业引领的核心技术研发的支撑力不足。

我国的汽车重大测试评价装备长期依赖进口。汽车标准体系基本参考了"欧洲体系",在一定程度上支撑了我国汽车产业从小到大的发展过程,但适合我国国情的标准化技术、测试评价技术研究仍然薄弱。在适航方面,作为通用航空器安全性保障的最低标准,国内外的适航标准一致,但是达到同等安全性要求的有效实现方法比较欠缺。目前,我国本土船用设备平均装船率不足50%,船用设备系统集成、总成配套能力弱,主要配套设备及关键零部件生产能力不足,船用设备自主研发能力薄弱,造船与配套发展不协调的状况尚未得到根本改变,船舶配套业的发展仍不能适应我国造船业快速发展和船舶产品结构优化升级的需求。

2) 核心技术存在空心化问题

我国汽车、飞机和船舶动力及控制系统研发基础薄、能力弱,使得高效低排动力总成与国际先进技术存在较大差距。一是汽车电控系统虽可实现基本功能,但控制策略不完整,产品成熟度低。比如,在我国自主品牌生产的新型汽油机产品中,包含了缸内直喷、涡轮增压、可变气门正时等新技术,但其技术指标与国际先进水平仍有差距——特别是电控系统等核心组件,大多掌握在国外供应商手中。二是开展民用涡扇发动机设计技术的研究尚属起步阶段,没有建立民用涡扇发动机的设计体系和验证体系,尚未建立民用大涵道比涡扇发动机设计和验证的体系,声学工程、民用高负荷低压涡轮内部流动机理、先进低压涡轮设计技术、低污染排放等民用航空动力的关键技术设计与验证方法研究基础匮乏。三是我国在船舶动力系统研发,特别是在新型推进系统研发方面(如吊舱推进器、直翼推进器以及无轴轮缘推进器)尚无成熟的自主产品。目前,国内由于缺乏设计制造经验以及大量的实用运行数据,针对新型推进器的研发工作尚处在起步阶段。各科研单位和院校主要在数值计算、性能分析、仿真控制、总体设计方法上进行了深入研究,也研制了小型的实物样机;但在大型推进器的研发方面,还未建成相关的设计、研发以及验证体系。

3)智能化技术尚待突破

目前,我国城市交通控制系统产品几乎完全被国外产品垄断。这些系统对国外均质交通流更为合适,不完全适合中国混合交通模式。我国大城市的交通网络复杂、车流密度庞大,需要建立本地、区域和大范围交通分级控制体系。智能化交通控制是未来我国大城市交通控制的新需求。而要开发适合我国交通特点的新一代智能交通控制系统,亟须发展壮大我国智能交通产业。

尽管载运工具智能化技术发展迅速,但基于多传感器集成的复杂驾驶环境感知支持自动驾驶的高精度数字地图、复杂场景下的自主驾驶控制等技术还制约着无人驾驶的广泛应用;综合交通信息服务处于发展初期,发展不平衡、不充分的特点突出,还不能充分满足旅客出行和客货运输对综合交通信息的个性化需求;人车路交互及协同控制机理、车载和路侧信息资源的优化配置等基础理论的研究尚不深入;高速状态对远距离环境的感知以及传感器网络化条件下环境信息的感知尚缺乏有效手段;车载信息尚未实现优化与交互管理;完整的车车、车路协同系统标准规范体系尚未形成。

大型枢纽机场的相关科技创新体系落后,科技投入严重滞后于航空运输业的发展。低空空域管理存在手段和能力不足的问题,给低空空域的使用管理带来严峻的挑战。航空应急救援管理技术和应急救援能力严重不足。内河航运安全管理与应急搜救方面,尚缺乏柔性工程等理论在水上交通风险防控中的应用研究;大型滚装船、客(渡)船、危险品运输船舶等重点船舶的实时信息获取、态势评估与预测技术等尚待突破。

4)民用航空器产业链尚未形成

目前,我国国产飞机发动机技术相对落后,发动机产业自主创新的研发体系也尚未真正建立起来,创新能力薄弱,技术储备不足,声学工程、民用高负荷低压涡轮内部流动机理、先进低压排放等民用航空动力的关键技术设计与验证方法研究基础匮乏,在商用大涵道比涡扇发动机型号研制方面基本是一片空白,对一些关键技术的预先研究才刚刚起步。

我国民用航空器适航审定体系建设明显落后,航空工业由于特殊的发展经历和历史背景,尚没有形成完整的民用航空器产业链。适航标准是长期经验的积累,是经过反复的验证和论证并公开征求公众意见制定的。美国 FAA 和欧洲 EASA 两家适航当局的优势在于其具有世界上最先进、最完善的适航标准,并实现了高度国际化。我国需要积极开展与国外先进适航当局的交流与合作,了解和掌握国际上适航法规及标准的最新动态,突破标准制定的瓶颈。

三、交通基础体系建设的主要任务

新时代、新形势、新要求,交通行业应立足当下,着眼长远,抢抓新一轮科技革命和产业变革的机遇,以交通强国建设为统领,以高质量发展为导向,以创新驱动为引领,统筹推进"新""旧"基础设施建设,打造高质量的现代化交通基础设施体系,为交通强国建设做好底盘支撑。

(一) 强化规划引领，着力做好顶层设计和统筹布局

要以整体优化、协同融合为导向，统筹存量与增量、传统和新型基础设施发展，优化空间布局、功能配置、规模结构；完善多层次网络布局，促进各种运输方式有效衔接，加快实现基础设施布局完善、立体互联；出台国家级专项规划或指导意见，强化顶层规划布局；协调好全国部署和重点地区、重点领域建设，明确发展重点和时间顺序，形成全国"一盘棋"的良好局面，防止低水平重复建设、规模过度超前。

(二) 强化融合协同，着力打好新旧基建组合拳

按照高质量发展的要求，做好综合平衡和衔接协调，统筹推进"新""旧"基建融合发展，提高资源要素配置效率；在补齐铁路、公路、水运、民航、邮政等传统领域短板的基础上，加快推进城际高铁、城际轨道交通建设；大力推进 5G 网络、北斗导航、AI、物联网、区块链等新基建与交通行业深度融合，加快构建新型数字化交通基础设施；稳步推进传统基础设施的"数字＋""智能＋"改造升级，提升基础设施的系统弹性和安全免疫力；深入推进数据赋能发展，加快构建智慧公路、智慧港口、智慧机场、智慧铁路等智能交通基础设施，大力发展智慧交通。

(三) 强化创新驱动，着力推进多元场景化应用

加强新形势下交通行业数字化转型、创新驱动发展的战略和政策研究；深入推进新型基础设施在交通行业的多元化场景应用；深入推进交通要素数字化，加速交通基础设施网、运输服务网、能源网与信息网的有效融合；将新基建积极纳入交通强国试点建设、交通强国重大工程建设内容，及时做好试点总结评估，引导形成一批可复制、可推广的最佳实践案例；充分发挥企业创新主体的积极性，构建产学研用深度融合的技术创新体系，大力推进协同创新。

(四) 强化技术储备，着力提升前瞻性基础研发能力

编制出台交通领域新能源、新材料、新技术等关键科技产业的发展路线图；加强前瞻性、引导性的技术研发与供给，提高交通基础设施建设标准，全面提升行业科技创新能力；瞄准新一代信息技术、人工智能、智能制造、新材料、新能源等世界科技前沿，加强对可能引发交通产业变革的前瞻性技术研究，布局具有全球竞争力的"AI＋"新一代智能交通系统，制定并出台新一代信息技术深度融合应用的关键亟需标准；加强交通科技创新基地、研发平台等建设，建设一批具有国际影响力的实验室、支撑新一代交通系统发展的试验基地、技术创新中心等科技创新平台；加大重大科研基础设施、大型仪器设备和基础科学资源开放共享力度；大力探索"揭榜挂帅"等新机制，加快科技成果转移转化速度。

(五) 强化政策引导，着力打造良好营商环境

按照完善治理体系、提升治理能力的要求，强化政策支持与引导，研究制定促进交通新型基础设施建设的政策体系、标准规范和管理办法；处理好政府与市场的关系，破除体制机制障碍，加强共建共享；深化"放、管、服"改革，全面实施市场准入负面清单，加强事中与事后

监管;加大投资和金融支持力度,优化财政投资方向和结构,增加有效投资;深化投融资体制改革,拓宽融资渠道,充分调动民间投资的积极性,激发市场主体的活力;加大政策工具的调节力度,严控地方债务风险。

专题小结

　　本专题主要介绍了交通强国的基础体系建设。交通基础设施体系包括铁路基础设施、公路基础设施、水运基础设施、民航基础设施、管道基础设施和邮政基础设施。交通装备体系建设包括载运工具和特种装备。目前,我国的交通装备体系建设已取得了交通装备数量不断提升、运输装备持续提档升级、交通装备技术不断提升的成就,但也存在着研发制造制程技术不足、核心技术空心化、智能化技术尚待突破、民用航空器产业链尚未形成等问题。

学习思考

　　交通强国基础体系建设的主要任务是什么?

交通强国运输服务体系建设

未来我国产业结构、能源结构将发生重要变化，城镇化、人口老龄化将成为必然趋势。这为运输服务发展带来了新的机遇，也提出了新的要求和挑战。为适应交通强国建设要求，加快行业转型升级、推动运输服务高质量发展，已是势在必行。

一、运输服务的内涵

运输服务是交通运输业向社会和消费者提供的最终产品，是依托各种交通基础设施、载运设备、人员等要素所形成的一种集成服务。它反映了跨地区、跨行业优化配置运输资源，以系统效率最高的方式来满足运输需求的总体能力。

（一）运输服务体系的存在价值

1. 运输服务是宏观与微观、抽象与具体的矛盾统一体

运输服务是基于微观生产要素所形成的一种集成服务，是基于具体的运输服务所抽象出来的集成和加总，是宏观与微观、抽象与具体的矛盾统一体。运输服务的宏观性是指运输服务反映着一个国家综合运输体系整体的服务能力，而非某一个地区、某一种运输方式的局部服务能力。运输服务的抽象性是指运输服务是一种无形的服务，而非某一种具体的运输产品。而且，运输服务要依赖客货运输企业、基础设施、载运设备、人员等微观要素来实现，所以运输服务又是微观的、具体的。

2. 运输服务是衡量综合交通运输体系完善程度的重要标尺

未来的经济社会发展，对客货运输服务的效率和质量要求会越来越高。一方面，仅靠单

一运输方式或传统运输服务已不能满足日趋多元化、个性化的运输需求。另一方面,当前交通运输行业发展所面临的资源约束和环境压力也日趋严格,任何一种运输方式都不能无限制发展。在这些因素的影响下,我国必须加快综合运输体系的发展,综合利用各种运输方式,充分发挥每种运输方式的比较优势,用尽量少的资源消耗完成运输服务。而运输服务作为综合运输体系的产品,其效率和质量体现了综合运输体系的"软实力",是衡量我国综合交通运输体系完善程度的重要标尺。

3. 运输服务是基于各种不同运输方式所形成的集成服务

一方面,运输服务是以各种不同运输方式为基础,通过设施建设、运输组织与管理、制度建设等多种手段,使之成为有机整体而形成的一种集成服务。它反映的是一个国家跨地区、跨行业、跨企业优化配置运输资源,以系统效率最高的方式,满足运输需求的总体能力。另一方面,运输服务的发展水平依赖于各种运输方式的均衡发展。若某一运输方式发展滞后,那么综合运输系统的集成能力就会受其制约。换言之,较高的运输服务水平,意味着各种运输方式都具有较高的服务效率和质量,且相互之间实现了均衡、协调的发展。

4. 运输服务的发展水平体现为向社会提供一体化运输服务的能力

综合交通运输体系建设的重要目标,就是通过不同运输方式的衔接和协作,形成完整的、无缝衔接的一体化运输服务,从而提高运输效率,降低运输成本,更加有力地支撑社会经济发展。因此,一体化运输服务作为运输服务发展的高级形式,既是社会经济和运输需求发展的必然要求,也最能体现一个国家运输服务的发展水平。这也意味着,能否向社会提供衔接顺畅、运行高效的一体化运输服务,可以作为衡量运输服务发展水平的重要标准。

(二) 运输服务体系建设的现状

1. 运输服务体系建设的现状

经过跨越式发展,我国运输服务取得了巨大的成就。

(1) 运输总量位居世界前列。2019年,全社会完成客运量176亿人次、旅客周转量35349亿人千米,位居世界第一;完成货运量470.6亿吨、货物周转量19.93万亿吨千米,公路、水路客货运量及周转量、铁路货运量居世界第一位。全国港口完成货物吞吐量140亿吨,港口集装箱吞吐量2.61亿TEU,均居世界第一位。全国快递业务量635.2亿件,同比增长25.3%,连续6年位居世界第一。

(2) 运输结构不断优化。在客运方面,公路完成的旅客运输量占比持续上升,在短途客运中保持主导地位;承担中长途客运的民航、铁路平均运距不断增长;民航在长距离高端客运领域保持着优势。在货运方面,货运需求和供给结构正在发生重要变化,公路承担的货运量比重保持增加势头,铁路承担的货运量比重呈明显下降趋势,水运(不含远洋)承担的货运量比重基本保持稳定,民航货运量增长迅速,但占比仍较小。

(3) 多种运输方式间的衔接更加顺畅。近年来,我国建成了一批综合交通枢纽城市,形成了以机场、铁路车站等为代表的众多大型综合客运枢纽,一大批综合货运枢纽站场(物流园区)投入运营。综合运输枢纽的建设,改善了运输服务质量,方便了客货运输。另外,随着一系列多式联运发展重要政策的落地,集装箱多式联运发展也达到了一定的水平。

(4) 运输服务质量显著提升。在客运方面,我国客运服务的体验性、舒适性等都有了显著提高,主要体现在"旅游＋交通""互联网＋交通"等多方面的快速发展。在货运方面,小批量、多批次、高附加值、强时效性的货物运输需求快速增长,比能源原材料等大宗散货运输需求的增速更快。"中欧班列""电商班列""快运班列"等班列化货运产品也逐步常态化,呈现出较好的品牌效应。

2. 运输服务体系建设存在的问题

与人民日益增长的美好生活需要相比,与世界交通强国发展相比,我国运输服务还存在较大的差距,还有较大的提升空间。

1)客运服务中存在的问题

(1)客运服务发展不均衡。部分边远山区的运输基础条件差,公共服务基础薄弱。农村地区客车的线网通达度、准时性和发车频率均不高,服务模式创新不够,距离农村群众的期待还有较大差距。

(2)运输安全形势依然严峻。运输安全保障和应急救援能力仍然较低。国家战略层面的交通运输安全规划及具体计划不完善,有关交通安全的制度、标准的落实力度不足。基层安全监管能力不强,运输企业的安全管理人员素质不高。

(3)"全程化"服务能力薄弱。跨方式、跨行业的信息共享不充分,"管理孤岛"现象比较普遍。统一规划、统一设计、同步建设、协同管理的综合运输枢纽发展模式尚未形成。出行服务衔接"最先和最后一千米"的问题仍较突出。

(4)客运服务体验感待提升。客运服务的多样性不足,个性化、定制化服务方式发展不充分,服务水平弱,体验感不强,制约了从"人便于行"到"人享其行"的转变。

2)货运服务中存在的问题

(1)服务水平总体不高。低水平、同质化的传统货运能力供过于求,高水平、专业化货运物流供给不足。货运结构不合理,大宗物资运输和长途运输中的公路运输占比过高。远洋、民航的国际货运服务能力水平低。货运服务的智能化、专业化水平总体较低,与物流及商贸流通、制造业、农业等融合程度不够,货运新模式、新业态的发展总体较为缓慢。

(2)货运服务体系不完善。运输方式与区域间的市场壁垒依然存在,开放性、竞争性仍不充分,货源和货承运人的集中度偏低,难以实现网络化、规模化、集约化发展。货运市场监管力度不足,诚信体系不健全,非法营运、不规范竞争行为依然存在。铁路货运定价机制僵化,难以适应市场变化和现代物流发展。

(3)物流综合成本偏高。我国物流成本占 GDP 的比重远高于发达国家。这一方面和经济发展特别是工业化发展阶段的特征有关,另一方面也和物流各环节成本(尤其是运输成本)偏高、企业经营管理水平落后有关。

二、运输服务体系建设的路径

(一)运输服务体系建设的基本思路

对于运输服务行业而言,要以交通强国战略为统领,贯彻落实好交通强国建设指导思想,以深化供给侧结构性改革、推进运输服务高质量发展为主线,深刻认识新时代运输服务发展所处的时代坐标,奋力开启建设交通强国新征程。

1. 准确把握运输服务需求的时代性，从追随适应型向主动引领型转变

我国经济发展正处于人均收入向 2035 年达到中等发达国家水平这一目标迈进的历史阶段。2019 年，我国服务业增加值占国内生产总值的 53.9%，对经济增长贡献率为 59.4%，服务业已成为经济增长的主要拉动力。随着新旧动能的加速转换，产业结构加速调整，消费结构加速升级，人们对个性化、多样化、高品质的客运需求和小批量、多批次、高附加值的货运需求持续增加。因此，必须从运输服务的新需求出发，尽快催生运输服务的新供给，推动运输服务从以模仿式、排浪式为主导的追随适应型，向以多样化、差异化为主导的主动引领型转变。

2. 准确把握运输发展方式的时代性，从规模速度型粗放增长向质量效率型集约增长转变

经过持续多年的高速增长，我国运输市场需求发生了趋势性变化。在经济增速转入中高速增长后，运输经济也在向中高速增长转变。从世界交通运输发展规律来看，发达国家进入后工业化时期，运输规模特别是货运规模增长将趋于稳定，开始进入以服务质量提升为特征的变革时期。这就要求必须从运输发展的阶段性特征出发，着力推动运输发展方式从规模速度型粗放增长向质量效率型集约增长转变。

3. 准确把握运输组织方式的时代性，从单一方式独立发展向多种方式协同发展转变

经过多年建设，我国各种运输方式总量规模位居世界前列。高铁运营里程、高速公路通车里程、城市轨道交通运营里程、港口深水泊位数量均位居世界第一，铁路货运量及旅客周转量、公路客货运输量及周转量、港口货物和集装箱吞吐量、快递业务量均居世界第一，民航旅客及货邮周转量居世界第二。唯物辩证法认为，量的积累必然引起质的变化。要让各种运输方式"量"的积累达到巅峰，推动运输组织进入融合发展的"质"的提升阶段，就必须加快从单一运输方式的独立发展向多种运输方式的协同发展转变。

4. 准确把握运输产业形态的时代性，从传统业态为主向新旧业态融合发展转变

"互联网＋"已渗透到经济社会的各个领域和各个环节，给人们的生产生活方式带来了革命性、颠覆式影响。以数字经济、平台经济为代表的新业态模式，打破了传统产业组织边界、创新边界和要素边界，传统业态加快与互联网融合，向云端和网端迁移；互联网平台加快线下网络节点布局，向渠道和实体下沉。传统业态与新业态竞合融合的发展趋势不可阻挡。在未来社会里，没有一个所谓纯粹的互联网企业，所有的传统产业和企业都将拥有互联网的基因，数字经济和实体经济的边界终将消失。运输服务发展，也必须顺应这种趋势，从传统产业形态为主向新旧业态竞合融合转变。

5. 必须准确把握运输发展动力的时代性，从要素驱动向创新驱动转变

在过去的很长一段时间里，我们主要依靠要素驱动实现高速增长，由此形成了"增长速度崇拜"和"要素驱动依赖"的惯性思维。随着我国经济发展进入新常态，拼投资、拼资源、拼环境的老路已经走不通，单纯依靠要素驱动模式已难以支撑我国经济的高质量发展。运输服务作为传统产业，同样不能老是停留在产业链条的低端和"微笑曲线"的底端，而必须准确把握运输发展动力的时代变化，加快形成以科技创新为核心动力的发展局面，推动运输服务与产业链上下游、前后向融合发展，实现从要素驱动向创新驱动转变。

（二）运输服务体系建设的基本原则

1. 以需求为导向，以服务为本

以不断满足人民群众更多样、更便捷、更高效、更舒适、更安全的出行需求为导向，以便民、利民、惠民为根本出发点和落脚点，进一步强化服务观念和宗旨意识，把服务摆在更加突出的位置，以服务促发展，以服务树形象，以服务展现综合交通运输体系的发展成果。

2. 深化改革，优化环境

全面深化运输服务领域各项改革，加快转变政府职能，完善现代治理体系，充分发挥市场在资源配置中的决定性作用，更好地发挥政府增加公共产品和公共服务供给的功能；重点破解阻碍市场机制作用的制度和政策壁垒，营造良好市场环境，切实激发市场活力。

3. 整合资源，释放潜能

整合综合运输各种资源，优化布局和结构，充分发挥各种运输方式比较优势和组合效率；通过强化综合运输一体化服务，充分挖掘交通运输服务经济社会发展的巨大潜力，全面释放交通基础设施建设的巨大潜能，促进综合交通运输体系的社会经济效益最大化。

4. 科技引领，创新驱动

全面适应"互联网＋"新趋势，发挥科技进步对提升运输服务的引领作用，加快推进移动互联网、大数据、云计算、物联网等新一代信息技术的广泛应用，加强运输服务领域标准规范的统筹创新，健全以企业为主体的协同创新体系，以科技创新驱动转型发展和提质增效升级。

5. 安全稳定，绿色环保

不断强化运输安全生产的红线意识和底线思维，进一步健全制度体系，增强管控手段，努力向社会提供安全可靠的运输服务；着力构建和谐的劳动关系，尊重和保护从业人员的合法权益，推动行业稳定发展；以运输结构调整、组织模式创新、装备改造升级为重点，统筹运输服务资源的集约利用，促进行业绿色化发展。

（三）运输服务体系建设的主要目标

运输服务发展目标是交通强国建设战略目标的重要组成部分。根据 2019 年中共中央、国务院印发的《交通强国建设纲要》，我国运输服务有 2035 年和 2050 年两个阶段建设目标。

1. 2035 年建设目标

到 2035 年，基本建成"安全、便捷、高效、绿色、经济"的现代化综合交通运输体系。运输服务在安全经济、便捷通达、公平个性三个方面得到长足发展，实现"人便其行、货畅其流、国惠其昌"，在运输服务领域进入交通强国行列。

（1）在安全经济方面，道路交通事故万车死亡率低于 0.5。货运安全风险管控体系全面建立，各种运输方式货损货差率显著下降，集装箱运输实现 100％全程监控定位；各种类型运输服务准点率明显提升；运输结构进一步优化，综合运输成本显著下降，物流费用占 GDP 的比例降到 10％以下；大宗物资铁路、水路货物周转量占比明显提升，集装箱多式联运量占比显著增长。

（2）在便捷通达方面，运输服务的速度和覆盖范围进一步得到提升。建成"全国 123 出行交通圈"和"全球 123 快货物流圈"；95％以上人口可在 3 小时内抵达服务区际和城际交通的铁路场站，民航服务覆盖率进一步提升，人均航空出行次数超过 1 次，地面 100 千米航空服务覆盖所有县级行政单元。

（3）在公平个性方面，基本交通公共服务实现均等化。行政村 100％通公路客运服务及快递服务；老少边穷地区实现航线网络基本通达；地级及以上城市实现无障碍交通设施全覆盖；各种客运方式的运行质量和效率进一步提升，一站式、多样化、个性化的客运交通服务实现普遍化，旅客体验更加美好；建成覆盖全国的综合出行信息服务平台；基本实现货物多式联运协同调度平台化，货运一体化服务形式成熟完善，与物流业、制造业、农业等以及移动互联网高度联动、融合。

2. 2050 年建设目标

到 2050 年，建成"安全、便捷、高效、绿色、经济"的现代化综合交通运输体系，运输服务在安全经济、便捷通达、公平个性三个方面达到世界先进水平，实现"人享其行、物优其流、国倚其强"，成为世界领先的交通强国。

（1）在安全经济方面，广泛深入应用自动化、信息化、数字化、智能化技术和装备，使客货运的安全性、高效性、灵敏性、实时性、可控性及人性化得以实现。道路交通事故万车死亡率低于 0.3，航运服务达到世界先进水平；物流成本占 GDP 的比例降到 7％以下；实现服务网络在国际、区际、城际、城乡、乡村等各空间层次的高度匹配可达性，与区域经济协同互动发展。

（2）在便捷通达方面，高速磁悬浮铁路等新式高速交通装备实现规模化运营。中型以上机场实现连通轨道交通的比例进一步提升，各种运输方式基本实现"零换乘"；城市交通拥堵情况基本消除；货运速度进一步提高；客运服务覆盖率大幅提升，98％以上的人口可在 2 小时内抵达服务区际和城际交通的铁路场站；航空服务覆盖广度和深度达到世界领先水平；货运物流服务网络实现了国际、区际、城际、城乡、乡村等各空间层次的高度匹配可达性，建成较为完善的泛亚交通网。

（3）在公平个性方面，均等化的基本交通公共服务水平进一步提升，形成"泛城市化"的城乡一体交通，使城乡居民能够享受无差别的交通服务。实现城市无障碍交通设施全覆盖；客运服务的体验更加美好，无人车、无人船、无人机等新型装备与其他产业逐渐融合，形成经济新业态；建成服务覆盖全球的"出行即服务"的联运经营人平台；构建货运物流服务的大平台，实现货运物流全链条一体化、一单式的世界一流服务，实现货运物流行业与制造业、商贸流通业、农业、金融等相关行业的高度协同融合发展。

三、运输服务体系建设的主要任务

构建便捷舒适、经济高效的运输服务体系，是交通强国建设的九大任务之一。运输服务行业在未来的中心工作和重点任务，是进一步提高服务品质，提升运输效率，增强运输经济性，推进出行服务多样化、个性化，建设现代物流供应链体系，加速交通新业态、新模式发展，更好地满足人民群众的交通需求。

(一) 推进出行服务快速化、便捷化

为实现服务快速化、便捷化的发展目标和任务,从优化提升城市公交服务水平、推进城乡客运一体化发展等四个方面提出近期发展思路和重点措施。

1. 优化提升城市公交服务水平

(1) 深入推进城市公共交通优先发展,提升公共交通出行体验。夯实地方政府公共交通优先发展主体责任,推进城市公交枢纽、首末站、公交专用道、港湾式公交停靠站等基础设施建设,优化调整城市公交线网和站点布局;构建多样化公共交通服务体系,推进通勤主导方向上的公共交通服务供给,强化城市轨道交通、公共汽电车等多种方式网络的融合衔接,提高换乘效率,降低乘客全程出行时间;提高空调车辆、清洁能源车辆及无障碍城市公交车辆更新比例;全面推进城市交通一卡通互联互通,推广普及闪付、虚拟卡支付、手机支付等非现金支付方式,推进公交智能化系统建设,全面推进和深化公交都市建设。

(2) 推进实施差别化交通需求管理,抑制小汽车过度使用,发挥市场配置资源的决定性作用。以能源、环境、土地可提供的交通基础设施等资源容量为约束,以不同的交通方式出行成本为依据,制定科学合理的出行服务价格体系;完善以科技和经济调控手段为主、行政管理手段为辅的常态化交通需求管理体系,利用经济杠杆,实现道路、停车等交通资源的有价有偿使用,提高小汽车的保有、使用成本,有效抑制小汽车过度使用。

(3) 规范个性化出行服务发展,提升城市交通精细化管理水平。鼓励支持发展个性化、定制化的公共交通等集约化出行模式,推进定制巴士、通勤巴士发展;发挥个性化出行服务对城市公共交通发展的辅助支持作用,深化预约出行、共享交通、"出行即服务"的理念,规范不合法、不合规的营运行为;加强针对各种"共享交通"模式发展的顶层设计,充分评估各类共享交通模式的负外部性,推进各种共享交通模式规范、有序发展。

(4) 完善城市慢行系统发展。实施街道精细化设计,调整城市道路资源使用分配策略,打造安全、便捷、舒适、宜人的步行和自行车出行环境,促进步行和自行车在"最后一千米"出行中发挥应有的作用,并与公共交通衔接良好。

2. 推进城乡客运一体化发展

(1) 完善城乡客运服务网络。促进城乡客运网络衔接,加快建立与铁路客运、机场、码头等一体化换乘与衔接的城乡道路客运服务体系,因地制宜地采用合适的城乡客运发展模式,提高服务深度与广度,提升标准化、规范化服务能力。

(2) 加快客运经营主体结构调整。加快整合城乡客运资源,鼓励开展区域经营,积极培育骨干龙头客运企业,鼓励整合分散的客运经营主体。

(3) 完善城乡客运价格形成机制。建立政府宏观调控、客运企业自主有限浮动、市场供求变化起决定性作用的道路客运价格形成机制,加强城乡客运价格市场监管,建立城乡客运价格监测及信息公开制度。

(4) 提升城乡客运服务水平。研究并制定符合实际的城乡客运服务规范,逐步提升城乡客运车辆舒适度,增强从业人员服务意识,提升乡村旅游交通保障能力,发展多元化的运游结合模式。

3. 提高城市群交通通勤水平

(1) 统筹考虑城市群内轨道交通网络布局,构建以轨道交通为骨干的通勤圈。在有条

件的地区,编制城市群轨道交通规划,推动干线铁路、城际铁路、市域(郊)铁路、城市轨道交通"四网融合"。

(2)推动城际客运公交化运营。明确城际公交的准公共服务定位,以适当的财政补贴政策予以支持;尽快制定其管理办法和技术规范,规范企业经营行为,督促企业履行承诺、文明服务、规范经营,不断提高管理水平和服务水平,提升城乡客运服务水平。

(3)探索城市群中心城市轨道交通适当向周边城市(镇)延伸。统筹布局城市群城际铁路线路和站点,完善城际铁路网络规划;有序推进城际铁路建设,充分利用普速铁路和高速铁路等提供城际列车服务,将市域(郊)铁路运营纳入城市公共交通系统。

(4)创新运输服务方式。大力发展城市群市域(郊)铁路,通过既有铁路补强、局部线路改扩建、站房站台改造等方式,优先利用既有资源开行市域(郊)列车;探索城市群轨道交通运营管理"一张网",推动中心城市、周边城市(镇)、新城新区等轨道交通的有效衔接,加快实现便捷换乘,更好地适应通勤需求。

4. 构筑区际快速客运服务通道

(1)提升城市群间运输大通道能力。完善区域中心城市之间运输大通道建设,统筹航空、高速铁路、高速公路网络体系,依托京津冀、长三角、珠三角、环渤海等重要城市群规划,构建多种运输方式一体、承载能力强、高效便捷的区际运输大通道;提升城市群中心城市综合客运枢纽的集散功能,提升其衔接城市群内部、城际、城乡、城市客运的效率和水平。

(2)加速支线航空发展水平。在人口较少、经济发展基础较为薄弱的中西部及地形复杂、陆路交通成本很高的区域,发展支线航空;加大政府对支线航空支持的广度和深度,放松航空管制,与高铁错位经营,改善机队结构,发展国产支线飞机,多管齐下,促进支线和干线的协调发展,带动区域经济的发展。

(3)拓展铁路服务水平。拓展铁路服务网络,加强干支线衔接,扩大高铁服务范围;提升动车服务品质,在客流量较密集的区际和节假日高峰,增加铁路发车频次和密度,方便区际公众出行;改善普通旅客列车的服务水平,规范服务体系,方便不发达区域的群众出行。

(4)创新省际长途客运服务模式。推动长途客运接驳运输,提升长途客运本质安全水平;利用互联网思维,加速发展长途定制客运模式,方便不毗邻高铁区域、人口分散区域、交通基础设施不发达区域的公众出行;发展旅游专车、探亲专车、商务专车等新模式,促进传统道路客运的转型升级。

(二)打造绿色高效的现代物流系统

为了促进现代物流的绿色、高效发展,从优化运输结构、推进多式联运、发展专业化物流等七个方面提出近期发展思路和重点措施。

1. 推动运输结构不断优化

(1)推进港口集疏港铁路建设,加强港区集疏港铁路与干线铁路和码头堆场的衔接,优化铁路港前站布局,鼓励集疏港铁路向堆场、码头前沿延伸,加快港区铁路装卸场站及配套设施建设,打通铁路进港"最后一千米"。

(2)推进具有多式联运功能的物流园区建设,加快铁路物流基地、铁路集装箱办理站、港口物流枢纽、航空转运中心、快递物流园区等规划建设和升级改造,加强不同运输方式间的有效衔接;进一步拓展高铁站场货运服务功能,完善货运配套设施;大力推广集装化运输,支持企业加快多式联运运载单元、快速转运设备、专用载运机具等升级改造,促进集装化、厢式化、标准化装备应用。

(3) 加快大型工矿企业铁路专用线建设。支持煤炭、钢铁、电力等大型工矿企业以及大型物流园区新建或改扩建铁路专用线;简化铁路专用线接轨审核程序;完善铁路专用线共建共用机制,创新投融资模式,吸引社会资本投入;合理确定新建及改扩建铁路专用线建设等级和技术标准。

(4) 提升铁路货运服务水平。深化铁路运输价格市场化改革,建立健全灵活的运价调整机制;完善短距离和大宗货物运价浮动机制;减少和取消铁路两端短驳环节,规范短驳服务收费行为,降低短驳成本。

通过上述措施,推动大宗货物及中长距离货物运输向铁路和水路货物运输有序转换。

案例 23-1

南京港龙潭港区铁路专用线工程建成

2021 年 1 月 11 日,南京市交通运输局建设的南京港龙潭港区铁路专用线工程建成,并经中国铁路上海局集团公司验收,具备通车条件。这也是中铁上海局范围内十大铁路专用线项目中首个完工的项目,开创了地方自主实施铁路项目的先例。

南京龙潭港铁路专用线起自京沪线龙潭站,从车站西咽喉引出,折向西北,跨南龙路、疏港大道后,折向东北,进入龙潭港三期、五期,在五期设散货装卸场,继而线路经过龙潭港六期,到四期闸口道路止,同时在六期、四期间设集装箱装卸场。正线铺轨 5.46 千米,站线铺轨 10.04 千米。

项目列入国家发展和改革委员会、交通运输部、中国铁路总公司联合印发的《"十三五"长江经济带港口多式联运建设实施方案》,项目的建成能有效地增强龙潭港服务长江中上游地区的能力,有效地提高龙潭港国际运输服务能力,推动港口物流服务转型升级。同时,项目建设符合南京市产业政策,符合南京长江航运物流中心规划和南京市龙潭新城总体规划(2010—2030 年),发展前景广阔,战略地位突出。

该项目除了铁路龙潭站改造和专用线四电工程等由上海路局南京东华公司代建外,其余铁路正线段工程均由市交通运输局自行组织实施,地方与铁路系统合作开创了地方自主实施铁路项目的先例。市交通运输局抽选了建设管理经验丰富的人员,组建了项目建设指挥部。经市交通运输局与中铁上海局积极协调,南京港龙潭港区铁路专用线打破常规铁路管理模式,由国铁代管调整为地方自主运营,实现了港口与铁路间的无缝对接,将进一步提高生产作业效率,降低运输成本。

2. 推进多式联运发展

(1) 要健全多式联运法规、标准、规则。积极开展综合交通运输促进法、多式联运法等立法研究论证,强化不同运输方式间法规制度的相互衔接与协调;研究制定多式联运规则,完善多式联运经营人管理制度,建立涵盖运输、包装、中转、装卸、信息等各环节的多式联运全程服务规范和标准体系,建立适合我国国情的内陆集装箱技术标准框架,并做好与国际标准的有机衔接。

（2）要加强专业化联运设备研发。支持基于标准化运载单元的多式联运专用站场设施建设和快速转运设施设备的技术改造；研发应用跨运输方式的吊装、滚装、平移等快速换装转运专用设备；鼓励企业研发铁路双层集装箱专用平车、铁路驮背运输专用载运工具、半挂车专用滚装船舶等专业化装备和配套机具。

（3）要积极培育多式联运示范企业。积极培育具有跨运输方式货运组织能力并承担全程责任的企业开展多式联运经营，引导和支持具备条件的运输企业加快向多式联运经营人转变，推行"一次委托"、运单"一单到底"、结算"一次收取"的服务方式。

3. 充分发挥公路货运"门对门"优势

公路货运机动性、灵活性很强，在短距离运输中具有明显的优势。因此，要充分发挥公路货运"门到门"的比较优势，推动传统公路货运转型升级和高质量发展。具体而言，要大力推动公路货运组织模式创新，鼓励引导传统公路货运企业主动适应并融入多式联运发展大局，调整优化经营结构，积极拓展短途接驳运输服务；支持公路货运企业加强与铁路相关企业战略合作，共同开发多式联运服务产品，探索发展驮背运输、公铁两用挂车甩挂运输等新模式；依托大数据、物联网、云计算等先进信息技术，发展"互联网＋"车货匹配、专线整合、园区链接、共同配送、车辆租赁等新模式、新业态，推动公路货运新旧业态加快融合发展，不断提高市场组织化程度；鼓励公路货运企业通过组织创新、技术创新等手段，实现规模化、集约化经营，加快向多式联运经营人、现代物流服务商转型发展。鼓励中小公路货运企业联盟发展。

4. 提升航空货运的质量和效率

航空运输方式对我国物流业走向全球化的意义极为重大。一方面，航空货运行业发展要坚持市场导向，秉承开放、合作、融合、卓越的理念，充分整合各种资源，打造信息资源交互化共享、市场主体多元化培育、发展模式多样化创新的航空物流链，提供满足市场需要的组合产品，推动航空货运由传统运输方式向现代物流服务体系的跃升。另一方面，要促进航空货运企业转型发展，鼓励航空货运企业与其他物流企业通过运营合作、联合重组、发展混合所有制等方式，实现规模化、网络化、专业化发展，打造完整的物流产业链，创新航空货运产品体系和业务模式，提升民航货运在的国际货运中的服务能力。此外，要推进以货运功能为主的机场建设，加强航空货运已有设施改造，优化机场货运设施布局和货物流线；实施集疏运系统改造工程，确保内外集疏衔接顺畅、运行便捷高效。

5. 推进专业化物流发展

要大力推进电商物流、冷链物流、大件运输、危险品物流等专业化物流发展。

在促进电商物流方面，一是要简化快递业务经营许可程序，优化完善快递业务经营许可管理信息系统。创新价格监管方式，引导电子商务平台逐步实现商品定价与快递服务定价相分离；鼓励电子商务平台与快递物流企业之间开展数据交换共享，提升配送效率。二是要完善电子商务快递物流基础设施，包括统筹规划电子商务与快递物流发展，构建适应电子商务发展的快递物流服务体系；落实好相关用地政策，保障电子商务快递物流基础设施建设用地；引导快递物流企业加强网络节点建设，构建层级合理、规模适当、匹配需求的电子商务快递物流网络。

在促进冷链物流方面,要加快完善冷链物流设施设备。严格市场准入和退出,引导高耗能、低效率、不合规的冷藏保温车加快退出市场;鼓励多温层冷藏车、冷藏集装箱等标准化运载单元推广使用,提高冷链物流专业化、标准化水平;引导传统冷链物流企业转型升级,创新服务产品,向定制化、个性化增值服务转型,提升冷链物流服务品质;鼓励有条件的冷链物流企业延伸服务链条,向综合物流服务商转型发展;鼓励冷链物流企业创新运营模式,提供全程一站式服务;鼓励冷链物流企业加强物流管理信息系统建设,提高冷链物流信息化水平。

在促进大件运输方面,要进一步优化许可工作流程,推动跨省大件运输并联许可全国联网,实现"一站式"办证,进一步提高大件运输审批效率,降低企业成本;全面清理规范大件运输涉企收费,减轻企业负担。

在促进危险品物流方面,要对标国际,构建"市场主体全流程运行规范、政府部门全链条监管到位、运输服务全要素安全可靠"的危险品物流管理体系;建立健全法规、政策、标准、规范,明确交通、工信、公安、环境、应急等部门的监管职责,为危险品物流营造良好的政策环境;引导危险品物流企业加强信息化建设,全面推广危险货物运输电子运单,促进企业落实安全生产主体责任。

案例 23-2

冷链物流"热"起来,产业升级"快"起来

作为消费升级背景下的重要细分市场,冷链物流近年来实现了快速发展。生鲜电商、社区团购、预制菜消费等持续升温,各种冷运需求日益增长,为冷链物流带来巨大的增量空间。与此同时,政府层面也高度重视冷链物流行业,密集颁布了多项扶持措施,为冷链物流发展营造了良好的政策环境。

政策助力加上行业自身的强大吸引力,让冷链物流成为明星产业,吸引各路资本争相布局。但不容忽视的是,基础设施分布不均、配套设施和信息化水平偏低、企业"小而散"、监管体系不健全等问题,一直制约着冷链物流行业的发展。因此,在冷链物流赛道"热"起来的同时,产业创新升级的步伐也应"快起来"。

我国冷链物流市场虽然起步较晚,但经过近几年的爆发式增长,国家骨干冷链物流基地、产地销地冷链设施建设在稳步推进,冷链装备水平显著提升。

根据中物联冷链委发布的数据,2020年,我国冷链物流市场规模达3831亿元,5年复合增速为12%,冷库库容接近1.8亿立方米,冷藏车保有量约28.7万辆,分别是"十二五"期末的2.4倍、2倍和2.6倍;2021年,我国冷链物流市场总规模达4585亿元,同比增长19.66%;预计到2025年,冷链物流市场规模可达5500亿元。

2022年10月11日,国家发展和改革委员会印发《关于做好2022年国家骨干冷链物流基地建设工作的通知》,明确24个国家骨干冷链物流基地,加上已于此前发布的首批17个国家骨干冷链物流基地建设名单,国家骨干冷链物流基地已达41个,覆盖全国27个省(区、市)。这也表明,冷链物流有望加快迈入高质量发展阶段。

6. 发展城市配送和农村物流

(1)创新城市配送模式,发展统一配送、集中配送、共同配送等多种形式的集约化配送,

采取多种方式共建共用社会化配送中心。整合利用城市商业网点、快递网点、社区服务机构等设施资源,建设公共末端配送网点;鼓励经营规模大、网点布局广、辐射功能强的物流企业,联合其他企业构建城乡一体、上下游衔接、线上线下协同的配送网络。

(2)推动城市配送车辆清洁化、标准化发展,推广新能源配送车辆,并给予通行便利。在商业街区、大型商圈、居民社区、高等院校等场所,合理设置城市配送所需的停靠、充电、装卸、夜间配送交接等设施;推广使用标准托盘、周转箱等,推动城乡配送各环节高效衔接。

(3)创新农村物流服务新模式,统筹推进农村物流与农村客运、邮政融合发展。引导货运企业发展农村电子商务,支持与农产品基地、农民专业合作社、农村超市等广泛合作、对接;鼓励快递企业加强与农业、供销、商贸企业的合作,构建农产品快递网络,打造"工业品下乡"和"农产品进城"双向流通渠道。

7. 落实减税降费政策、促进物流进一步发展

要落实减税降费政策,推进高速公路收费改革和差异化收费,降低物流成本。从全国货运结构来看,公路货运量在总量中的占比达76.0%,对物流运行体系的影响较为关键;通行费占运输成本的30%。通过降低过路、过桥的费用,将显著推动社会物流成本下降。同时,要进一步落实交通运输税率从10%下调至9%,促进物流成本的逐步降低。

(三)加速推进新业态新模式发展

为促进新业态、新模式的健康有序发展,从推进运游融合发展、引导共享交通发展等六个方面提出近期发展思路和重点措施。

1. 推进运游融合发展

(1)完善旅游交通基础设施网络体系。加强旅游交通基础设施发展规划编制,统筹考虑交通、游憩、娱乐、购物等旅游要素和旅游资源开发,构建"快进""慢游"的综合旅游交通网络。

(2)健全交通服务设施旅游服务功能。拓展机场、火车站、汽车站、邮轮码头等客运枢纽旅游服务功能,推动高速公路服务区向交通、生态、旅游、消费等复合功能型服务区转型升级,加强连接重要景区的高速公路服务区的景观营造。

(3)推进旅游交通产品创新。支持开发低空旅游线路,鼓励开发空中游览、航空体验、航空运动等航空旅游产品;积极发展遗产铁路旅游线路、精品铁路旅游线路等铁路旅游产品;推广精品旅游公路自驾游线路,引导房车旅游发展。

(4)鼓励旅游客运市场创新发展。加强服务景区客流的公共交通运输组织,鼓励在重大节假日期间开通定制旅游线路,增强城乡客运线路服务乡村旅游的能力;支持运力闲置的客运班车向旅游包车转型;完善省域、跨省的客运联网售票系统,积极推进跨运输方式客运联程系统建设,引导联程联运"一站式"票务服务。

2. 引导共享交通发展

(1)促进共享交通与传统交通行业融合发展。寻求共享交通和传统交通之间的利益最大公约数,化解与行业内相对固化的管理理念、法规制度、监管体系之间的冲突与矛盾,实现新旧业态的融合发展。

(2)加强共享交通治理体系和治理能力建设。一方面,以不断满足人民群众个性化、多

样化、高品质的运输需求为导向,站位高远,继续深化改革,打破市场壁垒,推动不同市场主体公平参与竞争,积极鼓励和支持新业态的发展,激发市场创新活力,优化运输服务模式,提升资源配置效率,促进运输服务的转型升级;另一方面,健全并完善针对新业态的法规、制度和标准,促进新业态的规范发展,防范恶性竞争和市场垄断,切实维护和保障好广大人民群众的切身利益。

(3) 推动重点领域共享交通发展。在客运领域,大力发展"互联网＋联程运输",加快推进定制巴士、定制快车、定制包车等的有序发展,推动旅客客票"一票制",为老百姓提供"跨领域、多要素、一站式"的出行服务;在货运物流领域,大力发展"互联网＋多式联运",鼓励网约货运平台、多式联运经营人的发展,推进货运物流向"全链条、一单制"发展,促进物流"降本增效";在城市交通领域,大力促进分时租赁、定制公交等发展,为城市居民提供响应及时、组织高效、个性化的出行服务;在汽车后市场领域,大力发展"互联网＋预约修车",为老百姓提供更加阳光、透明、放心、舒心的汽车维修服务。

(4) 做好共享交通发展制度保障。针对共享交通发展中出现的新情况、新问题,开展综合评估,健全完善相关法规制度,既放松制度束缚、鼓励发展,又加强对不合法、不合规及失信行为的监管,守住安全底线,严控信息、资金安全,促进共享交通的健康发展。

3. 促进邮政快递创新发展

(1) 推动邮政普遍服务升级换代。鼓励共建共享,通过设立分支机构、合资合作等方式,加快国际快件航空转运中心规划和建设布局,加强目的国通关和末端配送能力建设,拓展服务网络;支持快递企业在制造业海外生产基地附近建设仓储运营中心,推进跨境网购寄递服务发展;完善制造、运输、寄递等上下游物流信息标准体系和交换机制,构建基础信息平台,为社会提供国际寄递活动的实时信息查询服务;完善跨境寄递等配套管理政策,加快创新跨境寄递服务模式,提升跨境寄递服务的全程通关便利;支持寄递服务企业主体多元化,支持外企企业依法进入市场,支持建立跨境寄递服务企业信用体系。

(2) 推进快递扩容增效和数字化转型。鼓励以人工智能、大数据、云计算、区块链等为代表的新一代信息技术应用,提高快递业生产设备标准化、现代化水平;推动中小型快递企业转型升级,建立以企业为主体、市场为导向、产学研深度融合的技术创新体系,提升企业科技创新能力,培育一批"专精特新"快递企业;支持有条件的民营快递企业实现智能化生产、网络化协同、服务化延伸,催生新业态、新模式,并培育市场份额高、创新能力强、发展潜力大、质量效益优的民营快递企业。

4. 推进通用航空和市域(郊)铁路发展

(1) 加强通用机场整体布局规划。在偏远、地面交通不便、地面交通拥堵严重地区、年旅客吞吐量 1000 万人次以上的枢纽运输机场周边等功能区域,建设通用机场,满足抢险救灾、医疗救护、反恐处突、旅游、航空教育与公共管理等需要;推进京津冀、长三角、珠三角等地区和重点城市群的综合型通用机场建设。

(2) 大力培育通用航空市场。在方便偏远地区、地面交通不便地区人民群众的出行中发挥通用航空的作用;鼓励有条件的地区发展公务航空;鼓励和加强通用航空在抢险救灾、医疗救护、工业与能源建设、国土及地质资源勘查、环境监测、通信中继等领域的应用;推动通用航空与互联网融合,拓展通用航空新业态;促进通用航空与旅游业融合发展;积极发展个人、企业自用等非经营性通用航空。

（3）统筹推进市域（郊）铁路规划与建设。优先利用既有线路资源，统筹编制符合城市总体规划要求、与各种交通运输方式及不同层次轨道交通系统高效衔接的市域（郊）铁路规划；合理把握铁路的功能定位，有序推进新建市域（郊）铁路建设，按照零距离换乘和一体化运营的要求，实现配套基础设施（停车场、充电基础设施、步行和自行车服务设施）和运营服务方面的资源共享和互联互通。

（4）提升市域（郊）铁路运营服务水平。优化客运组织，采用公交化运营模式，提供便民、惠民、利民的市域（郊）铁路运输服务；提升新建和既有线路的信息化、智能化服务水平；加强服务标准化建设，提升服务质量；创新政府与铁路企业之间的合作方式，鼓励运营主体多元化，探索网运分离模式，最大限度地调动各方面的积极性、主动性。

5. 促进"互联网+"高效物流发展

（1）统筹规划制造业集聚区配套智慧物流服务体系。引导物流企业完善智能货运与物流系统，促进物流业与制造业相关标准对接、资源交互、信息共享；鼓励物流企业研发应用货物动态跟踪系统，推广电子运单，实现货物状态全程监控、流程实时可查。

（2）充分利用国家交通运输物流公共信息平台，整合各种货运方式以及海关、检验检疫等信息资源，促进多式联运基础信息的互联共享；推进部、省、市三级道路运政管理信息系统的互联互通，推动实现运政管理与执法信息的跨区域协调联动，加强与超限超载治理信息系统的联网管理与信息共享。

（3）大力发展由互联网、大数据、云计算、物联网、虚拟现实、人工智能（包括机器人、无人机、无人车等）等先进信息技术和装备支撑的智能货运物流决策、调度及运转系统，强化技术体系标准化和市场监管规范化，促进设施、装备、运营、管理等各层面的协同发展。

（4）引导并规范网络货运平台企业的健康发展。有序推广第三方应用程序服务产品，创新物流资源配置方式，促进供需信息直通和资源高效整合，实现货运供需信息的实时共享和智能匹配，减少迂回、空驶运输和物流资源闲置。

（5）加快促进冷链物流发展。引导高耗能、低效率、不合规的冷藏保温车退出市场，严格管理冷藏保温车辆的使用过程，鼓励多温层冷藏车、冷藏集装箱等标准化运载单元以及轻量化、新能源等节能环保冷藏保温车型在冷链物流中的推广使用；加强冷链物流园区和农村的冷链基础设施建设；鼓励冷链物流企业创新发展，向定制化、个性化增值服务转型，延伸服务链条，提供全程一站式服务，提升信息化水平，建立冷链物流联盟，提升服务品质。

6. 积极发展无人机（车）、城市地下物流配送

（1）积极发展无人机物流递送。加快制定和完善有关运行规章制度和标准体系，规范无人机物流配送市场秩序，制定货运无人机设计要求，开展无人机适航审定工作，推动新兴模式健康发展；支持物流企业在空域条件良好、地面交通欠发达地区开展无人机物流配送试点工作。

（2）积极探索和发展地下物流配送模式。这类探索包括：利用已有的地铁进行夜间配送，连接地下管廊和地上的物流中心，在地下构建涵盖站内仓储、分拣、装卸等区域的物流系统。

专题小结

本专题主要介绍了交通强国的运输服务体系建设。运输服务是交通运输业向社会和消费者提供的最终产品。目前,我国交通运输体系的运输总量位居世界前列,运输结构不断优化、多种运输方式间的衔接更加顺畅,运输服务质量显著提升。交通运输服务体系建设的未来任务是推进出行服务快速化、便捷化,打造绿色高效的现代物流系统,加速推进新业态新模式发展。

拓展阅读:
把手中的零件做到极致

学习思考

1. 交通强国运输服务体系建设的主要任务是什么?
2. 在你的家乡存在什么交通问题,你有什么建议吗?
3. 作为一名新时代大学生,如何发挥专业优势,助力交通强国?

参考文献

[1] 白寿彝.中国交通史[M].长沙:岳麓书社,2011.

[2] 邱树森.江苏航运史(古代部分)[M].北京:人民交通出版社,1989.

[3] 郭孝义.江苏航运史(近代部分)[M].北京:人民交通出版社,1990.

[4] 河南省交通厅交通史志编审委员会.河南航运史[M].北京:人民交通出版社,1989.

[5] 罗传栋.长江航运史(古代部分)[M].北京:人民交通出版社,1992.

[6] 江天凤.长江航运史(近代部分)[M].北京:人民交通出版社,1992.

[7] 马茂棠.安徽航运史[M].合肥:安徽人民出版社,1991.

[8] 陈琦.黄河上游航运史[M].北京:人民交通出版社,1999.

[9] 中国公路交通史编审委员会.中国公路运输史[M].北京:人民交通出版社,1990.

[10] 金士宣,等.中国铁路发展史[M].北京:中国铁道出版社,1986.

[11] 沈海军.中国航空史话[M].北京:北京科技时代华文书局,2020.

[12] 方兆麟.丝路寻踪:津商赶大营[M].北京:中国文史出版社,2018.

[13] 卢梅.20世纪50年代初康藏公路建设中的社会动员[J].青海民族研究,2021,32(4).

[14] 彤新春.陈云与新中国成立前后的交通运输事业[J].党的文献,2010(5):54-59.

[15] 戚永华.处于初级阶段的我国公路运输[J].中学地理教学参考,1996(3):20.

[16] 余乐水.创新引领,筑基强国——公路行业介绍[J].求学,2022(10):32-35.

[17] 刁成林.当代中国西藏交通研究综述[J].西藏研究,2022(2):148-160.

[18] 刘发伟.公路建设对于促进地方经济发展的重要意义[J].科协论坛(下半月),2012(10):141-142.

[19] 王慧颖.基于市场经济条件下的交通运输经济管理策略研究[J].长江技术经济,2022,6(S1).

[20] 韩梅.交通运输的历史演变及其对省域空间格局的影响[J].时代汽车,2021(11):191-192.

[21] 郭旗.今昔 影像志之四 一汽解放卡车[J].新长征(党建版),2019(10):2.

[22] 佚名.京沪高速公路 中国公路建设史上的重要里程碑[J].工会博览,2018(30):38-40.

[23] 崔乃霞.可持续交通的海事实践[J].中国海事,2021(11).

[24] 庞跃辉,王戎.世界公路建设的宏伟壮举——川藏、青藏公路建设的战略决策与重要启示[J].决策咨询,2017(3):27-28,32.

[25] 王南,黄建伟.世界要被一汽"解放"了[N].中国经济时报,2002-7-12.

[26] 訾谦.书写迈向交通强国的壮丽史诗[J].党员文摘,2021(10):22-23.

[27] 董红玲.天山北路驿站交通述论[J].新疆社科论坛,2021(6):102-109.

[28] 杨传堂.推进农村公路建设 更好保障民生——深入学习习近平总书记关于农村公路建设重要指示精神[J].中国公路,2014(11):46-48.

[29] 李南.西南地区生态公路建设的重要意义[J].交通标准化,2014,42(8).

[30] 姚德宏.新中国60年公路交通建设的发展[J].石油沥青,2009,23(5):25.

[31] 彤新春.新中国成立初期交通发展战略的演进与绩效[J].安徽师范大学学报(人文社会科学版),2018,46(4).

[32] 佚名."两航"起义是一个有重大意义的爱国壮举[J].民航管理,2021(7):32.

[33] 李艳伟,郑兴无."天空开放"背景下 我国民航运输产业成长路径研究[J].南京航空航天大学学报(社会科学版),2014,16(2):49-54.

[34] 程不时."运十"研制中的人和事[J].航空史研究,2000(1):14-18.

[35] 辽宁省档案馆编研展览处.1956年新中国第一架喷气式战斗机从沈阳起飞[J].兰台世界,2014(4).

[36] 王烨捷.C919研发团队看国产大飞机如何长成[J].科学大观园,2020(16):24-27.

[37] 陈晟.百年虹桥 天幕下的上海记忆[J].航空港,2014(12):34-41.

[38] 王岚,陈景乾.70年前"两航起义"中的一员[J].世纪,2020(1):64-67.

[39] 离子鱼.从运-10到"大飞机"——运-10的发展经历与中国大飞机的发展前景[J].航空档案,2007(9):10-29.

[40] 包随义.放松管制扩大开放(六)——中国民用航空运输业发展展望[J].中国民用航空,2007(6):32-34.

[41] 冯士斌.飞在飞机前面——评《飞在前面——推动航空技术发展的试验研究》[J].航空科学技术,2005(3):30.

[42] 罗雪,毛炜圣,王帮娟,等.航空和高铁对中国城市创新能力的影响[J].地理科学进展,2022,41(12):2203-2217.

[43] 王宏霞,刘红娟.航空技术标准的国际化提升——ISO 12384:2010关键技术要求剖析[J].航空标准化与质量,2013(2):7-11.

[44] 陈标.航空业A公司营销策略研究[D].北京:北方工业大学,2021.

[45] 吴莉.航空运输能力提升对区域经济发展的影响研究[D].郑州:郑州航空工业管理学院,2021.

[46] 崔婷.航空运输战略规划的类型划分和管理过程比较[J].综合运输,2016,38(6):44-48.

[47] 钱擎,陈晟.开航五年铺筑"精品路"虹桥机场振翅"新启航"[J].航空港,2015(4):20-25.

[48] 李纬文.两航起义与民航建设[J].航空史研究,1997(3):30-32.

[49] 田刚.目标牵引高效管控奋力开创航空工业成飞计划管理新局面[J].航空财会,2022,4(4):5-6.

[50] 史博利.我国航空运输业全球分销系统发展战略初探(一)[J].民航管理,2014(11):26-30.

[51] 金易.我国民用航空机场和航线[J].交通世界,1995(2):39-40.

[52] 张文尝,王姣娥,金凤君,等.新中国交通运输60年发展与巨变[J].经济地理,2009,29(11):1770-1776.

[53] 中国政府网.中国铁路百年史话[EB/OL].(2006-06-19)[2024-03-13].https://www.gov.cn/test/2006-06/19/content_314321_3.html.

[54] 工商牙牙老师.水路运输在国民经济发展中的作用[EB/OL].(2022-01-12)[2024-03-13].https://zhidao.baidu.com/question/1612907144299060907.html.

[55] 中国交建.南京浦口港！见证历史的变迁[EB/OL].(2021-05-06)[2024-03-13].https://mp.weixin.qq.com/s/ekeHZetbHysSLbsEfic5UQ.

[56] 中国交建.塘沽新港！新中国第一座自行改建的深水港[EB/OL].(2021-06-04)[2024-03-13].https://mp.weixin.qq.com/s/7-y8QVGVXvp0y72GVax9EA.

[57] 广州日报.孙中山当年的"南方大港"构想,今天已经成为现实[EB/OL].(2016-11-10)[2024-03-13].https://static.nfapp.southcn.com/content/201611/10/c175622.html.

[58] 中国交建.湛江港！为新中国设计建设第一座深水港[EB/OL].(2021-04-17)[2024-03-13].https://mp.weixin.qq.com/s/0kQHEAh_jh8ni-KTUMf8vw.

[59] 上海问礼信息科技有限公司.中国远洋运输总公司成立[EB/OL].(2006-06-19)[2024-03-13].https://www.chazidian.com/d/4-27/3934/.

[60] 滨海发布.大沽灯塔——我国自行设计、建造的第一座海上灯塔[EB/OL].(2021-03-31)[2024-03-13].https://new.qq.com/rain/a/20210331A0EQM500.

[61] 深圳市慧用心法务有限公司.交通运输体系法律法规——建设综合交通运输体系的意义[EB/OL].(2022-11-16)[2024-03-13].http://www.sunnylawyer.com/jiaotongshigujiufen/154877.html.

[62] 法制日报.历经5个转折性阶段形成4部法律27部法规260多部规章 中国交通法制建设60年从填空白到求质量[EB/OL].(2009-02-29)[2024-03-13].https://news.sohu.com/20090929/n267076617.html.

[63] 赵炳强.我国道路交通法规的形成与发展[J].现代交通管理,1997(5):3.

[64] 林晓言,刘秀英.中国交通运输发展(1978—2018)[M].北京:社会科学文献出版社,2018.

[65] 姚汤伟.中国交通建设与发展实践[M].沈阳:辽宁教育出版社,2018.

[66] 张剑飞.中国公路发展与展望[J].交通运输系统工程与信息,2006,6(1):9-12.

[67] 张文尝,王姣娥.改革开放以来中国交通运输布局的重大变化[J].经济地理,2008,28(5):705-710.

[68] 王国清,王秉纲.论中国公路的产业属性及高速公路产业化[J].西安公路交通大学学报,2000,20(4):64-67.

[69] 郭玉华.高速铁路发展与中国铁路货运[J].铁道经济研究,2010(6):27-31.

[70] 郑健.中国铁路发展规划与建设实践[J].城市交通,2010(1):14-19.

[71] 何华武.中国高速铁路创新与发展[J].中国铁路,2010(12):5-8.

[72] 田四明,王伟,杨昌宇,等.中国铁路隧道40年发展与展望[J].隧道建设(中英文),2021,41(11):1903-1930.

[73] 麦正锋.当代中国海运经济的历史考察——以政府与市场的作用为视角[M].上海:上海交通大学出版社,2019.

[74] 徐祖远.走向世界的中国海运[J].中国水运,2009(6):4-7.

[75] 肜新春.试论新中国海运事业的发展和变迁(1949—2010)[J].中国经济史研究,2012(2):127-137.

[76] 孙光圻,刘洋.第四代港口对中国港口建设的启示[J].中国港湾建设,2010(5):71-73.

[77] 徐佳宾.中国船舶工业发展的战略思考[J].中国工业经济,2002(12):48-56.

[78] 李永.简明中国民航发展史[M].北京:中国民航出版社,2011.

[79] 叶舟,李忠民,李晓峰.中国民航发展与国民经济增长关系的实证分析[J].天津理工大学学报,2005,21(5):81-84.

[80] 明天,刘鑫.中国民航发展的45年[J].国际航空,1994(11):13-14.

[81] 向爱兵,何世伟,宋瑞.中国交通运输百年发展成就、演进逻辑与基本经验[J].北京交通大学学报(社会科学版),2023,22(2):63-72.

[82] 章海军.广州北环高速改革开放的见证和缩影[J].中国公路,2021(16):78-79.

[83] 李军.我国道路客运发展:改革开放以来历程、特点及"十四五"建议[J].交通运输部管理干部学院学报,2020,30(4):29-32,37.

[84] 刘瑞红.改革开放以来中国铁路建设述评[J].河南工学院学报,2020,28(5):59-61.

[85] 张义昌,李芸.辉煌七十年数字看交通[J].天津经济,2019(12):26-31.

[86] 宋晓蕊.改革开放40年车轮上的新变化[J].城市公共交通,2019(4):9-10.

[87] 汪鸣.辉煌交通中国交通运输改革与探索(1978—2018年)[J].中国经贸导刊,2019(5):9-11,26.

[88] 陈俊杰.立规定制40载水运巨变焕新颜[J].中国海事,2019(1):31-33,37.

[89] 张毓书.改革开放40周年交通运输取得辉煌成就[J].人民交通,2019(1):18-25.

[90] 张国强.交通运输发展的中国道路[J].综合运输,2018,40(12):18-22.

附 录

附表　中国古代计量单位换算表

古代计量单位	古代单位换算	古今单位换算（约数）
里	1 里＝150 丈	500 米
丈	1 丈＝10 尺	10/3 米
尺	1 尺＝10 寸	1/3 米
寸	1 寸＝10 分	1/30 米
分	1 分＝10 厘	1/300 米
厘	—	1/3000 米
斛（桶）	1 斛＝10 斗	20 升
斗	1 斗＝10 升	2 升
升	—	0.2 升
石	1 石＝120 斤	30 千克
钧	1 钧＝30 斤	7.5 克
斤	1 斤＝16 两	250 克
两	1 两＝24 铢	15.6 克
铢	—	0.65 克